foundation **AQA** GCSE German

echo

Harriette Lanzer
Michael Wardle

Listening, Reading and Speaking exam
practice pages by Janet Searle

Writing exam practice pages by Sydney Thorne

Heinemann

Part of Pearson

Heinemann is an imprint of Pearson Education Limited, a company incorporated in England and Wales, having its registered office at Edinburgh Gate, Harlow, Essex, CM20 2JE. Registered company number: 872828

www.heinemann.co.uk

Heinemann is a registered trademark of Pearson Education Limited

Text © Pearson Education Limited 2009

First published 2009

12 11 10
10 9 8 7 6 5 4 3 2 1

British Library Cataloguing in Publication Data
A catalogue record for this book is available from the British Library.

ISBN 978 0 435720 34 6

Publisher: Julie Green
Edited by Lorraine Poulter
Designed by Brian Melville
Typeset by Brian Melville and Oxford Designers & Illustrators
Original illustrations © Pearson Education Limited 2009
Illustrated by Beehive Illustrations (Clive Goodyer), Kessia Beverly-Smith, John Hallett, Tim Kahane and Oxford Designers & Illustrators
Cover design by Brian Melville
Cover photo/illustration © Corbis/Brand X
Printed in China (SWTC/02)

Acknowledgements

We would like to thank the following for their invaluable help in the development of this course: Deborah Manning; Jana Kohl; Geoff Brammall; Kirsty Fulford; Janet Searle; Anke Barth and all the staff and pupils at the European School, Culham; Len Brown, Colette Thomson and Andy Garratt at Footstep Productions Ltd; Bernd Bauermeister, Steffan Boje, Amelie Hoffmann, Angelika Libera, Manuel Réné Scheele, David Seddon, Laura Stich, Nqobizitha Raymond Thata and Klara Waterman.

The authors and publisher would like to thank the following for their permission to reproduce copyright material in this book:
2004-2009 Medienwerkstatt Mühlacker Verlags ges. mbH p. 49; Berliner Zeitung p. 91; Greenpeace p.148; Bundesministerium der Verteidigung p. 166

The author and publisher would like to thank the following individuals and organisations for permission to reproduce photographs:

A1 p.48a, 55, Alamy / Ace Stock Limited p.105 L / Arco Images GmbH p.126b, 133, 146 T / Ashley Cooper p.143 T / Bart Pro p.31a / Black Star p.31c / Blickwinkel p.124f, 124g, 124h, 188f, p.188h / Chris Howes / Wild Places Photograph p.147 B / Craig Ellenwood p.162a / culliganphoto p.28 f / F1 Online Digitale Bildagentur GmbH p.167 B / FoodFolio p.130 B / Image Source Ltd p.84d, 95 / imagebroker p.28c, 31b, 124i, 188d / Ivan Zupic p.28b / John Fryer p.167 T / John Powell Photographer p.152 / Jon Arnold Images Ltd p.29 TR / Jupiter Images / Bananastock p.159 / Legge p.146 B / MedioImages p.34 M / Oso Media p.150 / Peter Gates p.162e / Peter Titmus p.164 BL / PhotoStock-Israe p.51 T / Picture Partners p.124e, 188g / Robert Harding Picture Library Ltd p126a / Scott Hortop Travel p.54c / Slim Palntagenate p.166/ Steve Hamblin p.105 R / Terry Harris Just Greece Photo Library p.26 BL / Tibor Bognar p.124j, 188c / Tony Watson p.71 T / Upper Cut Images p.149 / Werner Dieterich p.38 / Werner Otto p.26 R / Wolfgang Kaehler p.153 / WoodyStock p.128 ML, City of Linz p.128 L, 128 M, 128 MR, 128 R, Comstock Images p.54b, constructionphotography.com / BuildPix p.51 B, Corbis p.101 M / B Pepone / zefa p.177 / Image Source p.157 B / ImageShop p.183 M / Laura Dwight p.102f / Radius Images p.75 / Somos Images p.78 / Stockbyte p.17 T, 84f, Digital Stock p.121c, 142c, Digital Vision p.191 T, Fancy p.142a, 141, Getty Images / DK Stock p.76 / Giulio Napolitano / AFP p.161 / Margo Silver p.163 / PhotoDisc p.34 B, 84a, 84c, 101 TR, 102c, 126c, 142d, 143 B, 160a, 160b, 160c, 160e, 179, 97, 171, 25, 139 / Photographers Choice p.102b / Photonica p.102a, 124a, 188b / Stone p.93a, 123 / Taxi p.55, 101 BR, 102d, 122 / Tony Arruza p.191 B, Image Source p.121a, 160f, 34 T, 54d, iStockPhoto / Chris Price p.185, Jupiter Images / Photos.com p.9 BL, Mary Evans Picture Library p.49, Moviestore Collection p.14 B, Pearson Education / Alexander Caminada p.19 / Chris Parker p.64 BM / Gareth Boden p.16 L, 16 M, 16 R, 58, 72 R / Jules Selmes p.7 T, 28e, 31d, 64 BL, 84b, 106c, 113, 114, p.121b, 147 T, 21 / Lord & Leverett p.101 TL, 109 / Mark Bassett p.172 / Martin Sookias p.20 / MindStudio p.64 T, 72 L, 101 BL / Rob Judges p.115 / Tudor Photography p.91, 151, Photolibrary / AFLO Photo Agency p.170 / age fotostock / Werner Otto p.134, Photoshot / Gary Lee / UPPA p.37, Rex Features p.110, Richard Smith p.71 B, Ronald Grant Archive p.14 T, Science Photo Library / Aaron Haupt p.87, Shutterstock / Andresr p.13, 111 L / Andrew N. Ilyasov p.26 TL / Andrey Shadrin p.120 ML / Angela Hawkey p.84e / Anton Albert p.168 / Avner Richard p.120 TL / Beerkoff p.187 / Benjamin Howell p.162c / Bidouze Stéphane p.96 / Bill Gruber p.27 B / Brian Chase p.93b / Cathleen Clapper p.160d / Christophe Testi p.111 R / Dino O p.117 B / Dmitriy Shironosov p.27 T, 54a / Douglas Freer p.28a / elli p.41 / Eric Limon p.130 T / G Palmer p.102e / Galina Barskaya p.63 TR / Goncharov Roman p.120 MR / Igor Burchenkov p.193 BL / Inacio Pires p.35 T / Ingrid Balabanova p.36 / iofoto p.48d / Jason Stitt p.173 / Jeff Shanes p.106e / Joao Virissimo p.48 h / Jocicalek p.162 / John Cowie p.105 T / Jun Li p.124d, 188e / Luchschen p.193 TR / maribell p.35 B / Martin Trebbin p.67 L / Michael Steden p.28d / Monkey Business Images p.89 L / Oleksandr Kramarenko p.67 R / Omkar a.v. p.164 L / Pete Saloutos p.117 T / Peter Weber p.93c / Pétur Ásgeirsson p.84g / Pinkcandy p.29 BR / Regien Paassen p.124c, 188a / Rob Marmion p.8 / Sean Nel p.124b / Sergei Bachlakov p.130 R / sherrie smith p.64 BM / Sint p.107 T / Sparkling Moments Photography p.193 BR / Stephen Finn p.120 R / Terckhov Igor p.162b / Titelio p.162d / Tracy Whiteside p.106f / WilleeCole p.193 TM / Xsandra p.64 TM / Yuri Arcurs p.9 TL / Yuri Arcurs p.157 T, 164 BM / Zoom Team p.40, Stockbyte p.39, Superdash p.31 BL, Szeder László p.31 BR, Wishlist Images p.63 BR, 88

All other photographs supplied by **Pearson Education Ltd / Studio 8, Clark Wiseman**

Key to photo credits: T = top; B = bottom; L = left; M = middle; R = right

Every effort has been made to contact copyright holders of material reproduced in this book. Any omissions will be rectified in subsequent printings if notice is given to the publishers.

Contents – Inhalt

1 Die Medien heute

1 Die Medien in meinem Leben

- Talking about the media you use in everyday life
- Making sentences more interesting

lesen

Lies die Sätze. Was passt zusammen?

Beispiel: **a** Ich sehe fern.

a **b** **c** **d** **e**

f **g** **h** **i** **j**

> **Ich bin mit Freunden online.**
>
> Ich simse.
>
> **Ich sehe fern.**
>
> Ich spiele am Computer.
>
> Ich telefoniere mit Freunden.
>
> Ich gehe ins Kino.
>
> **Ich spiele an meiner Konsole.**
>
> **Ich höre Musik.**
>
> Ich surfe im Internet.
>
> Ich lese Zeitschriften.

hören 2

Hör zu. Was machen sie in ihrer Freizeit? (1–8)
Wähle eine Antwort aus den Bildern in Aufgabe 1.

Beispiel: **1** d

Paul =
Cinema/Music

sprechen 3

Partnerarbeit. Frag vier Personen.

▪ Paul, was machst du in der Freizeit?

● Ich gehe ins Kino und ich höre Musik.

schreiben 4

Schreib die Resultate auf.

Beispiel: **Paul**: Ich gehe ins Kino und ich höre Musik.

lesen 5 Hör zu und lies die Texte. Was machen sie in der Freizeit? (1–8)
Welche vier Sätze sind richtig?

Was mache ich in der Freizeit?
Ich verbringe viel Zeit an
meiner Konsole. Ich bin oft mit
Freunden online und ich spiele
abends am Computer. Ich
spiele oft mit Freunden Wii.
Ich gehe selten ins Kino. Filme
mag ich nicht, aber ich höre ab
und zu Musik.

Christian

Ich verbringe viel Zeit mit Freunden.
Abends telefoniere ich immer mit
Freunden oder ich bin mit Freunden
online. Ich lese am Wochenende
Zeitschriften und ich sehe auch fern.
Ich spiele nie am Computer. Ich mag
Computerspiele nicht. Ich spiele ab
und zu mit Freunden Wii. Ich simse
ganz oft.

Luisa

Tipp

Developing sentences 1

Make your sentences more interesting by
adding the following:

Saying how often	nie (*never*), selten (*rarely*), ab und zu (*now and again*), oft (*often*), immer (*always*)
Time references	am Wochenende *at the weekend* am Montag *on Monday* montags *on a Monday* nachmittags *in the afternoon* abends *in the evening*

These words come straight after the verb:
Ich höre oft Musik. *I often listen to music.*
Ich surfe abends im Internet. *I surf online in the evening.*

1 Christian is often online with friends.
2 He only plays on the computer at the weekend.
3 He enjoys films.
4 He listens to music now and again.
5 Luisa always phones friends in the evening.
6 She reads magazines in the evening too.
7 She never plays on the computer.
8 She never plays Wii.

schreiben 6 Bereite eine Präsentation vor. Welche Medien sind
wichtig für dich?

● Write a short paragraph about what you do in your free time.
● Say what you usually and sometimes do in the evening.
● Say what you always and usually do at the weekend.

● Include time phrases (**abends** / **am Wochenende**).
● Join some of your sentences together using **und** or **aber**.

Ich sehe fern. Ich gehe ins Kino. Ich höre Musik. Ich lese Zeitschriften. Ich simse. Ich spiele am Computer.	Ich bin mit Freunden online. Ich spiele Wii. Ich surfe im Internet. Ich telefoniere mit Freunden. Ich spiele an meiner Konsole.

2 Mein Leben online

hören 1 Hör zu. Was machen sie am Computer? (1–8) Wähle eine Antwort aus den Bildern a–h.

Beispiel: **1** c

a
Spiele

Ich spiele am Computer.

b

Ich spiele an meiner Konsole.

c
MSN
Websuche
Blog

Ich surfe im Internet.

d
Chat

Ich besuche Chatrooms.

e
il schreiben
An: Jo Bloggs
Cc:
Betreff:

Ich schreibe E-Mails.

f
135

Ich lade Musik herunter.

g

Ich lade Fotos hoch.

h
Lars
Männlich
18 Jahre
Schenefeld
Letzter Login
1/29/08
Nachricht senden
Kommentar posten
Details
Interessen
Fotos
Freunde
Musik
MyPage

Ich benutze MyPage.

lesen 2 Lies den Text. Ergänze die Sätze auf Englisch.

Erika ist immer am Computer. Sie surft abends im Internet für ihre Hausaufgaben und dann besucht sie Chatrooms, um mit Freunden zu sprechen. Sie benutzt auch MySpace und sie lädt Photos für ihr Profil hoch. Sie hat Freundinnen aus aller Welt und sie schreibt ab und zu E-Mails. Sie mag auch Computerspiele und spielt am Wochenende mit der Familie Wii. Sie liebt ihren Computer!

1 Erika surfs online to help with ...

2 She visits chat rooms to ...

3 When she uses MySpace she sometimes ...

4 She ... writes e-mails to international friends.

5 She plays Wii ...

sprechen 3 Gruppenarbeit. Frag vier Personen.

■ Was machst du am Computer, Lisa?

● Ich surfe im Internet und ich schreibe E-Mails.

Lisa –
Internet und E-Mails

Grammatik
lern weiter p. 195

Present tense verb endings

Most regular verbs have the following endings:

spielen (*to play*)

ich spiele	I play
du spielst	you play
er spielt	he plays
sie spielt	she plays

Notice the following irregular forms:

ich lade ... hoch	I upload
du lädst ... hoch	you upload
er lädt... hoch	he uploads
sie lädt ... hoch	she uploads

schreiben 4 Meinungsforscher(in). Schreib die Resultate für die Umfrage auf. Zeichne ein Tortendiagramm.

Beispiel: Lisa surft im Internet und sie schreibt E-Mails.

Ich surfe. → Sie surft.
Ich schreibe. → Lisa schreibt.

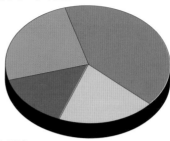

lesen 5 Lies die Texte. Kopiere die Tabelle und füll sie aus.

Ich bin oft mit Freunden online. Ich besuche abends Chatrooms und ich benutze MySpace. MySpace finde ich toll! Ich lade Musik herunter. Musik ist super. Ich spiele selten Computerspiele. Sie sind wirklich langweilig.

Oliver

Ich habe immer sehr viele Hausaufgaben. Ich surfe für die Hausaufgaben oft im Internet, aber ich finde das total schrecklich. Ich spiele oft am Computer. Ich mag Fantasyspiele, sie sind super. Ich spiele auch mit meiner Schwester Wii, das kann ziemlich gut sein.

Abby

Ich habe viele Freunde aus aller Welt. Ich schreibe gern E-Mails und ich lade Fotos hoch, um in Kontakt zu bleiben. Fotos sind cool. Ich mag fotografieren. Ich spiele nicht am Computer. Computerspiele finde ich total doof.

Uche

Tipp

Developing sentences 2
Make your sentences more interesting by adding the following opinions:

Das finde ich ...	sehr (very)	cool (cool)
Das ist ...	total (totally)	toll (great)
	ziemlich (quite)	super (super)
	wirklich (really)	langweilig (boring)
		doof (stupid)
		schrecklich (awful)
		gut (good)

Name	Activities	Opinion

schreiben 6 Schreib einen Eintrag für dein Blog – „Computer in meinem Leben".

- Write a sentence about each of the computer-related activities in exercise 1.
- Use the Tipp boxes on pages 7 and 9 to make your German more interesting.
- Can you add information about a friend or member of your family and his/her use of computers?

Words saying 'how often'	✔
Time references	✔
Simple opinions	✔
Intensifiers	✔

- Discussing TV habits
- Giving opinions

lesen 1 Lies die Sätze. Was passt zusammen?

 a
 b
 c
 d

 e
 f
 g
 h

1. Ich liebe Filme.
2. Ich mag Zeichentrickfilme nicht.
3. Ich hasse die Nachrichten.
4. Ich liebe Musiksendungen.
5. Ich mag Krimis.
6. Ich mag Komödien nicht.
7. Ich hasse Seifenopern.
8. Ich mag Kindersendungen.

sprechen 2 Würfelspiel

Beispiel: Ich mag die Nachrichten.

- Throw the dice twice and create a sentence using the pictures below.
- Throwing a two then a four triggers the sentence "I like the news".

Tipp

Developing sentences 3

- Make your sentences more interesting by adding negatives.
- In these sentences **nicht** comes after the type of television programme.

Negatives	**nicht** (*not*), **nie** (*never*)

Ich mag Komödien nicht. *I don't like comedies.*

1

2

3

4

5

6

lesen **3** Lies den Text. Wie heißen die blauen Wörter auf Englisch?

Lotte

Ich sehe ziemlich viel fern, vielleicht drei oder vier Stunden pro Tag. Ich liebe Musik und Musiksendungen sind für mich wunderbar. Ich liebe auch Quizsendungen. Ich finde sie fantastisch. Ich mag Filme, sie sind sehr lustig. Ich mag auch Seifenopern, wie zum Beispiel *Lindenstraße*. Für mich ist das oft romantisch und immer spannend.

Was ich nicht mag sind Komödien. Sie sind doof. Ich mag Zeichentrickfilme auch nicht. Und ich hasse Krimis. Krimis sind schrecklich und todlangweilig. Wie die Nachrichten. Ich hasse die Nachrichten.

exciting / stupid / wonderful / deadly boring / fantastic / funny / awful / romantic

hören **4** Hör zu. Christian spricht über Sendungen. Was passt zusammen?

1 I love
2 I like
3 I don't like
4 I don't like
5 I hate

a the news
b quiz shows
c music shows
d detective series
e cartoons

sprechen **5** Partnerarbeit. Umfrage.

1 Wie findest du Filme? Warum?
2 Wie findest du die Nachrichten? Warum?
3 Wie findest du Musiksendungen? Warum?
4 Wie findest du Komödien? Warum?
5 Was ist deine Lieblingssendung? Warum?

schreiben **6** Was siehst du im Fernsehen? Wie findest du die Fernsehsendungen?

You are writing an e-mail to your German friend.

Include:

- What programmes you love / like / dislike / hate.

- Give your opinions on the programmes: are they boring / exciting?

⭐ Tipp

Giving opinions

Use a variety of adjectives – not just **interessant** or **langweilig**. Introduce opinions using different structures.

Types of programme	When talking about individual programmes
Sie sind [lustig].	**Das ist [lustig].**
Ich finde sie [lustig].	**Ich finde das [lustig].**
Für mich sind sie [lustig].	**Für mich ist das [lustig].**

Ich liebe ... Ich mag ...	Filme, Zeichentrickfilme, Krimis, Kindersendungen, Musiksendungen, Sportsendungen, Seifenopern, Komödien, die Nachrichten.
Ich mag nicht ... Ich hasse ...	
Sie sind ...	fantastisch, langweilig, lustig, romantisch, schrecklich, doof, toll, wunderbar, interessant.
Meine Lieblingssendung ist [*Spooks*]. Sie ist [fantastisch].	

4 Die Medien gestern

lesen 1 Lies die Sätze und schau dir die Bilder an. Was passt zusammen?

a Ich lese Bücher.
b Ich höre Radio.
c Ich stricke.
d Ich lese Zeitungen.
e Ich koche.
f Ich fahre Rad.
g Ich treibe Sport.
h Ich lese Zeitschriften.

hören 2 Hör zu und überprüfe die Antworten für Aufgabe 1. (1–8)
Welche anderen Details gibt es?

Beispiel: 1 d – in the mornings

hören 3 Hör zu. Was machen sie in ihrer Freizeit ?(1–6)
Benutze die Bilder aus Aufgabe 1.

Beispiel: 1 8, 4

lesen 4 Lies den Text und beantworte die Fragen auf Englisch.

Grammatik
 p. 198

Plural forms
There are several different ways of forming the plural in German.
They are usually found in brackets next to the noun in a dictionary.
Zeitung(en) → **die Zeitung** (*the newspaper*), **die Zeitungen** (*the newspapers*).

Ich lese sehr oft. Ich lese Romane, Liebesgeschichten und Horrorgeschichten. Wenn ich babysitte, lese ich ab und zu Kinderbücher mit meinem Bruder. Ich lese auch gern Zeitungen. Ich lese im Bett oder im Park. Ich höre morgens gern Radio. Ich höre auch im Auto Radio. Das finde ich praktisch. Am Wochenende treibe ich Sport. Ich liebe Fußball. Das finde ich toll. Ich mag auch mit Freunden Tennis und Rugby spielen. Ich fahre selten Rad, aber Radfahren finde ich ganz gut. Ich stricke nicht und ich koche auch nie. Meine Mutter kann gut kochen. Das finde ich klasse!

Markus

1 What types of novel does Markus like?
2 When does he read children's stories?
3 Where does he like to read?
4 Where is it practical to listen to the radio, according to Markus?
5 Which sports does he play?
6 Which two activities does he not do?

5 Lies den Text noch mal durch. Kopiere die Tabelle und füll sie mit Wörtern aus dem Text aus.

Places	Times	Frequency	People	Opinions

 6 Gruppenspiel. Grow – grow – grow.

- In a circle, write one of the sentences below on some paper.
- Pass the paper round the group adding to it in German each time.
- How long can you make the sentence?
- Do the same with the other sentences.

Ich gehe ins Kino.

Ich höre Radio.

Ich lese Zeitschriften.

Sie treibt Sport.

Er kocht.

Ich surfe im Internet.

 Tipp

Using different techniques to extend answers

Stage one Say something.
Ich lese Bücher.

Stage two Add some more information to the idea.
Ich lese abends Bücher.

Stage three Add a second idea and join the two sentences together.
Ich lese abends Bücher und ich höre oft Radio.

Stage four Add opinions.
Ich lese abends Bücher und ich höre oft Radio. Das finde ich toll!

Stage five Say what someone else thinks and add an opposing view or idea.
Ich lese abends Bücher und ich höre oft Radio. Das finde ich toll! Mein Bruder geht oft ins Kino, aber das finde ich sehr langweilig.

 7 Gruppenarbeit. Sprecht gemeinsam über das Bild und beantwortet dann die Fragen.

Vera

- Was macht Vera in der Freizeit?
- Was macht sie am Computer?
- Wer schreibt ihr eine E-Mail?
- Wo wohnt ihre Familie?
- Was machst du in deiner Freizeit?

5 Clownfische und Monster

- Talking about different types of films
- Describing a film

lesen **1** Lies die Wörter und schau dir die Filmtitel an. Was passt zusammen?

ein Fantasyfilm
ein Horrorfilm
ein Drama
ein Liebesfilm
ein Science-Fiction-Film
ein Zeichentrickfilm
eine Komödie
ein Thriller

American Pie

WALL·E – Der Letzte räumt die Erde auf

Harry Potter und der Orden des Phönix

Stolz und Vorurteil
(Pride & Prejudice)

SAW IV

Nicht auflegen!
(Phone Booth)

Tatsächlich ... Liebe
(Love ... actually)

ALIEN VS. PREDATOR

sprechen **2** Partnerarbeit. Frag vier Personen.

■ Was ist dein Lieblingsfilm?
● Mein Lieblingsfilm ist *Dogma*.
■ Was für ein Film ist das?
● Es ist eine Komödie.

lesen **3** Lies die Sätze. *Findet Nemo, Casino Royale* oder beide? Füll das Venn-Diagramm aus.

Findet Nemo   **Casino Royale**

a Es ist ein Zeichentrickfilm.
b Die Spezialeffekte sind klasse.
c Das Hauptthema ist Gut gegen Böse.
d Es ist ein Thriller.
e Daniel Craig spielt die Rolle von 007.

f Die Musik ist gut.
g Das Hauptthema ist Familie.
h Die Charaktere sind interessant.
i Die Geschichte ist kompliziert.
j Es geht um Liebe.

lesen **4** Lies die Sätze aus Aufgabe 3 noch mal durch. Wie heißt das auf Deutsch?

1 The main theme is ...
2 The music is ...
3 ... plays the role of ...

4 The special effects are ....
5 The story is ....
6 The characters are ...

5 Filmspiel I. Hör zu. Rate mal. Welcher Film ist das? (1–4)

Beispiel: **1** Monsters AG.

Findet Nemo

Harry Potter und der Orden des Phönix

MADAGASCAR

Monsters AG

MISSION IMPOSSIBLE 3

Fluch der Karibik

Shrek der Dritte

Casino Royale

Matrix

- Listen to one clue at a time and make a guess as to which film is being described.
- Each clue gets more specific – you get more points the sooner you guess!

 6 Filmspiel II. Gruppenspiel. Schreibt Hinweise für drei Filme wie in Aufgabe 5.

- Using the key language box, write your own four clues for a film.
- Play the film game in groups of four.

7 Welcher Film passt zu welcher Definition?

Harry Potter und der Orden des Phönix

Shrek der Dritte   Star Wars

Mamma Mia!   Casino Royale

- Don't worry if you don't understand every word. Even a couple of words may give you the answer!

a Es geht um ein grünes Monster und seine Frau, die jetzt König und Königin von Weit Weit Weg sind.

b Die Geschichte ist kompliziert! Es handelt sich um Liebe, Tod und Freiheit. Außerirdische und Rebellen kämpfen gegen das galaktische Imperium.

c Das Hauptthema ist Liebe. Meryl Streep und Pierce Brosnan spielen zwei der Hauptrollen.

d Gut gegen Böse ist das Hauptthema. Die Zauberschule und die Studenten sind wieder in Gefahr.

8 Nimm ein Videoclip für dein Online-Profil im Internet auf.

You are recording an MP4 file for your online profile.

- What is your favourite film?
- What type of film is it?
- What are the main themes?
- What are the music, the story, the special effects and the characters like?

Mein Lieblingsfilm ist …	[Findet Nemo].
Es ist …	ein Thriller, eine Komödie.
Das Hauptthema ist …	Liebe, Tod, Freiheit, Familie, Gut gegen Böse.
Die Geschichte ist …	kompliziert.
Die Musik ist …	gut, nicht so gut, super, toll, klasse, interessant.
Die Spezialeffekte sind …	
Die Charaktere sind …	
[Daniel Craig] spielt die Rolle von [James Bond].	

- Talking about music
- Developing the skill of asking questions

 1 Lies die drei Texte. Schreib die Tabelle ab und füll sie aus.

Ich höre gern Trance-Musik. Trance ist rhythmisch und ganz melodisch. Ich lade Musik vom Internet herunter. Top-Acts sind *Tiësto* und *ATB*. *Above and Beyond* ist auch cool.

Udo

Reggae ist für mich die beste Musikform. Reggae ist sehr rhythmisch und dynamisch. Ich teile über Bluetooth Musik mit Freunden oder ich kaufe online Klingeltöne. Musik höre ich oft allein im Schlafzimmer.

Lukas

Ich mag viele verschiedene Musikrichtungen. Country- und Westernmusik finde ich gut. Ich mag auch Opernmusik gern. Ich höre gern im Bad Opernmusik. Ich kaufe ab und zu CDs, aber Musik vom Internet herunterzuladen ist einfacher.

Steffi

	Udo	Lukas	Steffi	Lilli	Markus
Music type?					
Why?					
How is it bought?					

 2 Hör zu. Lilli und Markus werden interviewt. Füll die Tabelle oben für sie aus.

 3 Partnerarbeit. Rollenspiel als berühmte Person. Interviewt drei Personen.

- Was für Musik hörst du?
- Warum hörst du ... ?
- Wie kaufst du Musik?
- Wo hörst du Musik?

 **Tipp**

Asking questions

Er hört oft Musik. → *He often listens to music.*
Hört er oft Musik? → *Does he often listen to music?*

- When asking more open questions, question words are used at the beginning of the sentence.

Warum hörst du Musik? **Why** *do you listen to music?*
Wo hörst du Musik? **Where** *do you listen to music?*
Wie kaufst du Musik? **How** *do you buy music?*

Was für Musik hörst du?	
Ich höre ...	Dance-Musik, Heavymetal-Musik, Popmusik, Rap-Musik, Trance.
Warum hörst du ... ?	
Trance ist ...	rhythmisch, melodisch, dynamisch.
Rap-Musik hat ...	einen guten Beat, einen Funkrhythmus.
Wie kaufst du Musik?	
Ich lade Musik vom Internet herunter. Ich benutze iTunes. Ich kaufe CDs. Ich teile über Bluetooth Musik mit Freunden. Ich kaufe online Klingeltöne.	
Wo hörst du Musik?	
Ich höre ...	im Schlafzimmer, im Bad, beim Konzert, auf Partys, bei Freunden

Musik.

sprechen 4 Beantworte die Fragen aus Aufgabe 3 für dich selbst. Kannst du mit nur fünf kleinen Bildern / Wörtern eine Minute lang sprechen?

lesen 5 Welche vier Sätze sind richtig?

---

xBaron

Musik ist sehr wichtig in meinem Leben. Dance-Musik finde ich rhythmisch, aber Jazzmusik hat einen Funkrhythmus. Ich mag auch R&B-Musik auf Partys und zu Hause höre ich auch ab und zu Opernmusik. Ich finde Verdi toll. Für mich ist Opernmusik gut, wenn man schlechte Laune hat. Aber Techno ist die beste Musikform. Ich lade Musik vom Internet herunter und ich benutze iTunes für Musik. Ich teile ab und zu über Bluetooth Musik mit Freunden. Ich höre Musik morgens im Badezimmer.

According to the blogger:

1 Dance has a funky beat.

2 He likes jazz at parties.

3 He sometimes listens to opera.

4 Opera is good when you are in a bad mood.

5 Dance is the best type of music.

6 He uses iTunes for music.

7 He often bluetooths music with friends.

8 He listens to music in the bathroom.

schreiben 6 Schreib einen Eintrag für dein Blog über die Rolle von Musik in deinem Leben.

Include the following information:

- What music you listen to and where.
- Why you listen to that type of music.
- How you access or buy your music.
- Your opinion of other types of music.

Tipp

- Draw five small images or write a few words to help you speak for a full minute.
- Remember to add:
  <u>intensifiers</u> (**sehr** *very*, **total** *totally*),
  <u>connectives</u> (**und** *and*, **aber** *but*),
  <u>opinions</u> (**melodisch** *melodic*, **lebhaft** *lively*),
  and <u>time phrases</u> (**oft** *often*),
  immer *always*).
- Think of other information you could give. For example, opinions about other types of music or favourite artists or bands.

Grammatik

Verb as second idea

In German the first verb is the second idea in the sentence. You can change emphasis in German sentences this way.

Ich finde Rap-Musik schrecklich.
Rap-Musik finde ich schrecklich.

You are going to hear part of a discussion between a teacher and a student. Look at the task and listen to the extract, then carry out the activities to help you prepare for your own speaking task.

Task: Music

You are going to have a conversation with your teacher about music. Your teacher will ask you the following:

- Are you going to a concert?
- When and where is it? Who are you going with?
- How much does it cost?
- Do you like going to concerts? How often do you go?

- Do you play a musical instrument?
- Do you like listening to classical music?
- Where do you buy your music?
- ! (A question for which you have not prepared.)

Preparation

1 Listening for the questions

The teacher asks the student several questions. Listen and note the following (a–j) in the order the teacher asks them.

a price? **b** buying music? **c** classical music? **d** opinion of concerts? **e** concert: where?

f how often? **g** who with? **h** instrument? **i** when? **j** listening to music: where?

2 Listening for opinions

1 The candidate gives quite a few opinions. Listen for the ones listed below and put them in the order you hear them. Check what they mean in English.

a Das ist eigentlich teuer.
b Das ist ein bisschen langweilig.
c Die Atmosphäre ist super.
d Ich liebe Rockmusik.
e Für mich ist diese Musik schrecklich.
f Das ist meine Lieblingsgruppe.
g Es ist ganz cool.

2 The student gives a reason why he likes the Hoosiers („Ich mag *The Hoosiers*"). Can you work out what he says?

3 Listening for time references

The candidate refers to present and future events.

1 Listen to the second half of the interview again and put these phrases in the order you hear them.

a Ich lade die Songs direkt vom Internet herunter.
b Ab und zu höre ich klassische Musik.
c Nächsten Monat geben wir ein Konzert.
d Wir sind nicht sehr gut.

2 For each of the sentences above say if it refers to a present or a future event. What clues helped you decide?

Useful language

Expressing opinions

Always remember to include some opinions.

Positive

Ich mag Rockmusik.	*I like rock music.*
Ich höre gern Rockmusik.	*I like listening to rock music.*
Ich finde Rockmusik toll.	*I think rock music is great.*
Rockmusik ist cool.	*Rock music is cool.*

Negative

Ich mag Popmusik nicht.	*I don't like pop music.*
Ich höre nicht gern Popmusik.	*I don't like listening to pop music.*
Ich finde Popmusik schrecklich.	*I think pop music is awful.*
Popmusik ist langweilig.	*Pop music is boring.*

Fillers and qualifiers

You can also make your sentences a bit more 'natural' with fillers and qualifiers.

ein bisschen	*a bit, a little*
eigentlich	*actually*
ganz	*quite, really*
sehr	*very*
ziemlich	*quite, rather*

e.g. Das ist ein bisschen langweilig.
That is a bit boring.

Over to you!

Look at your task and …

- gather together all the notes you have made on this topic. Think about how you can use this information to give full answers to the questions in the task. Check the vocabulary lists at the end of the chapter for words and phrases which you could use.

- work with a partner: practise answering your partner's questions, and also try asking your partner questions as this will make you think about the kind of extra, unpredictable question your teacher might ask you.

GradeStudio

To make sure you have a chance of getting a **grade C** in your speaking, you should:

- give your opinions e.g.

The Hoosiers *ist meine Lieblingsgruppe.*	*The Hoosiers* are my favourite group.
Die Atmosphäre ist super.	The atmosphere is super.
Für mich ist diese Musik schrecklich.	I find this music terrible.
Ich liebe Rockmusik.	I love rock music.

- use a variety of language. Instead of always starting your sentences with *ich, du, wir* etc, try turning things around e.g.

*Nächsten Monat **geben wir** ein Konzert.*	Next month we are giving a concert.
*Ab und zu **höre ich** klassische Musik.*	Now and again I listen to classical music.

- refer to future as well as present events e.g.

present:	*Wir sind alle Fans von* The Hoosiers.	We are all fans of *The Hoosiers*.
future:	*Ich gehe **nächsten August** in das Konzert.*	I'm going to the concert **next August**.

Kino, nein danke! erstellt am 14. Dez. 2008, 11:32 Uhr

Mein Freund Luigi geht ab und zu ins Kino. Am Wochenende fährt er in die Stadt; er isst Pizza oder trinkt Cola, und dann geht er ins Kino. Für Luigi ist das ein total super Abend.

Mein Freund liebt das Kino, ich aber nicht. Ich liebe Filme. Ich mag besonders amerikanische, italienische und deutsche Filme, und Filme mit tollen Spezialeffekten und mit guter Musik. Aber ich hasse das Kino.

Warum? Zuerst gibt es die Werbung. Dreißig Minuten Werbung für Autos, Parfüms, Handys, usw. Ich finde sie total langweilig und doof. Dann beginnt endlich der Film, und die Leute im Saal beginnen, Popcorn zu essen. Sie essen immer ziemlich laut. Ich möchte einen Spezialeffekt hören, aber ich höre nur Leute, die essen oder trinken. Es ist schrecklich!

Nein, ich bestelle jetzt nachmittags DVDs von Online-Videotheken und später sehe ich mir die Filme zu Hause an. Es ist bequemer und billiger. **KnutKnust**

Kommentare (3)

Abends mit Freunden ins Kino zu gehen ist cool. Und, tut mir leid, KnutKnust, aber Popcorn und Cola mag ich auch! **Rab**

Ich lade Filme vom Internet herunter. Ich habe jetzt viele Filme auf meinem Computer und ich kann sie sehen, so oft ich will. Mein Lieblingsfilm ist *Sweeney Todd*. Er ist spannend und ich mag die Lieder. **Purzelbaum**

Filme herunterzuladen ist nicht so einfach! Es kann sehr lang dauern, und die Qualität ist oft nicht besonders gut. **Renntier**

1 **Opinions. Find the expressions in the text and write them out.**

   a My friend loves the cinema.
   b I love films.
   c I especially like German films.
   d But I hate the cinema.

   e I find them totally boring and stupid.
   f It's awful!
   g It's more comfortable and cheaper.

2 **Translate the time references in yellow into English.**
   e.g. Am Wochenende *At the weekend*

3 **Some verbs in the text are about "me" (i.e. the writer), others are about "him" (i.e. my friend). Copy four verbs in each category.**

I/me	Ich liebe, ...
He	Mein Freund geht, ...

What's the usual verb ending on verbs
a) about me?   b) about him?

Over to you!

You have read KnutKnust's blog and you decide to write a comment.
First read the tips below, then write a passage of 100 to 200 words.
You could include:

- what you think about going to the cinema.
- what a friend of yours thinks about going to the cinema.
- what you do when you go to the cinema, how often you go, and why you like / don't like it.
- what type of films you like, what your favourite film is, and why.
- what you think about DVDs and downloads.

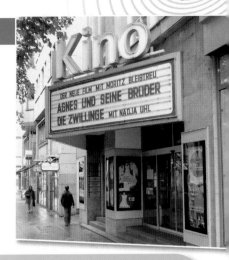

Grade**Studio**

If you are aiming for a **grade C** in your writing you should:

- say what *you* think about the things you write about e.g.

Das finde ich	total wirklich ziemlich	*cool / toll / super / gut* *langweilig / doof / schrecklich*

Now you try it! 1
Give your opinion in German.
1 *I find that totally stupid!*
2 *I find that quite good.*
3 *I think it's really boring.*

- use time references when you describe a visit to the cinema, etc. e.g.

am Wochenende   am Montag
dienstags   abends
vor dem Film   nach dem Film

Now you try it! 2
Complete the sentences with the time reference in German.
1 (*at the weekend*) gehe ich schwimmen.
2 (*after the film*) essen wir in der Stadt Pizza.
3 (*on Tuesdays*) spiele ich in der Schule Fußball.

- extend some of your sentences: more sophisticated sentences earn you more marks (and think of it this way: if your sentences are longer, you don't need to write so many of them!)
  e.g. **Stage 1: Say something.**
  Mein Freund fährt in die Stadt.   My friend goes into town.
  Stage 2: Add some more information to the idea.
  *Mein Freund fährt **am Wochenende** in die Stadt.*
  ... at the weekend.
  Stage 3: Add more ideas and join the ideas together in a longer sentence.
  *Mein Freund fährt am Wochenende in die Stadt, **er isst Pizza oder trinkt Cola, und dann geht er ins Kino.***
  ... he eats pizza or drinks cola, and then goes to the cinema.

Now you try it! 3
Make the following sentences longer and more interesting.
1 Ich sehe fern.
  Ich sehe (*when?*) fern und (*new idea*).

> abends, am Wochenende,
> nach der Schule, samstags

2 Ich gehe in die Stadt.
  Ich gehe (*when?*) in die Stadt und (*new idea*).

> ich höre Musik, ich simse, ich
> treffe meine Freunde, ich schlafe

Media preferences

Ich sehe fern.	*I watch TV.*	Ich telefoniere mit Freunden.	*I phone friends.*
Ich gehe ins Kino.	*I go to the cinema.*	Ich surfe im Internet.	*I surf online.*
Ich höre Musik.	*I listen to music.*	Ich lese Zeitschriften.	*I read magazines.*
Ich simse.	*I text.*	Ich besuche Chatrooms.	*I visit chat rooms.*
Ich spiele am Computer.	*I play on the computer.*	Ich schreibe E-Mails.	*I write e-mails.*
Ich bin mit Freunden online.	*I spend time with friends online.*	Ich lade Musik herunter.	*I download music.*
Ich spiele Wii.	*I play Wii.*	Ich lade Fotos hoch.	*I upload photos.*
Ich spiele an meiner Konsole.	*I play on my games console.*	Ich benutze MySpace.	*I use MySpace.*
		Ich schreibe mein Online-Profil.	*I write (in) my online profile.*

Time references

nie	*never*	am Wochenende	*at the weekend*
selten	*seldom*	am Montag	*on Monday*
ab und zu	*now and again*	montags	*on a Monday*
oft	*often*	nachmittags	*in the afternoon*
immer	*always*	morgens	*in the morning*
		abends	*in the evening*

Giving opinions

Das finde ich …	*I find that …*	cool	*cool*
Das ist …	*That is …*	toll	*great*
sehr	*very*	langweilig	*boring*
total	*totally*	doof	*stupid*
ziemlich	*quite*	schrecklich	*awful*
wirklich	*really*	gut	*good*
		super	*super*

Television

Meine Lieblingssendung ist …	*My favourite programme is …*	Quizsendungen	*quiz programmes*
Ich liebe …	*I love …*	Sportsendungen	*sports programmes*
Ich mag …	*I like …*	Komödien	*comedies*
Ich mag … nicht	*I don't like …*	Seifenopern	*soaps*
Ich hasse …	*I hate …*	die Nachrichten	*the news*
Filme	*films*	Sie sind …	*They are …*
Zeichentrickfilme	*cartoons*	fantastisch	*fantastic*
Krimis	*thrillers*	lustig	*funny*
Kindersendungen	*children's programmes*	romantisch	*romantic*
Musiksendungen	*music programmes*	wunderbar	*wonderful*
		interessant	*interesting*

Hobbies

Ich lese Bücher.	*I read books.*	Ich koche.	*I cook.*
Ich höre Radio.	*I listen to the radio.*	Ich fahre Rad.	*I ride my bike.*
Ich stricke.	*I knit.*	Ich treibe Sport.	*I play sport.*
Ich lese Zeitungen.	*I read newspapers.*	Ich lese Zeitschriften.	*I read magazines.*

Films and cinema

Das ist ...	*It is ...*	Es ist [eine Komödie].	*It is [a comedy].*
ein Fantasyfilm	*a fantasy film*	Das Hauptthema ist ...	*The main theme is ...*
ein Zeichentrickfilm	*a cartoon*	Liebe	*love*
ein Horrorfilm	*a horror film*	Familie	*family*
ein Drama	*a drama*	Tod	*death*
ein Liebesfilm	*a love film*	Freiheit	*freedom*
ein Science-Fiction-Film	*a sci-fi film*	Gut gegen Böse	*good against evil*
eine Komödie	*a comedy*	Die Geschichte ist [kompliziert].	*The story is [complicated].*
ein Thriller	*a thriller*	Die Musik ist [toll].	*The music is [great].*
Was ist dein Lieblingsfilm?	*What is your favourite film?*	Die Spezialeffekte sind [super].	*The special effects are [super].*
Mein Lieblingsfilm ist [Dogma].	*My favourite film is [Dogma].*	Die Charaktere sind [lustig].	*The characters are [funny].*
Was für ein Film ist das?	*What type of film is that?*	[Keira Knightley] spielt die Rolle von ...	*[Keira Knightley] plays the role of ...*

Music

Was für Musik hörst du?	*What type of music do you listen to?*	Warum hörst du [Rap-Musik]?	*Why do you listen to [rap]?*
Ich höre ...	*I listen to ...*	[Trance] ist rhythmisch.	*[Trance] is rhythmic.*
Dance-Musik	*dance music*	ist melodisch.	*is melodic.*
Heavymetal-Musik	*heavy metal*	ist dynamisch.	*is dynamic.*
Popmusik	*pop music*	hat einen guten Beat.	*has a good beat.*
Rap-Musik	*rap*	hat einen Funkrhythmus.	*has a funky rhythm.*
Trance	*trance*	Wie kaufst du Musik?	*How do you buy music?*

Ich lade Musik vom Internet herunter.	*I download music from the internet.*
Ich benutze iTunes.	*I use iTunes.*
Ich kaufe CDs.	*I buy CDs.*
Ich teile über Bluetooth Musik mit Freunden.	*I bluetooth music with friends.*
Ich kaufe online Klingeltöne.	*I buy ringtones online.*
Wo hörst du Musik?	*Where do you listen to music?*
Ich höre im Schlafzimmer Musik.	*I listen to music in the bedroom.*
Ich höre im Bad Musik.	*I listen to music in the bath.*
Ich höre beim Konzert Musik.	*I listen to music at a concert.*
Ich höre auf einer Party Musik.	*I listen to music at a party.*
Ich höre bei Freunden Musik.	*I listen to music at friends' houses.*

2 Ich habe Reiselust!

1 Was für ein Urlaubstyp bist du?

- Discussing what type of holiday you enjoy
- Using *gern* and *lieber*

lesen 1 Was machen Deutsche gern und nicht gern im Urlaub? Was passt zusammen?

1 Ich fahre gern nach Österreich.

2 Ich treibe gern Sport.

3 Ich fahre nicht gern Ski.

5 Ich bleibe gern zu Hause in Deutschland!

4 Ich chille gern!

6 Tennis? Nein danke. Ich lese lieber!

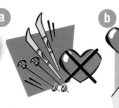

lesen 2 Mach das Quiz aus einer Jugendzeitschrift. Was für ein Urlaubstyp bist du?

Grammatik
lern weiter p. 200

gern (*like*), **lieber** (*prefer*)

gern and lieber come after the verb:
Ich **fahre gern** nach Österreich.	*I **like** going to Austria.*
Ich **fahre nicht gern** Ski.	*I **don't like** skiing.*
Ich **lese lieber**.	*I **prefer** reading.*

1 **Du chillst in Amerika. Wie findest du das?**

a Ich chille nicht gern. Ich mache lieber Wassersport!
b Wunderbar! Ich lese und chille sehr gern.
c Ich finde Amerika langweilig. Ich fahre lieber nach England!

2 **Du bist für ein Rockkonzert in Wien. Alle Hotels sind voll. Was machst du?**

a Ich übernachte lieber auf einem Campingplatz.
b Kein Problem! Ich übernachte gern in einer Jugendherberge.
c Ich übernachte gern in einem Gasthaus, aber Rockmusik höre ich nicht gern.

3 **Du hast eine Einladung zum Skiurlaub in Frankreich. Was sagst du?**

a Toll! Ich gehe so gern snowboarden!
b Vielen Dank! Ich esse sehr gern Croissants!
c Tut mir leid. Ich fahre nicht gern Ski.

4 **Du planst die Sommerferien. Was machst du?**

a Ich fahre mit dem Rad nach Schottland.
b Ich fahre gern nach Australien.
c Ich übernachte gern bei meinem Cousin in Leipzig.

meistens ...

a **Sporturlauber!** Ich treibe gern Sport im Urlaub und will viel Spaß haben!
b **Chillen-Urlauber!** Mein idealer Urlaub ist lustig und locker.
c **Urlaub – nein, danke!** Ich bleibe lieber zu Hause!

Tipp

Look out for German words which are similar to the English meaning: **chille, Wassersport, Rockkonzert ...**

hören **3** Hör zu. Wo übernachten diese Jugendlichen? (1–5)

> You need to select the type of accommodation, so just listen for words such as **Jugendherberge**, **Hotel** (see a–e).

a
auf einem Campingplatz

b
in einer Jugendherberge

c
im Hotel

d
im Gasthaus

e
zu Hause

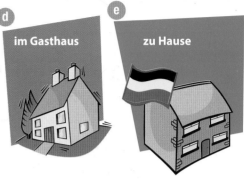

hören **4** Hör noch mal zu und schreib für jede Person ein weiteres Detail auf.

sprechen **5** Partnerarbeit. Macht Dialoge.

- ▪ Wohin fährst du gern in den Urlaub?
- ● Ich fahre gern nach ... Und du?
- ▪ Ich ...
- ● Was machst du gern im Urlaub?
- ▪ Ich ... gern. Und du?
- ● Ich ... lieber ...
- ▪ Wo übernachtest du gern?
- ● Ich übernachte gern ... Und du?
- ▪ Ich übernachte lieber ...

France
Campsite
Music, read, swim

AMERICA
Hotel
Ski, chill out

Ich fahre	gern lieber	nach	Österreich, Amerika, England, Deutschland, Frankreich, Schottland, Berlin, Wien.
Ich bleibe	gern lieber	zu Hause.	
		im Hotel, im Gasthaus.	
Ich übernachte		in einer Jugendherberge.	
		auf einem Campingplatz.	
Ich chille Ich lese	gern. lieber.		
Ich treibe	gern	Sport.	
Ich fahre	lieber	Ski.	

schreiben **6** Schreib eine kurze E-Mail an deinen deutschen Freund / deine deutsche Freundin. Beschreib deinen idealen Urlaub.

- ● Where do you like to go?
- ● Where do you like to stay?
- ● What do you enjoy doing on holiday?

- Talking about what you can do on holiday
- *du, Sie, man*

lesen 1 Lies die Broschüre. Was bedeuten die blauen Wörter auf Englisch? Ein Wörterbuch hilft dir dabei.

Beispiel: reiten = riding

Schwarzwaldsüd Sportcamp

Hier kannst du:
- Fußball spielen
- Wildwasserschwimmen gehen
- **reiten** gehen
- **windsurfen** gehen.

Alter: 15 – 18
Preis: €732 (**Vollpension**, **Übernachtung** in Mehrpersonenzelten)

Tipp

Use the context to help you work out the meaning of the words, e.g. **tanzen** is something you do in the evenings (**abends**) and is also similar to its English meaning.

Hotel Balaton, Ungarn

Das Hotel liegt direkt am **Strand**.
Hier können Sie:
- sich sonnen
- abends **tanzen**
- die Restaurants und **Geschäfte** besuchen
- einen **Stadtbummel** in Budapest machen
- den Freizeitpark besuchen.

Alter: 17+
Preis: €312 (Übernachtung im Zweibettzimmer, Frühstück)

Campingplatz im Harz

Hier kann man:
- wandern
- picknicken
- eine lange Radtour machen
- Minigolf spielen
- sich im Freibad sonnen.

Vergiss den Schlafsack nicht! Übernachtung je Zelt ab €8

Grammatik
 *lern weiter* p. 195

du, Sie, man
You will come across different words for 'you' in German.
- **du** somebody you know well / the same age
- **Sie** an adult, somebody you don't know well, an older person (or people)
- **man** used to express 'you' as in 'one' does something

Look at the brochure and find the different words for 'you'.

lesen 2 Welcher Urlaubsort ist das: Sportcamp, Ungarn oder Camping?

Beispiel: **1** Sportcamp

1 This is the most expensive holiday.
2 You need a sleeping bag for this holiday.
3 This holiday would suit a sporty person.
4 You can visit a town on this holiday.
5 You can use the outdoor pool.
6 This holiday has all meals included.

lesen 3 Lies die Sätze und schau dir die Bilder an. Was passt zusammen?

1. **Hier kann man den Freizeitpark besuchen.**
2. **Hier kann man wandern.**
3. **Hier gibt es Geschäfte.**
4. **Hier kann man sich sonnen.**
5. **Hier gibt es Restaurants.**
6. **Hier kann man tanzen.**

hören 4 Hör den Telefonnachrichten zu. Welcher Urlaub (aus Aufgabe 1) passt zu diesen Jugendlichen am besten? (1–5)

schreiben 5 Wo übernachtest du gern im Urlaub? Was kann man dort machen? Schreib eine E-Mail an deine Freunde und beschreib es.

- Where do you like to stay on holiday?
- What can you do there?

Beispiel:

Ich übernachte gern auf einem Campingplatz in Amerika. Hier kann man den Freizeitpark besuchen. Man kann sich sonnen und … Hier gibt es …

sprechen 6 Gruppenarbeit. Besprecht die drei Urlaubsorte aus Aufgabe 1. Wo wollt ihr alle hinfahren?

- Der Campingplatz ist gut. Man kann wandern und Minigolf spielen.
- Ich übernachte lieber im Hotel. Hier kann man abends tanzen.
- ▲ Ja, aber ich finde das Sportcamp super. Hier kann man windsurfen gehen.
- Nein, der Campingplatz ist besser. Hier kann man …

Hier kann man	den Freizeitpark	besuchen.
Man kann	eine Radtour	machen.
	Fußball, Minigolf	spielen.
	windsurfen, reiten	gehen.
	wandern, sich sonnen, picknicken, tanzen.	
Hier gibt es	Geschäfte, Restaurants, ein Freibad.	

- Talking about a city you have visited
- Using the perfect tense

1 Urlaub in Berlin. Lies die Sätze und sieh dir die Bilder an. Was passt zusammen?

1 Ich bin einkaufen gegangen.

2 Ich habe im Restaurant gegessen.

3 Ich habe Fotos gemacht.

4 Ich habe den Reichstag gesehen.

5 Ich habe Fußball gespielt.

6 Ich habe das Museum besucht.

2 Hör zu. Was haben die Touristen in Berlin gemacht? War das positiv oder negativ? Kopiere und ergänze die Tabelle. (1–6)

	Was gemacht?	Positiv? 👍	Negativ? 👎
Beispiel: 1	b		

3 Was haben diese Leute in Berlin gemacht? Ordne die Sätze. Benutze das blaue Kästchen auf Seite 29.

1 gegangen bin Ich zum Zoo.

2 Ich gegessen habe in der Pizzeria.

3 habe gespielt Ich Handball.

4 einkaufen Ich gegangen bin.

5 besucht den Freizeitpark Ich habe.

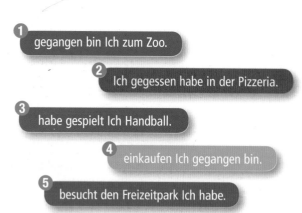

Grammatik

p. 196

The perfect tense

Use the perfect tense to talk about what you did.

Most verbs form the perfect tense with part of **haben** (in second place) + a past participle (at the end of the sentence).

Ich **habe** Fotos **gemacht**.   I **took** photos.
Ich **habe** das Museum **besucht**.   I **visited** the museum.

Some verbs use part of **sein** + a past participle.
Ich **bin** einkaufen **gegangen**.   I **went** shopping.

Ich habe —
- gemacht (*made*)
- gegessen (*ate*)
- gespielt (*played*)
- gekauft (*bought*)
- gesehen (*saw*)

Ich bin — gegangen. (*went*)

lesen 4 Hör zu und lies Leahs Blog. War Leahs Aufenthalt in Berlin positiv oder negativ?

Ich war gestern in Berlin! Ich habe einen Stadtbummel gemacht. Ich habe viele Sehenswürdigkeiten gesehen, wie zum Beispiel den Fernsehturm und den Checkpoint Charlie. Ich habe natürlich viele Fotos gemacht.

Ich bin in die Souvenirshops gegangen und ich habe ein T-Shirt gekauft.

Am Abend war ich sehr müde! Ich bin in die Pizzeria gegangen und habe Pause gemacht und viel Pizza gegessen. Ich bin danach ins Konzert gegangen. Das war super toll!

Ich Berlin! **Leah**

lesen 5 Lies Leahs Blog noch mal und wähl die richtigen Wörter aus.

1 Leah went to Berlin **in the evening** / **in the holidays** / **yesterday**.
2 Leah saw **the river** / **the sights** / **the station**.
3 Leah took **lots of** / **no** / **a few** photos.
4 Leah went shopping and **saw** / **looked for** / **bought** a T-shirt.
5 Leah ate pizza in the **afternoon** / **evening** / **morning**.

⭐ Tipp

Remember to include an opinion if you want to aim for a higher grade.
Berlin ist [super / wunderbar].
Berlin finde ich [schrecklich].
Berlin war toll! (*was*)

sprechen 6 Partnerarbeit. Welche Stadt hast du besucht? Macht Dialoge.

◻ Ich war in [Berlin].
● Was hast du dort gemacht?
◻ Ich habe [einen Stadtbummel gemacht].
● Und sonst noch was?
◻ Ich habe [den Fernsehturm besucht].
● Und was hast du am Abend gemacht?
◻ Ich bin [in die Pizzeria] gegangen. Ich habe [Pizza] gegessen!
● Wie war Berlin?
◻ Berlin war [super] und [wirklich sehr interessant].

München ⭐⭐⭐⭐⭐
• die Alpen besucht
• im Café gegessen
• zum Olympiastadion gegangen

London ⭐⭐⭐
• Buckingham Palace besucht
• Tee gekauft
• ins Rockkonzert gegangen

Paris
• einen Stadtbummel gemacht
• Eurodisney besucht
• Fotos gemacht

schreiben 7 Schreib einen kurzen Bericht über deinen Stadtbesuch für dein Blog.

• Where did you go?
• List three things you did there.
• Give your opinion.

Ich habe	Pause, Fotos, einen Stadtbummel	gemacht.
	ein T-Shirt	gekauft.
	den Fernsehturm, das Museum	besucht.
	den Reichstag	gesehen.
	Fußball	gespielt.
	Pizza, im Café, im Restaurant	gegessen.
Ich bin	in die Pizzeria	gegangen.
	ins Konzert, ins Rockkonzert	
	einkaufen	
Berlin war	wunderbar, super, interessant, schön, schrecklich, (nicht so) gut, kalt, fantastisch.	

- Describing a journey
- More on the perfect tense

lesen **1** Wie und wann ist man gefahren? Was passt zusammen?

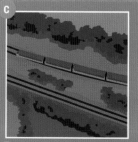

1 Ich bin mit dem Zug nach Wien gefahren.

2 Ich bin um acht Uhr zwanzig abgefahren.

3 Ich bin mit dem Bus gefahren.

4 Ich bin um sieben Uhr dreißig mit dem Rad abgefahren.

5 Ich bin um achtzehn Uhr fünfzehn angekommen.

6 Ich bin mit dem Auto gefahren.

Grammatik
lern weiter **p. 197**

The verb **fahren** (*to go / drive*) is like **gehen** (*to walk*) and takes **Ich bin** + participle to form the perfect tense.

Ich bin ins Konzert gegangen. *I went to a concert.*
Ich bin nach Wien gefahren. *I went / drove to Vienna.*

If you know your numbers from 0 to 59 you can use the 24-hour clock in German!

07:00	**sieben Uhr**
09:30	**neun Uhr dreißig**
12:40	**zwölf Uhr vierzig**
13:55	**dreizehn Uhr fünfundfünfzig**

hören **2** Hör zu und beantworte die Fragen auf Englisch. (1–4)

1 How did each person travel?

2 What time did they leave or arrive?

3 Was the journey good or bad?

Tipp

- Use **war** (*was*) to express an opinion in the past.
  Die Reise war schnell.
  The journey was quick.
- You don't always have to understand every word to do an activity! Listen to the speakers' voices carefully. Do they sound as if their experience was positive or not?

Ich bin	nach	Ulm	gefahren.
	mit dem	Bus, Zug, Auto, Rad	
	um	elf Uhr	abgefahren.
		drei Uhr fünfzehn	angekommen.
Die Reise war	sehr	schön, entspannt, schnell, langsam, langweilig, stressig, anstrengend.	

lesen 3 Lies die Internetberichte und trag die richtigen Buchstaben in die Tabelle ein.

	Transport	Departure	Arrival
1	b		

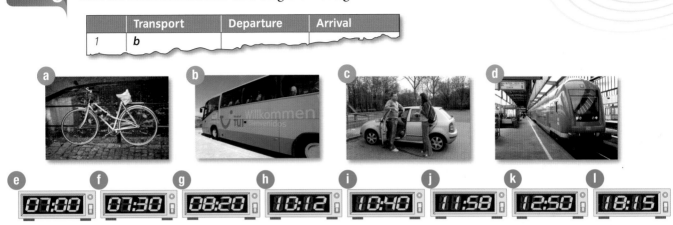

a · b · c · d

e **07:00** · f **07:30** · g **08:20** · h **10:12** · i **10:40** · j **11:58** · k **12:50** · l **18:15**

Wer war gestern in Ulm? Wie war die Reise?

1 Ich bin gestern nach Ulm gefahren. Ich bin mit dem Bus gefahren. Ich bin um acht Uhr zwanzig abgefahren und um zwölf Uhr fünfzig angekommen. Die Reise war sehr langsam und langweilig! **Karola**

2 Ich bin auch nach Ulm gefahren. Ich bin um sieben Uhr dreißig mit dem Auto abgefahren. Ich bin um zehn Uhr vierzig angekommen. Ich habe die Landkarte zu Hause vergessen! Die Reise war sehr stressig. **Heinrich**

3 Ulm war wunderbar! Ich bin mit dem Zug dorthin gefahren. Ich bin pünktlich mit dem Regional-Express um zehn Uhr zwölf abgefahren. Die Reise war entspannt, schnell und schön. **Seb**

4 Ich war gestern auch in Ulm! Ich bin um sieben Uhr mit dem Rad abgefahren. Ich bin erst um achtzehn Uhr fünfzehn angekommen. Die Reise war sehr anstrengend! **Lena**

---

lesen 4 Lies die Berichte noch mal. Wer erwähnt Folgendes? Wie heißt das auf Deutsch?

Beispiel: 1 tiring – Lena (anstrengend)

1 tiring 2 relaxing 3 fast
4 boring 5 stressful 6 lovely 7 slow

schreiben 5 Beschreib eine Reise für eine Internet-Infoseite.

- Where did you go?
- How did you travel?
- When did you leave?
- When did you arrive?
- How was the journey?

Ich bin nach [Bern] gefahren.
Ich bin [mit dem Bus] gefahren.
Ich bin um [16:00 Uhr] abgefahren.
Ich bin um [18:30 Uhr] angekommen.
Die Reise war [stressig] und [langsam].

- Eating out
- Saying what you like to eat and drink

lesen **1** Sieh dir die Bilder an und lies die Speisekarte. Was passt zusammen?

Speisekarte

Vorspeisen
Tomatensuppe
Salat
Brot mit Dipp

Hauptgerichte
Bockwurst, Currywurst, Bratwurst
Hamburger
Schaschlik
Schnitzel
Hähnchen
Omelett

mit
Pommes; Sauerkraut; Senf; Mayonnaise; Ketchup

Nachspeisen
Apfelstrudel mit Vanilleeis oder Sahne
Schokoladentorte mit Vanilleeis oder Sahne
Gemischtes Eis

Getränke
Cola, Fanta, Mineralwasser, Milch
Wein, Bier
Ein Kännchen oder eine Tasse Tee, Kaffee, heiße Schokolade

hören **2** Hör zu und sieh dir die Speisekarte an. Schreib die Tabelle ab und ergänze sie auf Englisch. (1–4)

	Drinks	Starter	Main course	Dessert
1	1 cola			

einmal = *one* (portion)
zweimal = *two* (portions)

sprechen **3** Man ist im Café. Wer nimmt was? Macht Dialoge in der Klasse und macht eine Grafik. Was sind die Lieblingsspeisen der Klasse?

- ◻ Als Vorspeise nehme ich [einmal Tomatensuppe]. Du auch?
- ● Nein, ich esse nicht so gern [Tomatensuppe]. Ich nehme lieber [einmal Brot mit Dipp].

Beispiel: Die Lieblingsvorspeise ist [Tomatensuppe].
Das Lieblingshauptgericht ist [Bockwurst mit Pommes].
Die Lieblingsnachspeise ist [Apfelstrudel].

Tipp

Don't forget to write German nouns with a capital letter!
Hamburger, **Omelett**, **Cola**, etc.

Tomatensuppe III
Brot mit Dipp HHH III
Apfelstrudel III

Als Vorspeise	nehme ich	einmal	Tomatensuppe, Salat, Brot mit Dipp.		
Als Hauptgericht	esse ich	zweimal	Hähnchen	mit	Sauerkraut.
Ich esse		gern	Schaschlik		Senf.
		lieber	Schnitzel		Ketchup.
		nicht gern	Omelett		Mayonnaise.
			Bockwurst		Pommes.
			Currywurst		
			Bratwurst		
			Hamburger		
Als Nachspeise	nehme ich		Apfelstrudel		Vanilleeis.
	esse ich		gemischtes Eis		Sahne.
			Schokoladentorte		
Ich trinke			Cola, Fanta, Mineralwasser, Milch, Wein, Bier, ein Kännchen / eine Tasse Tee, Kaffee, heiße Schokolade.		

lesen 4 Zum Mitlachen. Hör zu und lies die Witze. Schau dir die Bilder an. Was passt zusammen?

1
– Ich warte schon seit zwei Stunden auf mein Fünf-Minuten-Steak.
– Gut, dass Sie keine Tagessuppe bestellt haben.

2
– Ich habe jetzt schon fünfmal Hamburger bestellt!
– Ach ja, der Hamburger ist besonders lecker, nicht?

3
– Herr Ober, was macht die Fliege in meiner Suppe?
– Tja, sieht wie Rückenschwimmen aus, mein Herr.

4
– Fräulein, zahlen bitte!
– Vier, zwei, neunzehn ...
– Nein, die Rechnung bitte!

2h

lesen 5 Lies die Internetkritik und finde die deutschen Wörter.

Suche

Gestern bin ich zum Café Fritz gegangen. Ich habe einmal Bier bestellt. Das war warm! Als Vorspeise habe ich die Tagessuppe bestellt. Die war kalt! Als Hauptgericht habe ich einmal Schaschlik bestellt. Das war zu scharf. Als Nachspeise hatte ich einmal Apfelstrudel mit Sahne und das war super lecker!

1 It was cold!
2 It was really tasty!
3 I ordered a beer.
4 It was too spicy.
5 For a starter ...
6 It was warm!

schreiben 6 Du warst im Café Fritz. Schreib eine Kritik darüber.
- When did you go to the café?
- What did you order (drinks, starters etc.)?
- What was your opinion of everything?

Das war [zu / sehr] scharf, kalt, warm, lecker.

- Describing a holiday problem
- Giving an opinion in the past and present tense

lesen 1

Sieh dir die Schlagzeilen auf einer Ferienproblem-Webseite an. Was passt zusammen?

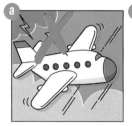 a

 b

 c

 d

 e

 f

1 Ich habe gar nicht geschlafen.

2 Ein Junge hat meinen Rucksack genommen.

3 Der Urlaub hat keinen Spaß gemacht.

4 Das Gasthaus war furchtbar!

5 Der Urlaub war zu kurz.

6 Ich habe das Flugzeug verpasst.

lesen 2

Lies jetzt die Berichte von der Webseite und beantworte die Fragen auf Englisch.

1 When did each person go on holiday?
2 Where did each person go?
3 What was the problem?
4 List one other detail.

Suche

Ferienkatastrophen

a In den Winterferien bin ich nach Italien gefahren. Ich bin jeden Tag Ski gefahren. Das war prima. Ich habe in einem Hotel übernachtet. Jeden Abend gab es Live-Musik. Das war sehr laut und schrecklich. Ich habe gar nicht geschlafen!
Melina aus Stuttgart

b Letztes Jahr bin ich nach Spanien gefahren. Ich bin mit dem IC-Zug nach Barcelona gefahren. Am Bahnhof bin ich ins Café gegangen. Ein Junge ist gekommen und hat meinen Rucksack genommen. Ich habe Urlaub ohne Musik, Handy und Computerspiele gemacht. Das hat gar keinen Spaß gemacht!
Yannis aus Graz

c In den Sommerferien bin ich nach Griechenland gefahren. Ich bin mit dem Flugzeug geflogen und habe in einem Sportcamp übernachtet. Es hat viel Spaß gemacht. Ich habe Fußball und Handball gespielt und ich bin oft schwimmen gegangen. Ich habe mich auch in ein tolles Mädchen verliebt … und das Problem? Sie wohnt in Amerika!
Nils aus Frankfurt

hören 3 Hör zu. Man bespricht Urlaubserfahrungen im Radio. Kopiere und ergänze die Tabelle auf Englisch. (1–4)

	When?	Where?	Accommodation?	Problem?
1 Jonathan				
2 Greta				
3 Eva				
4 Marlon				

When?

a summer holidays b last weekend

c last year d winter holidays

Where?

e A f BERLIN

g GR h I

Accommodation?

i j k l

Problem?

m n o p

schreiben 4 Wähl ein Bild von unten aus und schreib einen Bericht für die Ferienproblem-Webseite.

- When and where did you go on holiday?
- How did you travel and where did you stay?
- What did you do and what was your opinion?
- What was the problem?

In den Sommerferien In den Winterferien Letztes Jahr	bin ich nach	Italien Griechenland Spanien	gefahren. geflogen.	
Ich habe	in einem	Hotel, Sportcamp, Gasthaus	übernachtet.	
	in einer	Jugendherberge		
Ich bin	jeden Tag oft	Ski	gefahren.	
		schwimmen ins Café	gegangen.	
Der Urlaub Das	war	prima, interessant, wunderbar, lustig, chaotisch, kalt, laut, schrecklich, zu kurz.		
	hat	viel / gar keinen Spaß	gemacht.	

Tipp

Giving an opinion in the past and present tense.

Past		**Present**	
Das war toll.	*That **was** great.*	Das ist toll.	*That **is** great.*
Das hat viel Spaß gemacht.	*That **was** fun.*	Das macht viel Spaß.	*That **is** fun.*

Sprachtest

You are going to hear part of an interview between a teacher and a student. The teacher is the interviewer and the student is playing the role of a German tourist on holiday in the local area. Listen, then do the activities to help you prepare for your own speaking test.

Task: Interview with a German tourist on holiday in the area

You are being interviewed by your teacher. You will play a role of a German tourist on holiday in the local area and your teacher will play the role of the interviewer.

Your teacher will ask you the following:

- Where are you staying? How long are you staying for?
- Who are you on holiday with?
- Is this your first visit to the area?
- What have you done so far? How was it?
- What do you think of the weather?
- What are your plans for next Sunday?
- Do you like holidaying in a town?
- ! (A question for which you have not prepared.)

Preparation

1 Predicting

1 First the student talks about a football match she has been to on holiday. Make a note of what information she could include.

2 Listen to the first section: What information did the student give? Were your predictions correct?

2 Listening for questions and tenses

1 How does the student respond about the weather? Is her response positive or negative?

2 The student uses two different tenses – present and past (perfect tense). Which of these two tenses does she use in the following sentences?

> a Ich interessiere mich für Flugzeuge.
> b Ich habe die Concorde und andere Flugzeuge gesehen.
> c Es gibt ein tolles Restaurant.
> d Ich bin mit dem Bus gefahren.

3 Listening for time phrases, adjectives and adverbs

1 The student uses some time phrases. Which ones do you hear her use? What do they all mean?

> a letzte Woche   b am Abend   c letzten Dezember   d immer
> e sonntags   f gestern   g am Sonntagnachmittag

2 Which of these adjectives or adverbs doe she use? Which ones are positive?

> a leider   b ideal   c lecker   d dreckig
> e entspannend   f fabelhaft   g wunderbar   h richtig

Useful language

Ich habe die Karten online vorgebucht.	*I booked the tickets online.*
Ich interessiere mich für (Flugzeuge).	*I am interested in (planes).*
Ich habe letzten Mittwoch das Flugzeugmuseum besucht.	*I visited the aircraft museum last Wednesday.*
Ich bin den ganzen Tag dort geblieben.	*I spent the whole day there.*
Ich kann mich richtig entspannen.	*I can really relax.*

Over to you!

Look at your task and …

- think about what you are going to say as you answer each of the questions– write a list of words and phrases you will need, remembering to include opinions and reasons.

- make a note of any extra details you could include. Work with a partner to brainstorm opportunities for 'initiative'.

- prepare yourself for your teacher's unpredictable question.

Grade**Studio**

To make sure you have a chance of getting a **grade C** in your speaking, you should:

- use different adjectives to give an opinion. e.g. positive opinions:

*Die Fußballmannschaft ist ziemlich **gut**.*	The football team is quite **good**.
*Das Museum ist **interessant** für die ganze Familie.*	The museum is **interesting** for the whole family.

e.g. negative opinions:

*Alles ist sehr **teuer**.*	Everything is very **expensive**.
*Das Einkaufszentrum ist **schrecklich**.*	The shopping centre is **terrible**.

- use a variety of adjectives. It is OK to say *interessant* or *langweilig* once or twice, but if you keep repeating them, it will become boring. Vary these by using e.g. *toll* (great), *cool* (cool), *super* (super), *wunderbar* (wonderful) or *schrecklich* (terrible), *doof* (stupid).

- refer to past and future as well as present events, e.g.

past: *Ich habe das Museum letztes Jahr mit der Schule besucht.*

I visited the museum last year with the school.

future: *Nächsten Samstag spielt Birton gegen Grimsby.*

Next Saturday, Birton is playing against Grimsby.

- Preparing a longer piece of writing about a past holiday

Eine Woche in der Schweiz

Ich liebe die Sonne, das Meer und den Strand und normalerweise fliegen wir im Sommer nach Mallorca. Aber letzten Sommer sind wir nach Schuls gefahren (Schuls liegt im Osten von der Schweiz). Das war die Idee von meiner Mutter und ich war nicht begeistert. Die Schweiz?! Die Schweiz hat keinen Strand, kein Meer ...

Ich bin Anfang August mit meiner Mutter in die Schweiz gefahren. Wir sind mit dem Zug gefahren und sind um neun Uhr von Hannover abgefahren. Die Reise war ein bisschen langweilig. Aber Schuls war toll!

Dreimal in der Woche habe ich Beachvolleyball gespielt. Schuls hat keinen Strand, aber die Stadt hat ein Feld mit Sand, und dort habe ich jeden Tag gespielt und sehr schnell viele junge Leute getroffen. Nach dem Volleyball habe ich mit meinen neuen Freunden einen Stadtbummel gemacht oder manchmal sind wir zusammen ins Café gegangen. Oft habe ich Apfelstrudel bestellt. Apfelstrudel ist lecker!

Schuls liegt in den Bergen. Wandern in den Bergen finde ich total langweilig, aber wir haben ab und zu mit Mountainbikes tolle Radtouren in den Bergen gemacht. Das war super. Nach den Radtouren bin ich oft schwimmen gegangen. Das Hallenbad in Schuls ist wunderbar: Man kann drinnen und draußen im warmen Wasser schwimmen.

Am letzten Abend habe ich mit meinen Freunden Pizza gegessen. Ich habe in Schuls viele Freunde gefunden, und nächstes Jahr möchte ich nach Schuls zurückkommen!

Das Schwimmbad in Schuls

1 Copy a sentence from the text which matches the following pictures.

2 Match the adverbs of frequency highlighted in yellow with their English equivalents.

a often   b now and again   c three times during the week
d every day   e sometimes   f usually/normally

3 Find in the text and write out in German and English.

1 Five verbs which take *habe / hat / haben* in the past / perfect tense.
   e.g. *Ich habe ... gespielt.*   I played ...

2 Three verbs which take *bin / ist / sind* in the past / perfect tense.
   e.g. *Ich bin / wir sind ... gefahren.*   I / we went ...

Over to you!

The editors of the school magazine in your German partner school have asked students to write about a past holiday.

First read the tips below, then write a passage of 100 to 200 words. You could include:

- details about your holiday, e.g. where and when it was, who you went with, your journey.
- what you did on holiday, what the weather was like, who you met.
- any problems you had (e.g. train / plane late).
- what you liked / disliked about your holiday.

Grade**Studio**

If you are aiming for a **grade C** in your writing, you should:

- make your sentences more interesting by including expressions of frequency.

  e.g. *oft* (often)   *manchmal* (sometimes)
  ab und zu (now and then)   *jeden Tag* (every day)
  jedes Jahr (every year)   *Immer* (always)
  nie (never)

Now you try it! 1

Copy and complete the sentences with an expression of frequency. Then translate them into English.

1 Wir fahren   ...   nach Devon.
2 Ich gehe   ...   mit meinen Freunden ins Kino.
3 Ich schwimme   ...   mit meinem Bruder.

- use a range of tenses, e.g. the past tense.
  – for 'went', 'left' and 'arrived' use *ich bin ... / wir sind ...*
  Ich bin *nicht schwimmen* ***gegangen***!
  I did not go swimming.
  Wir sind *um sechs Uhr morgens* ***abgefahren***.
  We set off at six o'clock in the morning.
  – use *ich habe ... / wir haben ...* with most other verbs:
  Wir haben *eine Radtour* ***gemacht***. We went on a bike ride.
  Ich habe *einen Stadtbummel* ***gemacht***.
  I went for a walk around town.

Now you try it! 2

Copy and complete the sentences.

1 Wir   ...   eine tolle Radtour gemacht.
  Wir   ...   um neun Uhr abgefahren.

2 Ich   ...   am Samstagmorgen einkaufen gegangen und ich   ...   ein T-Shirt gekauft.

- extend some of your sentences.
  e.g. **Stage 1: Say where you went.**
  Ich bin in die Schweiz gefahren.   I went to Switzerland.
  Stage 2: Say when you went.
  Ich bin Anfang August *in die Schweiz gefahren.*
  Stage 3: Say who you went with.
  Ich bin Anfang August mit meiner Mutter *in die Schweiz gefahren.*
  Stage 4: Say how you travelled.
  Ich bin Anfang August mit meiner Mutter mit dem Zug *in die Schweiz gefahren.*

Now you try it! 3

Extend the sentence in any way you like.
Ich bin nach Spanien geflogen.

The activities on these two pages are designed to help you develop the listening and reading skills you will need in your GCSE exam.

Listening

1 Listen to part one of the interview with Julia Schmidt. Copy and complete this form in English with her current details.

Surname: Schmidt

First name: Julia

Date of birth:

Nationality:

Job:

Instruments:

2 Now listen to part two and copy and complete the rest of the form.

Hobbies:

Favourite music:

Favourite type of TV programme:

Favourite type of book:

Other hobby:

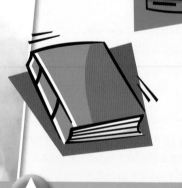

⭐ Tipp

The questions follow the order of the listening passage, so if you missed Julia's nationality, you will need to listen to the chunk after her date of birth the second time round.

3 Listen to the second half again. Which **two sentences** are correct? Note the correct letters.

Example: A

A	Julia likes pop music.
B	Julia can relax when she listens to music.
C	Julie watches lots of soap operas.
D	Julia finds love stories boring.
E	Julia loves football.

⭐ Tipp

- Read the questions carefully before you start listening. This will give you clear clues about the information you will need to listen for.
- In activities where you have to find correct sentences, it can be easier to try to work out which sentences are *not* correct. Listen out for little but important words like **nicht** (*not*).
- Remember never to leave any answer blank. Blanks are always wrong!

Reading

1 You read this brochure for a holiday park.

Which of the following activities can you do at Waldesruh holiday park? Note the **five** correct letters.

A	picnic
B	cycling
C	playing football
D	rollerskating
E	shopping
F	sunbathing
G	watching TV
H	relaxing

Ferienpark Waldesruh für den idealen Urlaub!

Hier kann man:

- langsame Radtouren machen
- Pferde reiten
- sich am Seestrand sonnen
- schöne Wanderungen machen
- langsam im Wald picknicken
- die Natur genießen
- chillen

Hier gibt es auch:

- gute, kleine Geschäfte
- tolle Restaurants

2 You read an article about holiday accommodation.

Wo wohnst du dieses Jahr im Urlaub?

Ich mache Campingurlaub, weil das billig ist. Es gibt viele Aktivitäten z. B. Schwimmen, Tennis, Tanzen. Aber der Campingplatz ist ziemlich unbequem!

Max (15)

Ich mache Urlaub in einer Jugendherberge. Es ist ganz cool! Es gibt einen Fernsehraum, einen Spielsaal und Internetanschluss! Man kann aber nicht gut schlafen.

Felix (17)

Diesen Sommer wohnen wir in einem Hotel. Das ist total bequem, aber ich darf meine Musik nicht laut spielen! Letztes Jahr haben wir in einer Villa gewohnt. Ganz toll!

Alex (16)

a Who is staying where on holiday this year? Make a note of the correct letter for Max, Felix and Alex.

a villa **b** hotel **c** youth hostel **d** campsite / tent

b Who do the following statements apply to? Max (M), Felix (F) or Alex (A)? Note the correct letter for each statement.

1	I can't play loud music.
2	You can watch television.
3	It is quite uncomfortable.
4	There is a lot of sport on offer.
5	It is not easy to sleep well.

 Tipp

- Make sure you read through the questions carefully. They should help you understand what the text is about.

- Read *all* the text carefully. You could easily have come up with the wrong answer if you had just skimmed through. Alex writes: **Letztes Jahr haben wir in einer Villa gewohnt**. So he is not staying in a villa *this year* (and the question is asking you about this year), although he did stay in one last year.

Holiday destinations

Ich fahre gern nach ...	I like going to ...
Amerika	America
England	England
Deutschland	Germany
Frankreich	France
Österreich	Austria
Schottland	Scotland
Berlin	Berlin
Wien	Vienna
Ich bleibe lieber zu Hause.	I prefer to stay at home.

Ich übernachte gern ...	I like staying ...
Ich übernachte lieber ...	I prefer staying ...
im Hotel	in a hotel
in einer Jugendherberge	in a youth hostel
im Gasthaus	in a guest house
auf einem Campingplatz	at a campsite
Ich chille gern.	I like chilling.
Ich lese gern.	I like reading.
Ich treibe lieber Sport.	I prefer doing sport.
Ich fahre (nicht) gern Ski.	I (don't) like skiing.

Holiday activities

Hier kann man ...	Here you can ...
Man kann ...	You can ...
eine Radtour machen	go on a bike ride
den Freizeitpark besuchen	visit the leisure park
Fußball spielen	play football
Minigolf spielen	play minigolf
picknicken	picnic
reiten gehen	go horse-riding

sich sonnen	sunbathe
tanzen	dance
wandern	hike
windsurfen gehen	go windsurfing
Hier gibt es ...	There is / are ... here
ein Freibad	an open-air pool
Geschäfte	shops
Restaurants	restaurants

Talking about what you did

Ich habe ...	I ...
Fotos gemacht	took photos
Pause gemacht	took a break
einen Stadtbummel gemacht	wandered round the city
ein T-Shirt gekauft	bought a T-shirt
den Fernsehturm besucht	visited the television tower
das Museum besucht	visited the museum
den Reichstag gesehen	saw the Reichstag
Fußball gespielt	played football
Pizza gegessen	ate pizza
im Restaurant gegessen	ate at a restaurant
im Café gegessen	ate at a café
Ich bin in die Pizzeria gegangen.	I went to the pizzeria.

Ich bin ins Konzert gegangen.	I went to a concert.
Ich bin ins Rockkonzert gegangen.	I went to a rock concert.
Ich bin einkaufen gegangen.	I went shopping.
Berlin war ...	Berlin was ...
fantastisch	fantastic
interessant	interesting
kalt	cold
[nicht so] gut	[not so] good
schön	lovely
schrecklich	dreadful
super	super
wunderbar	wonderful

Talking about a journey

Ich bin nach Ulm gefahren.	I went (drove) to Ulm.
Ich bin ... gefahren.	I went ...
mit dem Bus	by bus.
mit dem Zug	by train.
mit dem Auto	by car.
mit dem Rad	by bicycle.
Ich bin um elf Uhr abgefahren.	I left at 11 o'clock.

Ich bin um drei Uhr fünfzehn angekommen.	I arrived at 3.15.
Die Reise war [sehr] ...	The journey was [very] ...
schön	lovely
entspannt	relaxing
schnell	fast
langsam	slow
langweilig	boring
stressig	stressful
anstrengend	tiring

At a restaurant

Als Vorspeise nehme ich einmal ...	*For a starter I'll have ...*	Als Nachspeise nehme ich ...	*For dessert I'll have ...*
Tomatensuppe	*tomato soup*	Apfelstrudel	*apple strudel*
Salat	*salad*	gemischtes Eis	*mixed ice cream*
Brot mit Dipp	*bread with dips*	Schokoladentorte	*chocolate cake*
Als Hauptgericht möchte ich gern ...	*For the main course I'd like ...*	mit Vanilleeis	*with vanilla ice cream*
		mit Sahne	*with cream*
Ich esse gern ...	*I like ...*	Ich trinke gern ...	*I like to drink ...*
Ich esse nicht gern ...	*I don't like ...*	Ich trinke nicht gern ...	*I don't like to drink ...*
Ich esse lieber ...	*I prefer ...*	Ich trinke lieber ...	*I prefer to drink ...*
Hähnchen	*chicken*	Cola	*cola*
Schnitzel	*schnitzel*	Fanta	*Fanta*
Schaschlik	*kebab*	Mineralwasser	*mineral water*
Omelet	*omelette*	Milch	*milk*
Bockwurst / Currywurst / Bratwurst	*sausage*	Wein	*wine*
		Bier	*beer*
Hamburger	*hamburger*	ein Kännchen	*a pot of*
mit	*with*	eine Tasse	*a cup of*
Sauerkraut	*sauerkraut*	Tee	*tea*
Senf	*mustard*	Kaffee	*coffee*
Ketchup	*ketchup*	heiße Schokolade	*hot chocolate*
Mayonnaise	*mayonnaise*	Das war zu ...	*That was too ...*
Pommes	*chips*	Das war sehr ...	*That was very ...*
		scharf	*spicy*
		kalt	*cold*
		warm	*warm*
		lecker	*tasty*

Talking about a past holiday

In den Sommerferien ...	*In the summer holidays ...*	Ich bin jeden Tag Ski gefahren.	*I went skiing every day.*
In den Winterferien ...	*In the winter holidays ...*	Ich bin oft schwimmen gegangen.	*I often went swimming.*
Letztes Jahr ...	*Last year ...*	Das war ...	*That was ...*
bin ich nach Italien gefahren.	*I went to Italy.*	Der Urlaub war ...	*The holiday was ...*
bin ich nach Spanien gefahren.	*I went to Spain.*	chaotisch	*chaotic*
		interessant	*interesting*
bin ich nach Griechenland geflogen.	*I flew to Greece.*	kalt	*cold*
		laut	*noisy*
Ich habe ... übernachtet.	*I stayed ...*	lustig	*funny*
in einem Hotel	*in a hotel.*	prima	*great*
in einem Sportcamp	*at a sport camp.*	schrecklich	*dreadful*
in einem Gasthaus	*at a guest house.*	wunderbar	*wonderful*
in einer Jugendherberge	*at a youth hostel.*	zu kurz	*too short*
Ich bin Ski gefahren.	*I went skiing.*	Das hat gar keinen Spaß gemacht.	*That was no fun.*
Ich bin schwimmen gegangen.	*I went swimming.*	Das hat viel Spaß gemacht.	*That was good fun.*
Ich bin ins Café gegangen.	*I went to the café.*		

3 Mein Schulleben

1 Stundenplan der Klasse 9b

- Giving opinions about school subjects
- Days of the week

 1 Sieh dir den Stundenplan und die Bilder a–m an. Welches Fach ist das?

 a   **b**   **c**

Stunden	Montag	Dienstag	Mittwoch	Donnerstag	Freitag
❶.	Biologie	Deutsch	Deutsch	Informatik	Religion
❷.	Geschichte	Kunst	Werken		Französisch / Italienisch
	große Pause				
❸.	Deutsch	Chemie	Sport	Mathe	Musik
❹.	Englisch	Englisch		Chemie	Mathe
❺.	Mathe	Latein	Musik	Physik	Erdkunde
	große Pause				
❻.	Physik	Theater	Latein / Spanisch	Biologie	Englisch
❼.		Französisch / Italienisch			

 **d**   **e**   **f**

 g   **h**   **i**   **j**   **k**   **l**   **m**

2 Hör zu. Welches Fach ist das? (1–6)

Beispiel: **1** German

3 Sieh dir den Stundenplan noch mal an. Welches Fach ist das?

1 Das ist eine Fremdsprache. Man spricht das zum Beispiel in Madrid und Barcelona.

2 Diese zwei Sprachen hat man zweimal in der Woche, am Dienstag und am Freitag.

3 Dieses Fach ist kreativ und dramatisch. Man führt Theaterstücke auf.

4 Hier lernt man viel über den Computer.

5 Das hat man jeden Tag nach der fünften Stunde.

6 Hier lernt man vielleicht ein Instrument oder man singt.

4 Schreib drei Sätze über deine Fächer.

 Ich mache gern …   Ich mache nicht gern …   Ich finde … OK.

 Grammatik **lern weiter p. 208**

Days of the week

If you are talking about 'on' a certain day use **am** + day.

Ich habe Mathe am Montag und am Dienstag.

*I have maths **on** Monday and **on** Tuesday.*

Rückblick

5 Lies die Ausschnitte aus dem Forum: „Findest du Mathe schwer?"
Finde folgende Wörter.

interesting **difficult** **easy** **complicated** **useful** **great** (2 words) **boring**

Findest du Mathe schwer?

 **maresa**
Ich finde Mathe, Physik und Biologie sehr schwer und langweilig.
Ich mache viel lieber Englisch, Sport und Kunst. Sie sind sehr einfach.

 alfie.6712
Mein Lieblingsfach ist Mathe! Der Lehrer ist total super und ich finde
Mathe gar nicht kompliziert.

 **lara 45**
Mathe? Nein, danke! Ich mache viel lieber Französisch, weil das sehr
nützlich ist, aber mein Lieblingsfach ist Englisch. Ich finde Englisch
interessant und toll! Und die Lehrerin ist auch sehr nett.

 6 Lies die Ausschnitte noch mal und beantworte die Fragen a~ nglisch.

1 Who is positive about maths?　　　　2 Who prefers la~ es?

3 What does Maresa think about maths?　4 Who has a nice E~ ~h teacher?

5 What is lara_45's favourite subject?　6 What does Maresa ~ k about art?

 7 Das Schulradio macht in der Klasse 9b Interviews zum
Thema Schulfächer. Hör zu. Schreib die Tabelle ab und
ergänze sie auf Englisch. (1–4)

	Favourite subject?	Why?
1		

You dor~ ~ nderstand
every wo~ ~ ecording. You
just need~ ~ r the favourite
subject an~ ~ vhy it is the
favourite s~ ~ thing else
can be ign~

 8 Die Klasse 9b schickt deiner Klasse eine Umfrage
zum Thema Schulfächer. Bereite Antworten zu
ihren Fragen vor.

- **Was ist dein Lieblingsfach?**
- **Warum?**
- **Wie findest du Sport, Deutsch, Mathe und Werken?**

Mein Lieblingsfach ist	Mathe, Biologie, Chemie, Deutsch, Theater, Englisch, Erdkunde, Französisch, Geschichte,	
Ich finde	Informatik, Italienisch, Kunst, Latein, Mathe, Musik, Physik, Religion, Spanisch, Sport, Werken	su~ ~nfach, nüt~ ~nteressant, kompliziert, langweilig, schwer

2 Mein Schultag

lesen **1** Sieh dir das Infoblatt an und beantworte die Fragen auf Englisch.

Wir bitten um Hilfe für die Kinder in Afrika.
Sonja wohnt in Angola.

a Um Viertel vor sechs stehe ich auf.

b Um zehn vor acht gehe ich in die Schule.

c Ich gehe zu Fuß in die Schule.

d Um acht Uhr beginnt die Schule.

e Am Mittag endet die Schule.

f Ich gehe nach Hause und ich esse Mittagessen (Bohnen!).

g Am Nachmittag arbeite ich auf dem Feld.

1 When does Sonja leave for school?
2 When does school finish?
3 When does Sonja get up?
4 How does Sonja travel to school?
5 When does Sonja work in the fields?
6 How long does it take Sonja to get to school?

Grammatik
 lern weiter p. 213

Telling the time (12-hour clock)

zehn nach zwölf	*ten past twelve*
Viertel nach zwei	*quarter past two*
halb sechs	*half past five*
	(i.e. half way on to six)
zwanzig vor acht	*twenty to eight*
Viertel vor neun	*quarter to nine*

hören  **2** Schüler in Bonn diskutieren das Infoblatt. Wie sind ihre Schultage? Hör zu, dann kopiere und ergänze die Tabelle. (1–3)

	Get up	Go to school	School start	School finish
1				

sprechen **3** Stellt einander Fragen über den Schultag.

- Wann stehst du auf?
- Wann fährst du in die Schule?
- Wann beginnt die Schule?
- Wann endet die Schule?

Um ... stehe ich auf.
Um ... fahre / gehe ich in die Schule.
Um ... beginnt die Schule.
Um ... endet die Schule.

lesen **4** Lies Erwins E-Mail an seinen britischen Austauschpartner und verbinde die Bilder a–f mit den Uhren 1–6.

Jeder Tag ist gleich, oder?
Um sechs Uhr stehe ich auf. Um halb acht fahre ich mit dem Schulbus in die Schule. Um fünf vor acht beginnt die Schule und um halb zwei fahre ich wieder nach Hause und esse zu Mittag.
Am Nachmittag mache ich AGs wie Theatergruppe und Basketball und ich mache meine Hausaufgaben. Um halb sieben esse ich zu Abend und dann endlich habe ich frei!
Gegen zehn Uhr gehe ich ins Bett und am nächsten Tag geht's wieder los!

Bis dann!
Erwin

AG = Arbeitsgemeinschaft
after school club

5 Lies die E-Mail noch mal und beantworte die Fragen auf Englisch.

1 When does Erwin get up?
2 How does he get to school?
3 When does school finish?

4 What does he do in the afternoons? (2)
5 When does he eat in the evening?
6 When does he go to bed?

6 Schüler beschreiben ihren Schultag im Schulradio. Hör zu. Welches Bild passt zu welchem Ausschnitt? (1–6)

7 Schreib für deine Partnerschule eine E-Mail über deinen Schultag in Großbritannien.

Beispiel: Um sieben Uhr stehe ich auf.

Tipp
Adapt Erwin's e-mail to suit your own details.

Um sechs Uhr	stehe ich	auf.
Um Viertel vor sieben	fahre ich	[mit dem Bus] in die Schule.
Gegen acht Uhr	fahre / gehe ich	in die Schule, nach Hause.
Um fünf vor acht	beginnt / endet	die Schule.
Um halb zwei	mache ich	AGs, meine Hausaufgaben.
Am Nachmittag	esse ich	zu Mittag, zu Abend.
Um halb sieben	gehe ich	ins Bett.

3 Schulregeln – nein danke!

- Discussing school rules
- Modal verbs

lesen **1** Lies Saschas Schulordnung auf ihrem Blog und schau dir die Bilder an.
Was passt zusammen?

Blog

1 Man muss eine Uniform tragen.
2 Man muss pünktlich zur Schule kommen.
3 Man muss die Hausaufgaben machen.
4 Man muss höflich und hilfsbereit sein.
5 Man darf keinen Kaugummi kauen.
6 Man darf kein Fastfood essen.
7 Man darf niemanden mobben.
8 Man darf nicht rauchen.

hören **2** Hör dieses Radioprogramm an.
Kopiere und ergänze die Tabelle. (1–7)

Which picture from exercise 1?	Positive ☺	Negative ☹
a		✓

Tipp

Opinions
Check you know what these adjectives mean before you do exercise 2.
Look up the words in the glossary.

**blöd frech mies unfair
unpraktisch schade
schrecklich schwierig wichtig**

schreiben **3** Bereite eine Liste der Top-Fünf-Regeln für die Schulordnung vor.

Beispiel: **1** Man muss höflich sein.
2 Man darf keine Schokolade essen.

sprechen **4** Besprecht die Ideen aus Aufgabe 3 in der Gruppe.

▢ Regel Nummer 1: Man muss höflich sein.
● Ja, das finde ich wichtig.
▲ Ich finde das OK, aber Regel Nummer 1 für mich ist: Man darf niemanden mobben.
▢ Und Regel Nummer 2?

Grammatik
lern weiter p. 204

Modal verbs
If you want to say you 'must' or 'are (not) allowed' to do something, use modal verbs:
Man muss (*you must*)
Man darf (*you may*)
+ an infinitive verb at the end of the sentence.

Man muss höflich sein. *You **have to be** polite.*
Man darf nicht rauchen. *You **are not allowed to** smoke.*

lesen **5** Lies diese Schulordnung aus dem 20. Jahrhundert und wähl die richtigen Antworten aus.

Man muss	eine Uniform tragen. pünktlich zur Schule kommen. die Hausaufgaben machen. höflich und hilfsbereit sein.
Man darf	keinen Kaugummi kauen. kein Fastfood essen. niemanden mobben. nicht rauchen.
Ich finde das	blöd, schwierig, schade, unfair, mies, praktisch, wichtig, gut, OK.

Die Schulregeln vor 100 Jahren

1 Man muss „Guten Morgen, Fräulein Lehrerin" sagen.
2 Man muss still in Reihen sitzen und immer nach vorne schauen.
3 Man darf nicht flüstern oder plaudern.
4 Man darf nicht kichern oder lachen.
5 Man darf nur beim Befehl „Steht auf!" aufstehen.
6 Man muss sich mit der rechten Hand melden, um eine Frage zu beantworten.
7 Man muss die Hefte unter der Bank wegräumen.
8 Man muss das Klassenzimmer ordentlich verlassen – zuerst die Mädchen und dann die Jungen.

1 You were not allowed to **greet the teacher** / whisper / face the front.

2 You were not allowed to **stand up** / giggle / chew gum.

3 You had to put up your hand to **go to the toilet** / speak to the teacher / answer a question.

4 You had to put your books under the **bench** / table / desk.

5 The **boys** / girls / teachers had to leave the room first.

⭐ Tipp

You can adapt the sentences in the Key Language box to make up your own:
e.g.
Man darf ... Jeans und Sportschuhe tragen.
Man darf ... Musik hören.

Man muss ... am Freitag zu Hause bleiben.
Man muss ... in Informatik Computerspiele spielen.

schreiben **6** Schreib die Regeln für deine Traumschule und auch deine Meinung dazu auf.

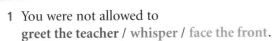

Beispiel: Man darf am Montag Kaugummi kauen. Ich finde das toll.

- Talking about your school
- Using adjectives to describe things

lesen 1 Lies die Sätze und sieh dir Esras Bilder an.
Was passt zusammen?

1 Die Kantine ist teuer.

2 Die Bibliothek ist toll und modern.

3 Die Aula ist groß.

4 Der Schulhof ist furchtbar.

5 Die Schule ist alt.

6 Die Turnhalle ist altmodisch.

hören 2 Hör den Schülern an Esras Schule zu. (1–5)
Welches Bild von oben erwähnen sie?

schreiben 3 Schreib fünf Sätze über deine Schule auf.

Der Schulhof Die Kantine Die Bibliothek Die Aula Die Turnhalle Die Schule Das Klassenzimmer Das Labor	ist	besonders sehr ziemlich total	furchtbar, toll, schrecklich, teuer, dreckig, modern, alt, altmodisch, groß, klein, ausgezeichnet.

sprechen 4 Beschreib ein Zimmer in deiner Schule. Kann dein
Partner / deine Partnerin das richtig erraten?

- ▢ Ist das klein?
- ● Nein.
- ▢ Ist das alt?
- ● Ja.
- ▢ Ist das die Turnhalle?
- ● Ja, richtig!

Tipp

Describing things

- Adjectives are great for giving opinions (*ich finde das blöd / gut*) and they are also really helpful in adding interest to your work by describing things.

Die Turnhalle ist modern und toll. is a much more interesting sentence than **Es gibt eine Turnhalle.**

- Keep a list of adjectives you come across which are useful to describe things in other topic areas too.

nützlich	*useful*
ausgezeichnet	*excellent*
klein	*small*

lesen **5** **Lies Esras E-Mail an eine Deutschklasse in England und beantworte die Fragen auf Englisch.**

Hallo!

Ich besuche eine Gesamtschule in Hamburg. Ich bin in der Klasse 9b. Es gibt neunundzwanzig Schüler in der Klasse. Meine Schule ist ziemlich alt und der Schulhof ist besonders furchtbar. Es gibt eine Turnhalle, aber sie ist ziemlich klein und altmodisch. Die Bibliothek und die Aula sind beide sehr modern und groß! Es gibt auch eine Kantine, aber sie ist ziemlich teuer und das Essen ist schrecklich. Man muss in der Schule keine Uniform tragen, aber man darf keine Markenkleidung tragen. Meiner Meinung nach ist meine Schule super! Warum? Ich habe viele Freunde in der Klasse!

Esra

> eine Hauptschule / Realschule = *a secondary school*
> ein Gymnasium = *a grammar school (not a gym!)*
> eine Gesamtschule = *a comprehensive*

1 What is Esra's playground like?

2 Name two problems with the gym.

3 Which two new facilities does Esra mention?

4 Why doesn't Esra use the school canteen?

5 Does Esra have to wear a uniform?

6 Why does Esra enjoy going to school?

hören **6** **Joel geht auf eine Schule in England. Esra ruft ihn an. Hör zu und wähl die richtigen Antworten aus.**

	(a)	(b)	(c)
1 Class size:	29	30	31
2 School type:	grammar	secondary school	comprehensive
3 Uniform:	just for sport	no	jacket and tie
4 Buildings:	new	old	falling down
5 Best rooms:	canteen / hall	playground / lab	library / sports hall
6 Lunch:	dreadful canteen	great canteen	not mentioned

sprechen **7** **Partnerarbeit. Wähl dir eine Schule aus und sprich mithilfe der Fragen von unten über die Fotos.**

- Was für eine Schule besuchst du?
- In welche Klasse gehst du?
- Wie viele Schüler gibt es in deiner Klasse?
- Wie ist deiner Meinung nach die Schule?

Ich besuche	eine	Gesamtschule, Hauptschule, Realschule.
	ein	Gymnasium.
Ich bin	in der Klasse [9b].	
Es gibt	[29] Schüler	in der Klasse / Schule.
Meiner Meinung nach	ist meine Schule	super.

- Talking about pressures at school
- Using adverbs of time

1 Lies die Sätze und sieh dir die Bilder an. Welches Problem passt zu welchem Bild?

1 Ich finde die Hausaufgaben stressig.

2 Ich habe Angst vor Mobbing.

3 Ich habe Angst vor den Prüfungen.

4 Ich habe Probleme mit Deutsch.

5 Ich bekomme schlechte Noten.

6 Ich habe keine Freunde.

Sitzenbleiben

If you get a bad end of year report (i.e. a grade average of less than 4) you have to stay down a year and repeat it. The grade scheme is:

1 = sehr gut *excellent*
2 = gut *good*
3 = befriedigend *satisfactory*
4 = ausreichend *sufficient*
5 = mangelhaft *unsatisfactory*
6 = ungenügend *insufficient*

2 Hör die Nachrichten im Radio an. (1–5) Welches Problem aus Aufgabe 1 beschreibt man?

3 Wie gestresst bist du? Stellt einander die Fragen gegenüber und zählt die Punkte! Je höher die Zahl, desto stressiger findest du die Schule!

Hast du ...

Angst vor Mobbing?
Angst vor den Prüfungen?
Probleme mit Mathe?
Probleme mit Freunden?
schlechte Noten?

Nein, das habe ich nie.	[0]
Ja, das habe ich manchmal.	[2]
Ja, das habe ich immer.	[4]

lesen 4 Lies die Ausschnitte aus der Schul-Problemseite und finde die Adjektive unten.

a Ich bin ziemlich klug und sehr fleißig. In der Klasse bin ich erfolgreich und bekomme oft gute Noten, aber ich habe Angst vor den Prüfungen! Dann bekomme ich nie gute Noten, weil ich so nervös bin!

b Ich gehe nicht gern in die Schule, weil ich dort keine Freunde habe. Ich komme nicht gut mit der Klasse aus. Meine Mitschüler sind alle sehr sportlich, aber ich gehe lieber in die Bibliothek und lese Bücher.

c OK, ich bin faul in der Schule. Hausaufgaben finde ich langweilig und ich mache sie nur selten. Aber jetzt geht das Jahr zu Ende und das Zeugnis kommt. Ich habe Angst vor dem Sitzenbleiben. Und ich habe auch Angst vor meinen Eltern. Was werden sie sagen?!

1 lazy **2** hard-working **3** nervous **4** sporty
5 clever **6** boring **7** successful

lesen 5 Lies die Ausschnitte noch mal. Wähl für jeden Ausschnitt einen Titel aus.

1 Exams – no, thanks!
2 My parents are going to be mad with me.
3 School uniform is rubbish.
4 I don't fit in.

schreiben 6 Stell dir vor, du bist total schulscheu! Schreib einen Brief an eine Schul-Problemseite und beschreib dein Problem.

- Say you don't like going to school.
- Say what your problem is.
- Describe what you are like at school.

Beispiel: Ich gehe nicht gern in die Schule. Ich habe Angst vor den Prüfungen. Ich bin nicht sehr klug und ich bin manchmal sehr nervös. Ich bekomme immer schlechte Noten ...

Tipp

Adverbs of time
Adverbs of time make your work more interesting. They usually come after the verb.

Ich habe nie Angst. *I am **never** afraid.*

nie	never
selten	seldom
manchmal	sometimes
oft	often
immer	always

Ich die Schule!

Ich habe	nie selten manchmal immer oft	Angst vor Mobbing.
		Angst vor den Prüfungen.
		Probleme mit Deutsch / Mathe.
Ich finde die Hausaufgaben		stressig.
Ich bekomme		schlechte Noten.
Ich habe	keine Freunde.	

- Talking about your school days
- Using more than one tense

 1 Lies die Ausschnitte aus der Schul-Zeitschrift und schau dir die Bilder an.
Was passt zusammen?

Was war deine beste Klasse?

1 Meine Lieblingsklasse war die 1. Klasse, weil alles lustig und locker war. Ich war im Kindergarten und ich habe jeden Tag gebastelt, gemalt und draußen gespielt. Das hat viel Spaß gemacht! Jetzt bin ich in der 10. Klasse und zum Basteln habe ich leider keine Zeit! **Mario**

2 Letztes Jahr war ich in der 8. Klasse und ich bin auf eine Klassenfahrt nach London gefahren. Das war super, weil ich so viele Sehenswürdigkeiten gesehen habe. Das war einmalig! **Iris**

3 In der 7. Klasse habe ich an der Schule in der Fußballmannschaft gespielt. Das war toll, weil wir oft gewonnen haben! Ich habe auch andere Jungen aus der Schule kennengelernt und sie sind heute noch meine Freunde. **Konrad**

4 Nächste Woche gehe ich auf die Uni, aber die Oberstufe war sicher meine beste Schulzeit. Die Oberstufe war eine gute Zeit, weil es so viel Spaß gemacht hat! **Ellie**

a

b

c

d

 2 Lies die Ausschnitte noch mal. Finde:

1 Two sentences using the present tense.
2 Two sentences using the past tense.
3 Two sentences using **weil**.
4 Two sentences using **und** or **aber**.

3 Lies die Ausschnitte noch mal.

Who ...

1 made good friends through school?
2 had the opportunity to travel?
3 enjoyed primary school most of all?
4 enjoyed the sixth form?
5 was part of a successful team?

Grammatik
lern weiter p. 202

You can recognise different tenses from the verb, but often a time phrase will also give you a clue.

	Time phrase	Verb
Present	**jetzt** *now* **im Moment** *at the moment*	**ich bin** *I am* **ich habe** *I have* **ich spiele** *I play*
Past	**letzte Woche** *last week* **letztes Jahr** *last year*	**Ich habe gespielt.** *I played.* **Ich bin gegangen.** *I went.*
Future	**morgen** *tomorrow* **nächste Woche** *next week*	**Morgen spiele ich Tennis.** **Morgen werde ich Tennis spielen.**

4 Hör dir diese Gespräche an. (1–4) Spricht man von der Vergangenheit (V) oder der Gegenwart (G)?

 5 Partnerarbeit. Sprich mithilfe der Gegenwart von der Zukunft.

◻ Was machst du nächsten Dienstag?

● Nächsten Dienstag habe ich eine Englischprüfung.

◻ Was machst du nächsten Mittwoch?

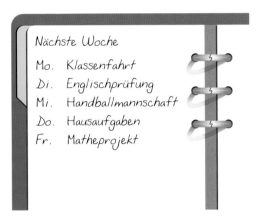

Nächste Woche

Mo. Klassenfahrt
Di. Englischprüfung
Mi. Handballmannschaft
Do. Hausaufgaben
Fr. Matheprojekt

Grammatik
lern weiter p. 196

The future using the present tense
Use the present tense to talk about what you are going to do tomorrow, next week etc .
Morgen gehe ich zur Galerie.
I am going to the gallery tomorrow.
Nächste Woche fahre ich auf eine Klassenfahrt.
I am going on a class trip next week.
Nächsten Montag mache ich ein Projekt.
Next Monday I am going to do a project.

Morgen	fahre	ich	auf eine Klassenfahrt.
Nächste Woche	spiele		in der Handballmannschaft mit.
Nächsten Montag	habe		eine Englischprüfung, ein Matheprojekt.
	mache		Hausaufgaben.

 6 Schreib einen Text für die Schul-Zeitschrift über deine Schulerfahrungen.

● What was your best school year? Why?

● What class are you in now?

● What is it like?

● Give some examples of activities coming up for your class.

Meine Lieblingsklasse war die 4. Klasse, weil alles lustig und locker war.	
Im Kindergarten	bin ich auf eine Klassenfahrt gefahren.
In der Oberstufe / 10. Klasse	bin ich auf Partys gegangen.
Letztes Jahr	habe ich gebastelt, gemalt, gespielt.
Heute	
Jetzt	bin ich in der 10. Klasse / auf der Uni.
Morgen	fahre ich auf eine Klassenfahrt.
Nächste Woche	gehe ich zur Galerie.
Nächsten Montag	spiele ich in der Schulmannschaft mit.

You are going to hear part of a discussion between a teacher and a student. Listen to the extract, then carry out the activities to help you prepare for your own speaking task.

Task: School

You are going to have a conversation about school. Your teacher will ask you the following:

- What sort of school do you attend?
- What other schools have you attended?
- Which school do you prefer and why?
- What is a typical school day like?
- What do you do after school?
- What is your opinion of your school?
- Do you find school stressful?
- Do you wear a school uniform? What do you think of that?
- What would your ideal school be like?
- ! (A question for which you have not prepared.)

Preparation

1 Listening for grammatical structures

1 The student talks about his school day. Note the sort of information you think he might include.

2 Now listen and tick off the information you predicted. Make a note of other things he mentions.

3 To get a good grade you should try to use a variety of structures. This student uses:

- inversion (see Tipp box)
- expressions of time
- subordination (see Tipp box)
- modal verbs (see Tipp box)
- expressions of place

Put the following statements in the order the student says them:

a Montags und freitags gehe ich nach Hause.
b ... weil das Essen dort lecker und billig ist.
c Ich muss meine Hausaufgaben nach dem Abendessen machen.
d Ich esse in der Kantine.

4 For each statement, say which of the structures in the bulleted list he used.

2 Listening for opinions

1 Which of the following adjectives does the student use to give his opinions on:
a the rule on mobile phones and iPods?
b the rule on smoking?   **c** maths and science?

doof prima blöd fair schön kompliziert

2 Listen and pick out the two things he is describing when he uses the phrases below. Which phrase is positive and which phrase is negative?

a Ich habe Angst vor ...   **b** ... hat Spaß gemacht

Tipp

- **Inversion:**
  Switch the subject and the verb around. Instead of saying e.g. **ich mache dreimal in der Woche AGs** try saying **dreimal in der Woche mache ich AGs.**

- **Subordination:**
  The linking word you use sends the main verb to the end of the sentence e.g. **Deutsch lerne ich gern, <u>weil</u> die Lehrerin sympathisch <u>ist</u>.**

- **Modal verbs:**
  With modal verbs such as **müssen** (*to have to*), **dürfen** (*to be allowed to*), you end up with two verbs in the sentence. One of them (the infinitive) goes at the end, e.g.
  Ich muss pünktlich zur Schule kommen.
  I have to arrive at school on time.
  Ich darf kein Fastfood essen.
  I am not allowed to eat fast food.

3 Listening for linking words

1 Which of the following linking words does he use and what do they mean?

oder weil dass aber und

2 He also uses some intensifiers. Which ones does he use?

sehr so wirklich ziemlich zu

Useful language

Use linking words to connect two sentences to make longer and more complex sentences.

- Some do not change the word order e.g.
aber (*but*)   oder (*or*)   und (*and*)
e.g. Man muss so viel lernen und ich habe immer Angst vor den Noten.
You need to learn so much and I am always frightened of getting my marks.

- Some invert the subject and the verb e.g. auch (*also*)
e.g. Auch haben wir weniger Probleme auf dem Schulhof.
We also have fewer problems in the playground.

- Some send the verb to the end of the sentence e.g. weil (*because*)
e.g. Weil wir zu viele Schüler in einer Klasse haben.
Because we have too many students in a class.

Over to you!

- Gather together the notes you have made on school. What information are you going to include in your answer to each question? Try to predict your teacher's unpredictable question.
- Work with a partner to answer his/her questions. Keep the conversation going – in German, of course! Try to join up the sentences in your answers, and give your point of view.

Grade**Studio**

To make sure you have a chance of getting a **grade C** in your speaking, you should:

- give your opinions. You can use adjectives. e.g.
blöd (daft), *doof* (silly), *stressig* (stressful), *fair* (fair), *lecker* (tasty).
or you can use a whole phrase. e.g.
Kochclub macht Spaß.   Cookery club is fun.
Ich habe Angst vor Prüfungen.   I get worried about tests.

- use a variety of structures – try inversion. e.g.
*Um 11.00 **gibt es** eine kurze Pause.*
or use *weil*, which will send the verb to the end of the sentence. e.g.
*Mein Lieblingsfach ist Deutsch, **weil** es nützlich **ist**!*

- talk about some past and future things, not just about things that are happening now or every day. e.g.
past: *Die Grundschule hat immer Spaß gemacht.*   Primary school was always fun.
        Ich habe keine Prüfungen gehabt.   I did not have any tests.
future: *In meiner Idealschule beginnt der Schultag um 8:00 Uhr.*   In my ideal school the school day begins at 8.00.

Hallo Tom,

heute schreibe ich dir etwas über meine Schule.

1 Meine Schule heißt die Martin-Luther-Schule: Es ist eine Gesamtschule und wir haben mehr als 1200 Schülerinnen und Schüler.

2 Die Schule hat viele strenge Regeln. Man muss zum Beispiel pünktlich zur Schule kommen, man muss immer höflich und hilfsbereit sein und man darf keinen Kaugummi kauen. Das finde ich manchmal stressig. Aber die Schülerinnen und Schüler haben keine Angst vor Mobbing. Das finde ich super.

3 Drei Tage in der Woche sind „Langtage", an diesen Tagen sind wir bis 15:50 Uhr in der Schule. In der Mittagspause essen wir in der Kantine, und am Nachmittag haben wir Aktivitäten in kleinen Gruppen: Wir spielen Billard oder Computerspiele, wir singen oder wir treiben Sport. Man darf auch die Hausaufgaben in der Schule machen.

4 Die Schule ist ziemlich modern. Wir haben einen großen Schulhof, eine moderne Sporthalle, ein tolles Multi-Media-Studio. Die Klassenzimmer sind groß und hell. Aber die Kantine ist furchtbar – sie ist viel zu klein und hat kein Licht.

5 Am Morgen fahre ich mit dem Rad zur Schule. Viele von meinen Freunden fahren mit dem Bus, und mein bester Freund fährt mit dem Zug.

6 Wir haben viele Kontakte mit Schulen in anderen Ländern, z. B. Schweden, Italien und Großbritannien. Letztes Jahr bin ich mit unserem Schulchor nach Schweden gefahren und wir haben in drei Schulen gesungen. Es war toll.

Schreibst du mir bitte etwas über deine Schule? Vielen Dank!

Anton

---

1 Structure.

Each of the six paragraphs deals with a different aspect of the school. Which paragraph deals with ...

> **a** rooms and facilities in the school?
> **b** afternoon school?
> **c** partner schools abroad?
> **d** the number of pupils in the school?
> **e** school rules?
> **f** how pupils travel to school?

2 Adjectives. Find the adjectives in the text and write them out.

> **a** strict **b** polite **c** modern **d** bright
> **e** awful **f** small **g** great

3 Using different structures. Find the following sentences in the e-mail and write them in German and English.

a two sentences which begin: *Man muss ...*
b two sentences which begin: *Man darf ...*

Over to you!

Write an article in German for your school website to "sell" your school to a party of German students who are going to visit.
First read the tips below, then write an article of 100 to 200 words.
You could include:

- where your school is, what sort of school it is, school uniform.
- information about the school day.
- some of your school subjects and an extra-curricular activity.
- what you think of different aspects of the school and why.
- details of a school trip that has recently taken place.

GradeStudio

If you are aiming for a **grade C** in your writing you should:

- write a plan of what you are going to say.
- make sure you include relevant information.
- include ideas to help you write more than a minimal response.
- write something like this:
  – where – near station / town centre comprehensive (Gesamtschule)
  – school day: starts 8.50, first lesson 9.00, lunch at 12.30 ...

Now you try it! 1
Write a plan for your website article.
Remember: Give enough information to go beyond a minimal response.

- add interest to lists (e.g. of subjects or rooms) by including adjectives, e.g.
  *Die Sporthalle ist **groß**, aber **kalt** und **dreckig**.*
  The sports hall is big but cold and dirty.
  *Geschichte ist **toll**; Mathe ist **nützlich**, aber ziemlich **schwer**.*
  History is great; maths is useful but quite hard.

Now you try it! 2
Copy and complete the sentences with adjectives from the box.

toll	einfach	schwer	super
groß	nützlich	blöd	wichtig
klein	interessant	alt	modern
	kompliziert	langweilig	

1 Englisch finde ich ... und ... , und Deutsch finde ich ... und ...
2 Meine Schule ist ziemlich ... Die Klassenzimmer sind ... ; die Kantine ist ...

- include a few sentences in the past tense, e.g. describe a trip:
  Say where/how you went.
  ***Wir sind** mit dem Zug nach London **gefahren**.*
  Say when you left. *Wir **sind** um halb acht **abgefahren**.*
  Say what you did / saw. ***Wir haben** ein Museum **besucht**.*
  Give a comment.
  *Das Museum **war** ziemlich langweilig. Aber London **war** toll.*

Now you try it! 3
Copy and complete the sentences.
1 Wir ... mit dem Bus nach Edinburg ... (*went*)
2 Wir ... um neun Uhr ... (*left*)
3 Wir ... die Burg ... (*visited*)
4 Edinburg ... toll. (*was*)

Talking about your school subjects

Mein Lieblingsfach ist ...	*My favourite subject is ...*	Religion	*RE*
Biologie	*biology*	Spanisch	*Spanish*
Chemie	*chemistry*	Sport	*sport*
Deutsch	*German*	Theater	*drama*
Englisch	*English*	Werken	*DT*
Erdkunde	*geography*	Ich finde [Englisch] ...	*I find [English] ...*
Französisch	*French*	einfach	*easy*
Geschichte	*history*	interessant	*interesting*
Informatik	*ICT*	kompliziert	*complicated*
Italienisch	*Italian*	langweilig	*boring*
Kunst	*art*	nützlich	*useful*
Latein	*Latin*	schwer	*difficult*
Mathe	*maths*	super	*super*
Musik	*music*	toll	*great*
Physik	*physics*		

Talking about what you do on a school day

um zehn nach zwölf	*at ten past twelve*	Wann stehst du auf?	*When do you get up?*
um Viertel nach zwei	*at quarter past two*	Wann fährst du in die Schule?	*When do you go to school?*
um halb sechs	*at half past five (i.e. half way on to six)*	Wann beginnt die Schule?	*When does school start?*
um zwanzig vor acht	*at twenty to eight*	Wann endet die Schule?	*When does school finish?*
um Viertel vor neun	*at quarter to nine*		

[Um sechs Uhr] stehe ich auf. — *I get up at [six o'clock].*
[Um sieben Uhr] fahre ich [mit dem Bus] in die Schule. — *At [seven o'clock] I go to school [by bus].*
[Gegen acht Uhr] gehe ich in die Schule. — *[About eight o'clock] I go to school.*
Um acht Uhr beginnt die Schule. — *School starts at eight o'clock.*
Um zwei Uhr endet die Schule. — *School ends at two o'clock.*
Um halb zwei gehe ich nach Hause. — *At half past one I go home.*
Am Nachmittag ... — *In the afternoon ...*
   mache ich AGs — *I do clubs*
   mache ich meine Hausaufgaben — *I do my homework*
Um zwei Uhr esse ich zu Mittag. — *At two o'clock I have lunch.*
Um halb sieben esse ich zu Abend. — *At half past six I have dinner.*
Um zehn Uhr gehe ich ins Bett. — *At ten o'clock I go to bed.*

Talking about school rules

Man muss ...	*You have to ...*	Ich finde das ...	*I think that is ...*
eine Uniform tragen	*wear a uniform*	blöd	*stupid*
pünktlich zur Schule kommen	*get to school on time*	gut	*good*
		mies	*miserable*
die Hausaufgaben machen	*do your homework*	OK	*OK*
höflich und hilfsbereit sein	*be polite and helpful*	praktisch	*practical*
Man darf ...	*You are ...*	schade	*a shame*
keinen Kaugummi kauen	*not allowed to chew gum*	schwierig	*difficult*
kein Fastfood essen	*not allowed to eat fast food*	unfair	*unfair*
		wichtig	*important*
niemanden mobben	*not allowed to bully*		
nicht rauchen	*not allowed to smoke*		

Talking about your school

der Schulhof	the playground	groß	big
die Aula	the hall	klein	small
die Bibliothek	the library	modern	modern
die Kantine	the canteen	toll	great
die Schule	the school	schrecklich	dreadful
die Turnhalle	the gym	teuer	expensive
das Klassenzimmer	the classroom	Ich besuche ...	I go to ...
das Labor	the laboratory	eine Gesamtschule	a comprehensive school
[Die Aula] ist ...	[The hall] is ...	eine Hauptschule	a secondary school / academy
besonders	especially		
sehr	very	eine Realschule	a secondary school / academy
total	totally		
ziemlich	quite	ein Gymnasium	a grammar school
alt	old	Ich bin in der Klasse [9b].	I'm in [9b].
altmodisch	old-fashioned	Es gibt [29] Schüler in der Klasse.	There are [29] pupils in my class.
ausgezeichnet	excellent		
dreckig	dirty	Meiner Meinung nach ist meine Schule [toll]!	In my opinion, my school is [great]!
furchtbar	dreadful		

Talking about anxieties at school

Ich habe Angst vor Mobbing.	I'm afraid of bullying.	nie	never
Ich habe Angst vor den Prüfungen.	I'm worried about exams.	selten	seldom
		manchmal	sometimes
Ich habe Probleme mit Deutsch / Mathe.	I have problems with German / maths.	oft	often
		immer	always
Ich finde die Hausaufgaben stressig.	I find homework stressful.	Ich habe nie Angst vor Mobbing.	I'm never afraid of bullying.
Ich bekomme schlechte Noten.	I get bad marks.	Ich habe manchmal Angst vor den Prüfungen.	I'm sometimes worried about exams.
Ich habe keine Freunde.	I haven't got any friends.		

Talking about different years at school

Heute bin ich in der 10. Klasse.	Today I am in Year 10.
Jetzt bin ich auf der Uni.	Now I am at university.
Morgen fahre ich auf eine Klassenfahrt.	Tomorrow I'm going on a school trip.
Nächste Woche gehe ich zur Galerie.	Next week I am going to the gallery.
Nächsten Montag spiele ich in der Schulmannschaft mit.	Next Monday I am playing for the school team.
Letzte Woche habe ich gebastelt.	Last week I made models.
Gestern habe ich gemalt.	Yesterday, I painted.
Gestern habe ich gespielt.	Yesterday, I played.
Im Kindergarten bin ich auf Partys gegangen.	At nursery school I went to parties.
In der Oberstufe bin ich auf eine Klassenfahrt gefahren.	In the Sixth Form I went on a school trip.
In der 10. Klasse ...	In Year 10 ...
Meine Lieblingsklasse war die 4. Klasse, weil alles lustig und locker war.	My favourite class was Year 4 because it was fun and relaxed.

4 Kind, Freund, Bürger

1 Meine Familie

- Talking about your family
- Using possessive adjectives

lesen 1 Sieh dir das Bild an und lies die Sätze (1–10). Du bist Alex. Wer ist das?

Beispiel: 1 Das ist mein Vater, Hans.

1 Das ist mein Vater.
2 Das ist meine Mutter.
3 Das ist mein Bruder.
4 Das ist meine Schwester.
5 Das ist mein Onkel.
6 Das ist meine Tante.
7 Das ist mein Großvater.
8 Das ist meine Großmutter.
9 Das ist mein Cousin.
10 Das ist meine Cousine.

lesen 2 Lies die Wörter. Was passt zusammen?

mein Mann · meine Frau · mein Sohn · mein Enkelsohn · meine Tochter · meine Enkeltochter

my grandson · my wife · my daughter · my husband · my granddaughter · my son

hören 3 Hör die Beschreibungen an. Sieh dir das Bild aus Aufgabe 1 noch mal an. Wer bin ich? (1–8)

Beispiel: 1 Claudia

schreiben 4 Partnerarbeit. Schreibt sechs Beschreibungen. Dein Partner / deine Partnerin muss die richtige Person finden.

Beispiel: Meine Frau heißt Bärbel und meine Kinder heißen Claudia and Thomas. Wer ist das?

Grammatik

lern weiter p. 198

Possessive adjectives

These words have different endings depending on the noun they refer to.

	masculine	feminine	neuter	plural
my	mein	mein**e**	mein	mein**e**
your	dein	dein**e**	dein	dein**e**
his	sein	sein**e**	sein	sein**e**
her	ihr	ihr**e**	ihr	ihr**e**

lesen **5** **Lies die Texte und mach Notizen auf Englisch.**

For each speaker list:

1 The family members they mention.

2 Three more details that each speaker gives.

Hallo! Ich heiße Johanna. Mein Vater heißt Jochen und meine Mutter heißt Lisa. Ich habe einen Bruder. Er heißt Jens und er ist 21 Jahre alt. Er ist Student und er wohnt in Hamburg. Ich habe auch eine jüngere Schwester. Sie heißt Emily und sie ist 8 Jahre alt. Meine Eltern, meine Schwester und ich wohnen in Berlin.

Ich bin Bernd und zu Hause gibt es meine Eltern und meine Großmutter. Meine Eltern heißen Stefan und Katrin. Mein Vater ist Mechaniker und er ist 45 Jahre alt. Meine Mutter ist Sekretärin. Meine Großmutter heißt Heidi und sie ist jetzt 85 Jahre alt. Ich habe keine Geschwister. Ich bin ein Einzelkind.

Grammatik *lern weiter* p. 195

Irregular verbs

Remember these two important irregular verbs: **haben** (*to have*) and **sein** (*to be*).

ich habe	I have	ich bin	I am
du hast	you have	du bist	you are
er hat	he has	er ist	he is
sie hat	she has	sie ist	she is

schreiben **6** **Wähle ein Familienmitglied aus. Schreib einen kurzen Text über seine / ihre Familie.**

- Choose a person and describe the family from their perspective.
- Make up names and ages.
- Is there any other information you could give using ideas from exercise 5?

Ich habe	einen	Bruder, Stiefvater, Sohn, Onkel.
	eine	Schwester, Halbschwester, Mutter, Tochter.
	zwei	Brüder, Schwestern.
Er heißt	Christian.	
Er ist	[17]	Jahre alt.
Sie heißen	[Alex und Anna].	
Sie sind	[8 und 10]	Jahre alt.
Mein Bruder	heißt	[Christian].
Meine Schwester		[Valerie].
Ich bin	ein Einzelkind.	

2 Sie gehen mir auf die Nerven

- Discussing how well you get on with family and friends
- Using intensifiers

sprechen 1 Partnerarbeit. Christina und ihre Brüder. Ratet mal! Ist das Karl oder Peter?

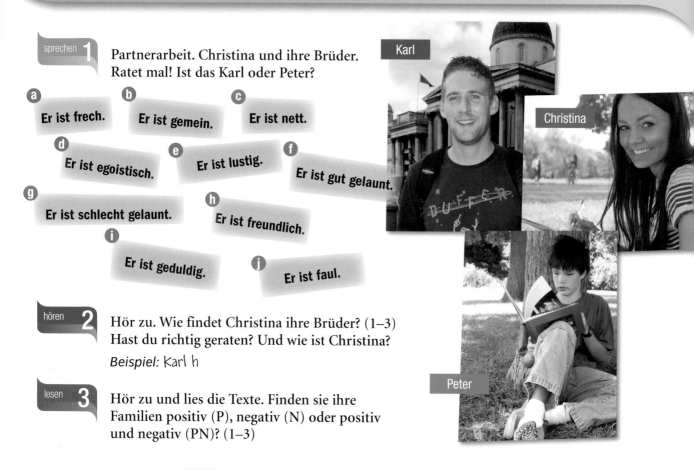

a Er ist frech.

b Er ist gemein.

c Er ist nett.

d Er ist egoistisch.

e Er ist lustig.

f Er ist gut gelaunt.

g Er ist schlecht gelaunt.

h Er ist freundlich.

i Er ist geduldig.

j Er ist faul.

hören 2 Hör zu. Wie findet Christina ihre Brüder? (1–3) Hast du richtig geraten? Und wie ist Christina?

Beispiel: Karl h

lesen 3 Hör zu und lies die Texte. Finden sie ihre Familien positiv (P), negativ (N) oder positiv und negativ (PN)? (1–3)

Bernard
Zu Hause gibt es meinen Vater und meinen Bruder. Mein Vater ist unfreundlich und er ist oft schlecht gelaunt. Er ist auch ganz faul. Mein Bruder heißt Bruno und ist jünger als ich. Er ist frech und auch oft unfreundlich.

Katja
Meine Mutter heißt Valerie und mein Vater heißt Jan. Ich habe keine Geschwister – ich bin ein Einzelkind. Meine Mutter ist total lustig und mein Vater ist immer humorvoll und freundlich. Das Leben zu Hause ist toll!

Kirsten
Meine Mutter ist sehr geduldig. Ich finde sie total nett. Mein Vater ist oft lustig, aber er ist wegen seinem Job oft schlecht gelaunt. Und meine Schwester ist total freundlich, aber ganz frech!

lesen 4 Lies die Texte noch mal. Wer ist das?

1 Whose mother is really funny?
2 Whose mother is very patient?
3 Whose father is unfriendly?
4 Who is cheeky and often unfriendly?
5 Who is really friendly but quite cheeky?
6 Who is an only child?
7 Who is sometimes in a bad mood because of work?

sprechen 5

**Gruppenarbeit. Präsentation.
Eine berühmte Familie.**

- Choose a member of a famous family (*Osbournes / Royal Family*, etc.).
- Describe who there is in the family.
- Describe their characters.

Zu Hause gibt es	meinen Vater, meinen Bruder, meine Mutter, meine Schwester.
Er / Sie ist	frech, nett, egoistisch, faul, geduldig, gemein, (un)freundlich, lustig, schlecht gelaunt, gut gelaunt.
Sie sind	

Grammatik · lern weiter p. 195

Personal pronouns

ich	*I*
du	*you* (familiar, singular)
er	*he, it*
sie	*she, it*
es	*it*
man	*one*
wir	*we*
ihr	*you* (familiar, plural)
Sie	*you* (formal, polite)
sie	*they*

lesen 6

Lies das Blog. Wie heißen die Sätze (1–6) auf Deutsch?

Tipp

Intensifiers and negatives
Add interest by using a variety of negatives and intensifiers.

sehr *(very)*, **echt** *(really)*, **wirklich** *(really)*, **total** *(totally)*, **zu** *(too)*, **nicht** *(not)*, **nie** *(never)*

Er ist **wirklich** nett.	He is **really** nice.
Sie ist **nie** geduldig.	She is **never** patient.

Probleme zu Hause?

Klaas_dv
14.08.09
21:24

Ich komme sehr gut mit meinem Vater aus. Aber meine Mutter geht mir auf die Nerven. Wir streiten über Hausaufgaben und meine Freunde.

Savara99
18.08.09
12:31

Mein Bruder ist frech und unfreundlich. Ich komme nicht gut mit ihm aus. Wir streiten über Geld und Freunde. Er geht mir auf die Nerven.

Ökokrieger2
20.08.09
16:43

Meine Freundin Carola ist im Moment sehr egoistisch. Ich komme nicht gut mit ihr aus. Wir streiten oft über Mode und über Männer!

1 I get on very well with my father.
2 My mother gets on my nerves.
3 I don't get on well with him.
4 We argue about money.
5 We argue about homework.
6 I don't get on well with her.

schreiben 7

Schreib einen Blog-Eintrag über Familie und Freunde.

Write an entry on your blog including:

- Details of your family and friends.
- How you get on with them.

Ich komme gut mit	ihm	aus.
Ich komme nicht gut mit	ihr	
Er / Sie	geht mir auf die Nerven.	
Wir streiten über	Geld, Mode, Freunde, Hausaufgaben.	

3 Brad oder Angelina? Was macht dich an?

- Discussing what attracts you to someone
- Using separable verbs

lesen 1 Lies die Sätze und sieh dir die Bilder an. Was passt zusammen?

Beispiel: a 2

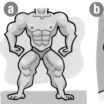 **a** **b** **c**  **d**  **e**  **f**  **g** Du siehst gut au

1 Langes Haar macht mich an.

2 Ein guter Körper macht mich an.

3 Gutes Aftershave macht mich an.

4 Schokolade und Blumen kaufen macht mich an.

5 Viel Humor macht mich an.

6 Ein schönes Aussehen macht mich an.

7 Komplimente machen macht mich an.

schreiben 2 Mach das Quiz für dich selbst. Schreib sieben Sätze.

Beispiel: Langes Haar macht mich gar nicht an.

Was macht Jungen an? Was macht Mädchen an?

	... macht mich total an. (1)	... macht mich ziemlich an. (2)	... macht mich gar nicht an. (3)
Langes Haar			✔
Viel Humor			
Ein guter Körper			
Ein schönes Aussehen			
Gutes Aftershave			
Komplimente machen			
Schokolade kaufen			

Grammatik
lern weiter p. 195

Separable verbs
anmachen (*to attract*)
herunterladen (*to download*)

Separable verbs have two parts: the verb and a separable prefix.

Ein guter Körper macht mich an.
 *A good body **attracts** me.*
Ich lade Musik herunter.
 *I **download** music.*

sprechen 3 Teile deine Antworten aus Aufgabe 2 deinem Partner / deiner Partnerin mit.

- Was macht dich total an?
- Was macht dich ziemlich an?
- Was macht dich gar nicht an?

lesen **4** Lies die Texte und beantworte die drei Fragen auf
Englisch für Jan und Carina.

Hallo! Ich bin der Jan und als Person bin ich freundlich
und lustig. Ich bin kräftig und ziemlich muskulös.
Ich habe kurze Haare und blaue Augen. Ein schönes
Aussehen macht mich an. Viel Humor ist auch wichtig.
Meine ideale Partnerin ist auch ziemlich lustig, schlank,
mit langen blonden Haaren.

Ich heiße Carina. Ich bin geduldig
und guter Laune. Ich bin klein und
schlank und ich habe lange braune
Haare und braune Augen. Ein
sympathisches Lachen macht mich
total an, aber ein guter Körper auch!
Mein idealer Partner ist stark und
muskulös. Er hat blonde Haare und
grüne Augen.

Jan

Carina

1 What type of a person are they?
2 What attracts them to someone?
3 What is their ideal partner like?

hören **5** Hör zu. Beantworte die drei Fragen aus
Aufgabe 4 für Klaus und Emily.

sprechen **6** Gruppenarbeit. Bereitet die Antworten vor
und nehmt am Speed-Dating teil!

- Was für eine Person bist du?
- Was macht dich an?
- Wie ist dein idealer Partner / deine ideale
  Partnerin?

Ich bin	klein, groß, schlank, kräftig, muskulös.	
Mein idealer Partner ist		
Ich habe	lange, kurze, blonde, schwarze	Haare.
Meine ideale Partnerin hat		
	grüne, braune, blaue	Augen.

schreiben **7** Schreib einen Text und nimm ein Videoclip für eine Singlebörse
der Schule im Internet auf.

You are recording an MP4 file for an inter-school dating site.
Give details about yourself and your ideal partner. This can be
serious or just for fun.

It can include.

- What you look like.
- What physical features you look for in a partner.
- What type of person you are.
- Your ideal partner; what things you find particularly attractive.

- Talking about problems
- Saying what you should do

lesen **1** Acht junge Leute schreiben Briefe an einen Ratgeber. Lies die Texte. Was ist das Problem? Welches Bild ist das?

1 Hilfe! Ich habe viele große Pickel. Ich werde nie ein nettes Mädchen finden.

2 Ich habe zu viele Hausaufgaben! Ich leide an Stress. Was sollte ich tun?

3 Ich brauche Hilfe! Ich bin immer schlechter Laune.

4 Ich habe Freunde, die viel Bier trinken und die Haschisch rauchen.

5 Ich habe ein großes Problem. Ich habe zwei Freundinnen.

6 Ich habe keine Freunde in der Schule. Was sollte ich tun?

7 Hilfe! Ich habe einen Freund und er küsst andere Mädchen.

8 Ich habe Freunde, die harte Drogen nehmen. Was sollte ich tun?

lesen **2** Lies den Rat. Wie heißt das auf Englisch?

1 Du solltest dich nicht darüber sorgen.

2 Du solltest mit dem Lehrer darüber sprechen.

3 Du solltest dich entspannen und glücklicher werden.

4 Du solltest deinen Freunden eine SMS schreiben.

5 Du solltest machen, was du willst.

6 Du solltest ihm vergeben.

7 Du solltest mit ihnen reden.

8 Du solltest mit ihm Schluss machen.

a You should relax and be happier.

b You should forgive him.

c You shouldn't worry about it.

d You should speak to them.

e You should do what you want.

f You should send your friends a text message.

g You should speak to your teacher about it.

h You should finish with him.

hören **3** Hör zu. Welches Problem ist das? Was für einen Rat gibt man? Schreib Notizen auf Englisch. (1–6)

Beispiel: Too much homework – speak to teacher

sprechen **4**

Partnerarbeit. Ratgeber. Besprecht eure Probleme.

■ Hilfe! Ich habe viele große Pickel.

● Du solltest dir keine Sorgen darüber machen.

Tipp

Change **ihm** to **ihr** if the advice given involves a girl or a woman.

ihm (*him*), **ihr** (*her*)

Ich habe	ein großes Problem, viele große Pickel, zu viele Hausaufgaben.
	keine Freunde in der Schule, Freunde, die Drogen nehmen, keine Freunde mehr.
	einen Freund und er küsst andere Mädchen, zwei Freundinnen.
Ich bin	immer schlechter Laune.

Grammatik

lern weiter
p. 204

To express what you *should* do in German, use the imperfect form of the verb **sollen** + infinitive.

ich sollte	*I should*
du solltest	*you should*
er sollte	*he should*
sie sollte	*she should*

Was sollte ich tun?
What should I do?
Du solltest ihm eine SMS schreiben.
You should send him a text message.

Tipp

Creating new problems!

● Identify the phrase in the language box that is closest to what you want to say.
● Identify the new word that is needed and find this in a dictionary.
● Replace the old word with the new one.

schreiben **5**

Wie heißt das Problem auf Deutsch? Schreib vier Sätze.

schreiben **6**

Jugendprobleme und Rat. Schreib ein Infoblatt für junge Leute.

● Outline four possible problems for young people as short texts or e-mails.
● Give simple advice using constructions using *du solltest*.
● If you can, come up with at least one new problem.

- Describing community week at school
- Talking about what you've done in the past

 1
Lies die Sätze und schau dir die Bilder an. Was passt zusammen?

1. Ich habe eine Straßenzeitung gekauft.
2. Ich habe am Telefon für die Samariter gearbeitet.
3. Ich habe für Freunde Babysitting gemacht.
4. Ich habe mit gehbehinderten Kindern gespielt.
5. Ich habe Zeit mit Oma verbracht.
6. Ich habe Geld für Umweltschutz gegeben.

 2
Hör zu. Was hat David gemacht, um anderen zu helfen?
Benutze die Bilder aus Aufgabe 1 und füll die Tabelle aus.

Montag	f
Dienstag	
Mittwoch	
Donnerstag	
Freitag	
Samstag	

Grammatik
lern weiter **p. 202**

Starting sentences with a time phrase

When a sentence starts with a time phrase, the first verb needs to stay in second position.

Ich	habe	für Freunde Babysitting gemacht.
Am Montag	habe	ich für Freunde Babysitting gemacht.

 **3**
Partnerarbeit. Spielt das Würfelspiel!

- Was hast du [am Montag] gemacht?
- Am Montag habe ich [für Freunde Babysitting gemacht].

	Montag		gehbehinderten Kindern
	Dienstag		Oma
	Mittwoch		Babysitting
	Donnerstag		Straßenzeitung
	Freitag		am Telefon
	Samstag		Geld für Umweltschutz

Grammatik
lern weiter **p. 196**

Using the perfect tense

Remember that the perfect tense is made up of two parts:
1 part of the verb **haben**
2 past participle

Ich habe eine Straßenzeitung gekauft.
I bought a 'Big Issue'.

lesen 4 Lies den Text. Bring die Bilder in die richtige Reihenfolge.

Zivildienst in Namibia

Ich habe ein Jahr in Afrika verbracht. Ich war eine Woche in Namibia. Ich habe in der Nähe von Windhoek, der Hauptstadt von Namibia, gearbeitet. Es hat viel Spaß gemacht.

Am Montag habe ich Karten mit den alten Männern gespielt. Ich habe gewonnen! Am Dienstag habe ich Zeit mit den Kindern aus dem Waisenhaus verbracht. Am Mittwoch habe ich auf dem Bau gearbeitet. Man baut da eine Schule. Am Donnerstag habe ich auf dem Markt Obst und Gemüse gekauft und wir haben alle zusammen gegessen. Am Freitagabend habe ich mit den Namibiern getanzt. Das hat Spaß gemacht.

Namibia ist ein schönes Land und ich habe da viel gemacht.

Jens Schlosser

das Waisenhaus = *orphanage*
der Bau = *building site*

a b c d e

Am Montag, am Dienstag, am Mittwoch, am Donnerstag, am Freitag, am Samstag, am Sonntag, letztes Jahr	habe	ich	mit gehbehinderten Kinder gespielt. Zeit mit Oma verbracht.
	hat	er, sie	eine Straßenzeitung gekauft. Geld für Umweltschutz gegeben. am Telefon für die Samariter gearbeitet. für Freunde Babysitting gemacht.

sprechen 5 **Gruppenarbeit. Sprecht gemeinsam über das Bild und beantwortet dann die Fragen.**

- Wie heißt er? Was für eine Person ist er?

  [Er heißt ... / Er ist ...]

- Wie sieht seine Familie aus?

  [Sein Bruder heißt ... / Er ist ... / Er wohnt ...]

- Was hat er letztes Jahr für andere gemacht?

  [Letztes Jahr hat er ...]

lesen 1 Hör zu und lies die Texte. Welche Infokarte (a–c) ist das?

1
Hallo! Ich heiße Markus und in meiner Familie gibt es vier Personen: Meine Adoptivmutter und ihren neuen Mann, meine Schwester und mich. Meine Mutter ist seit sechs Monaten verheiratet. Ich liebe meine Familie. Ich will nicht heiraten, weil ich die Welt sehen will, und weil „auf immer und ewig" unrealistisch ist.

2
Ich bin Angela und ich wohne mit meinem Stiefvater und meinem Halbbruder zusammen. Meine Eltern sind seit acht Jahren geschieden. Ich will nicht heiraten, weil Liebe wichtiger als ein Blatt Papier ist, und weil viele Paare sich trennen.

3
Ich heiße Andreas und zu Hause gibt es jetzt nur meine Mutter. Meine Eltern haben sich vor vier Monaten getrennt. Aber ich bin für die Ehe. Ich will heiraten, weil die Ehe gut für Kinder ist und weil eine Hochzeit so schön ist.

a
- Lives with half-brother and step-dad.
- Parents divorced several years ago.
- Feels that love is more important than a piece of paper.

b
- Parents recently separated.
- Very positive towards marriage. Good for children and likes weddings.

c
- Lives with adoptive mum who has recently remarried.
- Wants to see the world before marrying.
- "Till death do us part" is unrealistic in any case.

lesen 2 Lies die Texte noch mal. Wie heißt das auf Deutsch?

a married
b divorced
c separated
d half-brother
e step-father
f adoptive mother

g ... because marriage is good for children.
h ... because I want to see the world.
i ... because a wedding is so nice.
j ... because love is more important than a piece of paper.
k ... because "Till death do us part" is unrealistic.
l ... because many couples split up.

Grammatik *lern weiter* p. 204

wollen (*to want to*)
To express what you want to do in German, we use the verb **wollen** and the infinitive.

ich will	*I want*
du willst	*you want*
er will	*he wants*
sie will	*she wants*

Ich will die Welt sehen.
*I **want to** see the world.*
Ich will nicht heiraten.
*I **don't want** to get married.*

hören 3 Hör zu. Radioshow. Wie finden die jungen Leute die Ehe? Positiv (P), negativ (N) oder beides (PN)? (1–5)

4 Partnerarbeit. Gedächtnisspiel.

- Choose one of the alternatives from each cloud and note them down.
- Take turns in reading the text from the beginning, guessing your partner's choices.
- Each time you get it wrong, your partner says "falsch" and it is his or her turn to guess your answers.
- Each time you get it wrong, you have to start at the beginning!

Mein Name ist Karl / Klaus / Jens und meine Eltern

sind seit 5 / 6 / 7 Jahre getrennt. Zu Hause

gibt es meinen Stiefvater / meine Stiefmutter / meine Adoptivmutter und meinen Halbbruder. / meine Halbschwester. / meine Schwester.

Heiraten? Ich bin nicht sicher. Ich will heiraten,

weil die Ehe gut für Kinder ist, / eine Hochzeit schön ist, / es eine gute Idee ist, aber ich will

nicht heiraten, weil viele Paare sich trennen. / ich die Welt sehen will. / „auf immer und ewig" unrealistisch ist.

Ich will in 3 / 4 / 5 Jahren ein nettes Mädchen finden.

 5 Ändere den Text. Wie sieht deine Zukunft aus?

You are debating online the pros and cons of marriage. Use the activity in exercise 4 as a model.

Ich will heiraten,	weil	die Ehe gut für Kinder ist.
Ich will nicht heiraten,		Liebe wichtiger als ein Blatt Papier ist.
		viele Paare sich trennen.
		auf immer und ewig unrealistisch ist.
		eine Hochzeit so schön ist.
		ich die Welt sehen will.

• Preparing for a conversation about your family and friends

You are going to hear part of a discussion between a teacher and a student based on the task below. Listen, then do the activities to help you prepare for your own speaking task.

Task: Family and friends

You are going to have a conversation with your teacher about your family and friends.

Your teacher will ask you the following:
- Can you describe your family?
- How do you get on with different people in your family?
- What have you done recently together with your family?
- What is your best friend like?
- What would your ideal friend be like?
- ! (A question for which you have not prepared.)

Preparation

1 Listening for opinions

The student is talking about how she gets on with her family.

1 Listen out for the phrases below and note the order in which the student says them. Which phrases are positive? Check what they mean in English.

   a Wir streiten über Hausaufgaben.
   b Ich komme ziemlich gut mit meinem Vater aus.
   c Ich streite oft mit meiner Stiefmutter.
   d Ich komme sehr gut mit meiner Schwester aus.
   e Mein Halbbruder geht mir auf die Nerven.

2 Which two adjectives does she use to describe her sister? And which two does she use to describe her half-brother? Check what all these words mean.

   a egoistisch **b** faul **c** frech **d** freundlich
   e geduldig **f** nett **g** schlecht gelaunt

> ⭐ **Tipp**
>
> Use **nicht** to change a positive adjective into a negative characteristic.
> ☺ **Sie ist freundlich.** → ☹ **Sie ist nicht freundlich.**
>   *She is happy.*   *She is not happy.*
>
> It works the other way round as well!
> ☹ **Sie ist egoistisch.** → ☺ **Sie ist nicht egoistisch.**
>   *She is selfish.*   *She is not selfish.*

2 Listening for tenses

1 The teacher's first question is „Was hast du in letzter Zeit zusammen mit der Familie gemacht?"
Is this question in the present or the past tense? What tense should the student reply in?

2 Listen carefully: the student says „Letztes Wochenendesind wir alle ins Restaurant gegangen."
So were you right?

3 When talking about her best friend, Anna, she also makes one statement in the past tense. Listen carefully and see if you can pick this out.

3 Listening for information and 'fillers'

1 The student is asked about her dream boyfriend. Make a note of the kind of information you think she might include.

2 Now listen. Which of the following aspects did she mention? Did you predict the right information?

   a His hobbies?   **b** His appearance?   **c** His family?   **d** His character?

3 Sometimes you need some 'stalling time' while you think about what to say. What did this student say to buy herself more time?

Useful language

Use time words and phrases to make your sentences more interesting.

ab und zu	*from time to time, now and then*	oft	*often*
		letzten Monat	*last month*
manchmal	*sometimes*	letztes Wochenende	*last weekend*
immer	*always*		

Over to you!

- Jot down all the information you can give in response to the questions in the task on page 74. Have you remembered to include opinions?
- Plan how you can squeeze in a couple of sentences in a different tense – don't just use the present.
- With a partner, practise giving full answers. Ask your partner questions about his/her family and friends as this will make you think about the unpredictable question your teacher might ask you.

Grade**Studio**

To make sure you have a chance of getting a **grade C** in your speaking, you should:

- use different adjectives to express your opinions. e.g.
  (*Mein Halbbruder*) ist **frech**.
  (My half-brother) is cheeky.
  (*Meine Schwester*) ist **freundlich**.
  (My sister) is friendly.
  You can also use certain expressions to give opinions. e.g.
  Mein Halbbruder geht mir auf die Nerven.
  My half-brother gets on my nerves.
  Das hat Spaß gemacht.
  That was fun.

- use a variety of language. Try inversion (instead of always starting your sentence with *ich, du, wir* etc, turn things round). e.g.
  *Ab und zu **machen wir** etwas zusammen.→*
  From time to time we do something together.
  Try subordination (with *weil*, the main verb goes to the end of the sentence). e.g.
  *... **weil** er wirklich faul **ist**.*
  ... because he is really lazy.

- try to use different tenses and time references. e.g.
  past: *Letzten Monat **sind** wir ins Kino **gegangen**.*
  Last month we went to the cinema.
  present: *Wir **haben** die gleichen Interessen.*
  We have the same interests.
  You can use modal verbs (e.g. *ich muss, ich darf, ich will* + infinitive) to suggest future as well. e.g.
  *Mein idealer Freund **muss** groß und schlank **sein**.*
  My ideal boyfriend must be tall and slim.

● Preparing a longer piece of writing about relationship problems

Ärger mit den Eltern

Ich habe einen Freund

Ich bin 17 Jahre alt, ich wohne zu Hause bei meinen Eltern und gehe noch in die Schule. Normalerweise komme ich mit meinen Eltern gut aus. Aber zurzeit streiten wir viel, weil ich einen Freund habe.

Meine Eltern sind irritiert, wenn ich meinem Freund oft SMS schreibe. Und gestern Abend waren meine Eltern sauer. Warum? Nur weil mein Freund mitten im Abendessen telefoniert hat!

Jetzt ist es besonders schlimm. Mein Freund fährt im Sommer mit ein paar Freunden nach Österreich und ich möchte natürlich mit ihm fahren. Aber meine Eltern sind dagegen, weil sie Angst haben: Sie haben Angst, dass seine Freunde Drogen nehmen. Das finde ich total blöd.

Ich liebe meine Eltern, aber ich liebe auch meinen Freund. Was kann ich machen? Bitte helfen Sie mir!

Anna

Abends und am Wochenende nicht frei

Während der Woche darf ich abends nicht ausgehen, weil ich Hausaufgaben habe (sagen meine Eltern). Das finde ich total unfair. Auch am Wochenende muss ich bis spätestens elf Uhr zurückkommen. Das ist aber oft unrealistisch, weil die Busse nicht immer pünktlich fahren. Letzten Sonntag hatten wir zum Beispiel Streit, weil ich zehn Minuten zu spät zurückgekommen bin. Das geht mir auf die Nerven!

Am Wochenende wollen meine Eltern mit mir wandern gehen, aber ich möchte mit meinen Freunden in die Stadt gehen. Dann sind meine Eltern sauer und schlecht gelaunt. Das finde ich sehr egoistisch.

Was kann ich machen?

Timo

1 **Problems. Find the following sentences in the text and write them out.**

   a Normally I get on with my parents.
   b My parents are annoyed.
   c It's especially bad at the moment.
   d I would of course like to go with him.
   e During the week I'm not allowed to go out in the evenings.
   f My parents want to go hiking with me at the weekend.

2 **Opinions. What do the five opinions highlighted in yellow mean in English?**

3 **Write the German phrases with the words in the right order.**

   a because I have a boyfriend   weil ich habe einen Freund
   b because they're afraid   weil sie haben Angst
   c because I have homework   weil ich habe Hausaufgaben
   d because the buses don't always run on time   weil die Busse fahren nicht immer pünktlich

Over to you!

Write to a German online problem page about a relationship problem. You can make it up if you want to.

First read the tips below, then write 100 to 200 words. You could include:

- an explanation of whom the relationship is with (parents / brother / sister / friend?).
- an explanation of what problems you are having.
- a description of some incidents that have taken place.

Grade**Studio**

If you are aiming for a **grade C** in your writing, you should:

- learn and use a number of set phrases for talking about relationships. e.g.
  Ich komme mit meinen Eltern gut aus. I get on with my parents.
  Wir streiten über Geld / Mode / Freunde.
      We argue about money / fashion / friends.
  Mein Freund ist dagegen.   My boyfriend is against it.
  Meine Mutter hat Angst.   My mother is afraid.

Now you try it! 1

Adapting the example sentences, write the following in German.

1 *My dad is afraid and my mum is against it.*
2 *I get on with my grandparents.*
3 *We argue about money.*

- liven up your writing by saying what you think of things. e.g.
  Das finde ich ziemlich / total blöd / unfair / egoistisch / unrealistisch / super.
  Er / Sie geht mir auf die Nerven.   He / She gets on my nerves.

Now you try it! 2

Write a suitable reaction in German.

1 *You've just been told that your school day will be extended to 5 pm twice a week.*
2 *A girl in your class won't stop annoying you in silly little ways.*
3 *Your parents want you to do an hour's more homework every evening.*

- add interest and variety to your writing by giving reasons, using *weil*.
- Remember that the verb comes at the end of the *weil* part of the sentence. e.g.
  *Ich **habe** eine Freundin.*   I have a girlfriend.
  *weil ich eine Freundin **habe**.*   because I have a girlfriend.

Now you try it! 3

Copy and complete the sentences with the reasons given in red. Remember to change the word order.

1 (ich habe einen Freund)
   Wir streiten, weil   ...
2 (er ist frech)
   Ich liebe ihn, weil   ...
3 (ich telefoniere sehr oft)
   Meine Eltern sind sauer, weil   ...

The activities on these two pages are designed to help you develop the listening and reading skills you will need in your GCSE exam.

Listening

1 Listen to the first part of a message on the telephone answering machine of the Tourist Office in Annaberg. When is the Tourist Office open on Mondays and Saturdays? Note the correct letter for each day.

a 10am – 6pm   b 10.30am – 6.30pm

c 10am – 3pm   d 10am – 1pm

Monday	
Saturday	

★ Tipp

Before you start listening, make a note of what the two days are in German. Also try to work out how to say the different times in German.

2 Now listen to the rest of the message and note which number (1–5) you would dial if you wanted information about …

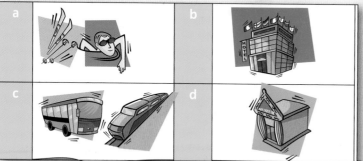

3 Listen to this interview with Sadullah and copy and complete the grid in English.

Age	Example: 17
a) Brothers and sisters:	
b) Relationship with stepfather:	
c) Ideal girlfriend:	i)
	ii)

★ Tipp

- Use the information in the questions to help you pick out the key words as you listen.
- Once you have picked out the key words, you can then listen for the detail you need.
- So, for *relationship with stepfather* you know before you even start listening that you need to listen out for **Stiefvater**. This helps you focus on the right bit and helps you get the right answer!

Reading

1 You read the following survey in a magazine.

Was machst du am Computer?

A Ich spiele Computerspiele.
B Ich surfe im Internet.
C Ich telefoniere mit Freunden.
D Ich schreibe E-Mails.
E Ich lade Musik herunter.
F Ich lade Fotos hoch.

Note the correct letter for each activity.

2 While surfing the internet, you read this entry in a chat forum about school.

Thema: Schule

Beate

Ich besuche ein Gymnasium. Die Schule ist leider sehr groß. Es gibt 32 Schüler in meiner Klasse und ich finde das zu viel. Es ist immer sehr kalt in der Kantine. Leider haben wir viele Hausaufgaben und das ist stressig. Nächsten Mittwoch gibt es eine Chemieprüfung. Ich freue mich nicht darauf! Nächstes Wochenende machen wir eine Klassenfahrt nach Österreich. Das wird bestimmt toll sein! Letztes Jahr sind wir nach London gefahren und das hat viel Spaß gemacht.

Which four sentences are correct? Note the correct letters.

A I go to a comprehensive school.
B I think there are too many pupils in my class.
C I find it hot in the school canteen.
D I don't get much homework.
E I find homework stressful.
F I am not looking forward to the exam.
G I am going on a school trip next year.
H I went to England last year with the school.

 **Tipp**

- Read the questions before you start reading the text. This helps you to know what to look out for.
- When you read the text, don't rush, make sure you read *everything*. It would be easy for example to choose d as a correct answer because it's got the word *homework* in it, which links up with **Hausaufgaben** in the text.
- But look carefully at the text. Beate feels she gets lots of homework which is stressful for her.

Members of my family

Das ist mein …	That is my …	Tochter	daughter
Vater	father	Enkeltochter	granddaughter
Bruder	brother	Ich habe einen Bruder.	I have a brother.
Onkel	uncle	Ich habe eine Halbschwester.	I have a half-sister.
Großvater	grandfather	Ich habe zwei Brüder /	I have two brothers /
Cousin	(male) cousin	Schwestern.	sisters.
Mann	husband	Er heißt [Christian] .	He is called [Christian].
Sohn	son	Er ist [17] Jahre alt.	He is [17] years old.
Enkelsohn	grandson	Sie heißen [Alex und Anna].	They are called
Das ist meine …	That is my …		[Alex and Anna].
Mutter	mother	Sie sind [8 und 10]	They are [8 and 10] years
Schwester	sister	Jahre alt.	old.
Tante	aunt	Mein Bruder heißt	My brother is called
Großmutter	grandmother	[Christian].	[Christian].
Cousine	(female) cousin	Meine Schwester heißt	My sister is called
Frau	wife	[Valerie].	[Valerie].
		Ich bin ein Einzelkind.	I am an only child.

Intensifiers

sehr	very	wirklich	really	zu	too	nie	never
echt	really	total	really / totally	nicht	not		

Family relationships

Er ist …	He is …	meinen Bruder	my brother
Sie ist …	She is …	meine Mutter	my mother
frech	cheeky	meine Schwester	my sister
gemein	mean	Ich komme sehr gut mit	I get on very well with
nett	nice	ihm aus.	him.
egoistisch	selfish	Ich komme nicht gut mit	I don't get on with her.
lustig	funny	ihr aus.	
gut gelaunt	good tempered	Er / Sie geht mir auf die	He / She gets on my
schlecht gelaunt	bad tempered	Nerven.	nerves.
freundlich	friendly	Wir streiten über …	We argue about …
unfreundlich	unfriendly	Geld	money
faul	lazy	Mode	fashion
geduldig	patient	Freunde	friends
Zu Hause gibt es …	At home there is …	Hausaufgaben	homework
meinen Vater	my father		

Talking about what attracts you to someone

Was macht Jungen / Mädchen an?	What attracts boys / girls?
langes Haar	long hair
viel Humor	lots of humour
ein guter Körper	a good body
ein schönes Aussehen	a good appearance
gutes Aftershave	nice aftershave
Komplimente machen	making compliments
Schokolade und Blumen kaufen	buying chocolate and flowers
Mein idealer Partner ist …	My ideal partner is …
klein	small
groß	tall

schlank	*slim*
kräftig	*well-built*
muskulös	*muscular*
Meine ideale Partnerin hat ...	*My ideal partner has ...*
blonde Haare	*blond hair*
schwarze Haare	*black hair*
lange Haare	*long hair*
kurze Haare	*short hair*
braune Augen	*brown eyes*
grüne Augen	*green eyes*

Personal problems

Ich habe ein großes Problem.	*I have a big problem.*
Ich habe viele große Pickel.	*I have loads of big spots.*
Ich habe zu viele Hausaufgaben.	*I have too much homework.*
Ich habe zwei Freundinnen.	*I have two girlfriends.*
Ich habe keine Freunde in der Schule.	*I have no friends at school.*
Ich habe Freunde, die harte Drogen nehmen.	*I have friends who take hard drugs.*
Ich habe Freunde, die viel Bier trinken und die Haschisch rauchen.	*I have friends who drink a lot of beer and smoke hash.*
Ich habe einen Freund und er küsst andere Mädchen.	*I have a boyfriend and he kisses other girls.*
Ich habe keine Freunde mehr.	*I have no friends any more.*
Ich bin immer schlechter Laune.	*I am always in a bad mood.*

Dealing with problems

Was sollte ich tun?	*What should I do?*
Du solltest dir darüber keine Sorgen machen.	*You shouldn't worry about it.*
Du solltest mit dem Lehrer darüber sprechen.	*You should speak to your teacher about it.*
Du solltest dich entspannen und glücklicher werden.	*You should relax and be happier.*
Du solltest deinen Freunden eine SMS schreiben.	*You should text your friends.*
Du solltest machen, was du willst.	*You should do what you want.*
Du solltest ihm vergeben.	*You should forgive him.*
Du solltest mit ihnen reden.	*You should speak to them.*
Du solltest mit ihm Schluss machen.	*You should finish with him.*

Community week

Ich habe mit gehbehinderten Kindern gespielt.	*I played with disabled children.*
Ich habe Zeit mit der Oma verbracht.	*I spent time with grandma.*
Ich habe eine Straßenzeitung gekauft.	*I bought the 'Big Issue'.*
Ich habe Geld für Umweltschutz gegeben.	*I gave money for environmental protection.*
Ich habe am Telefon für die Samariter gearbeitet.	*I worked on the phones for the Samaritans.*
Ich habe für Freunde Babysitting gemacht.	*I babysat for friends.*
Am Montag habe ich Zeit mit der Oma verbracht.	*On Monday I spent time with grandma.*

Talking about relationships

Ich will heiraten, weil ...	*I want to get married because ...*
Ich will nicht heiraten, weil ...	*I don't want to get married because ...*
die Ehe gut für Kinder ist	*marriage is good for children*
Liebe wichtiger als ein Blatt Papier ist	*love is more important than a piece of paper*
viele Paare sich trennen	*many couples split up*
„auf immer und ewig" unrealistisch ist	*'till death do us part' is unrealistic*
eine Hochzeit so schön ist	*a wedding is so nice*
ich die Welt sehen will	*I want to see the world*

5 Gesundheit

1 Du bist was du isst

- Talking about your eating and drinking habits
- Giving advice to a friend

lesen 1

Lies die Informationsseite aus dem Internet. Finde das richtige Wort für jedes Bild. (a–m)

Beispiel: **a** Schinkenbrot

Iss dich fit!

Frühstück ist wichtig! Für einen super Start in den Tag ...

Iss Haferflocken mit Joghurt! Oder iss mal Äpfel, Bananen, Orangen und Erdbeeren! LECKER! Probier auch mal ein Käse- oder Schinkenbrot.

Mittagessen

Zu Mittag iss Salat oder Nudeln mit Soße: Tomaten, Pilze und Erbsen schmecken alle lecker auf Nudeln und sind gesund!

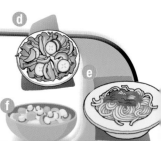

Abendessen

Am Abend iss ein leichtes Essen wie Gurken und Karotten mit Dipp oder ein Ei oder eine kleine Portion Fisch.

Naschkatzen lieben Schokolade, Kekse, Kuchen und süße Getränke. Das ist sicher köstlich, aber ungesund!

Zu trinken

Trink Wasser, Milch oder Früchtetee, wenn du Durst hast.

lesen 2

Lies die Informationsseite noch mal und finde folgende deutsche Wörter.

1. three cold drinks
2. two examples of unhealthy foods
3. three fruits
4. three vegetables
5. three milk products

Grammatik

lern weiter **p. 203**

Informal commands

To give advice to somebody you know, take the **du** part of the present tense verb and remove the **-st** ending.

du trinkst (*you drink*) → **trink!** (*drink!*)

exception:

du isst (*you eat*) → **iss!** (*eat!*)

hören **3** Drei Jugendliche beschreiben ihre Essgewohnheiten in einem Jugendprogramm (1–3). Hör zu und wähl die richtigen Antworten aus.

1 a Phillip eats **a roll** / porridge / **nothing** for breakfast.

   b Phillip has **a healthy** / an unhealthy / **no snack** at break time.

   c Phillip has **potatoes** / pizza or pasta / **sandwiches** for his lunch.

2 a Tim found hospital food **tasty** / horrible / **OK**.

   b Back at home he eats a lot of **fish and eggs** / sausages / **chicken**.

   c Drinking **milkshakes** / milk / **fizzy drinks** has helped him put on weight.

3 a Madleen doesn't eat **chocolate** / meat / **apples**.

   b Madleen **dislikes** / never eats / **likes** fruit and vegetables.

   c Madleen's one food weakness is for **chocolate** / cakes / **biscuits**.

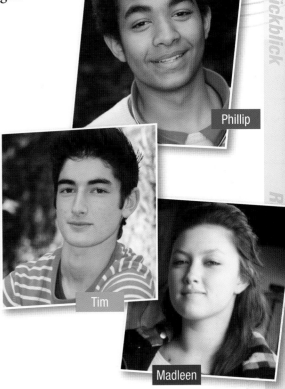

Phillip

Tim

Madleen

schreiben **4** Der Zahnarzt möchte wissen, was du an einem typischen Tag isst und trinkst. Mach Notizen.

Beispiel:

Frühstück: Haferflocken mit Milch und Zucker

Mittagessen: Pizza, Banane

Abendessen:

 Tipp

Try to extend your answers to every question.
Was isst du zum Frühstück?
(Repeat some of the question.)
** **Zum Frühstück esse ich Toast …**
(Add another detail of food!)
*** **… mit Schinken.**
(Add a past tense clause!)
**** **… , aber heute habe ich Toast mit Honig gegessen.**
(Add an opinion!)
***** **… und das finde ich lecker.**

sprechen **5** Person A ist Zahnarzt / Zahnärztin.
Person B beantwortet seine / ihre Fragen.

● Was isst und trinkst du zum Frühstück?

● Was isst und trinkst du zum Mittagessen?

● Was isst und trinkst du zum Abendessen?

Zum	Frühstück Mittagessen Abendessen	esse ich	Joghurt, ein Schinkenbrot, ein Käsebrot, Nudeln, Äpfel, Bananen, Orangen, Erdbeeren, Haferflocken, Salat, Tomaten, Erbsen, Kekse, Kuchen, Schokolade, nichts.
		trinke ich	Milch, Wasser, Früchtetee, süße Getränke.
Das	schmeckt mir		gut.
	finde ich		gesund, ungesund, köstlich, lecker.

- Discussing healthy and unhealthy lifestyles
- Adverbial time phrases

1 Hör zu und sieh dir die Bilder an. Was macht man? (1–7)

a Ich gehe joggen.

b Ich fahre mit dem Rad zur Schule.

c Mein Lieblingsgetränk ist Milch.

d Ich mache Aerobic.

e Mein Lieblingsessen ist Obst.

f Ich trainiere.

g Ich spiele Handball.

---

schreiben

2 Ergänze die Sätze mit Wörtern aus dem Kästchen.

1 Ich spiele jeden Tag ... .
2 Mein Lieblingsessen ist ... .
3 Ich gehe selten ... .
4 Ich mache oft ... .
5 Ich fahre immer ... .
6 Mein Lieblingsgetränk ist ... .

mit dem **R**ad	Cola	Pizza
Fußball	Aerobic	joggen

⭐ Tipp

Use words like **nie** (never) to add detail to your sentences. They generally come after the verb.

Ich gehe oft joggen.	I **often** go jogging.
jeden Tag	every day
oft	often
dreimal in der Woche	three times a week
manchmal	sometimes
ab und zu	now and again
selten	rarely
nie	never

---

lesen

3 Sieh dir die Werbung auf Seite 85 an. Wie oft machen Stefanie oder Fred das? Was passt zusammen?

1 play tennis	4 drink beer	a three times a week	d never
2 do aerobics	5 cycle	b sometimes	e every day
3 do training	6 jog	c often	f rarely

lesen 4 Lies die Werbung von unten. Welche Sprechblasen passen zu Stefanie und welche passen zu Fred?

Kommt bald ins Fernsehen ...
Stefanie und Fred!

Stefanie ist eine Sportskanone. Ihr Freund, Fred, ist ein Stubenhocker. Ein typischer Tag: Stefanie geht zum Handballtraining. Und Fred? Er liegt mit Chips und Cola auf dem Sofa!

F. Owlpelts   S.P. Ortlich

1 Ich mache dreimal in der Woche Aerobic.

3 Mein Lieblingsessen ist Currywurst mit Pommes.

5 Ich trinke manchmal Bier.

2 Ich gehe nie joggen, weil ich nicht fit bin.

4 Ich esse sehr gern Obst und Gemüse.

6 Mein Lieblingsgetränk ist Wasser oder Milch. Ich trinke nie süße Getränke.

7 Ich fahre jeden Tag mit dem Rad zur Schule, weil das entspannend ist.

9 Ich trainiere selten, weil ich sportscheu bin.

8 Ich fahre mit dem Auto zur Schule, weil das schnell ist.

10 Ich spiele oft Tennis, Handball oder Fußball. Sport macht mir Spaß.

sprechen 5 Gruppenarbeit. Ist man in deiner Klasse lieber ein Stubenhocker oder sportlich aktiv? Macht Interviews.

- Bist du sportlich?
- Ja, ich trainiere dreimal in der Woche und ich spiele oft Fußball.
- Isst du gesund?
- Nein, ich esse oft Schokolade und mein Lieblingsgetränk ist Cola.

Ich	mache	jeden Tag	Aerobic.
	spiele	oft	Handball, Tennis, Fußball.
		dreimal in der	
	gehe	Woche	joggen.
	fahre	manchmal	mit dem Rad,
		ab und zu	mit dem Auto in
		selten	die Schule.
	esse	nie	Obst, Gemüse.
	trinke		Bier, Milch.

Mein Lieblingsessen ist Wurst.
Mein Lieblingsgetränk ist Tee.

schreiben 6 Schreib einen kurzen Text zum Thema „Bist du lieber sportlich aktiv oder ein Stubenhocker?"

- What sporting activities do you do and how often?
- What healthy food do you eat?
- What unhealthy food do you eat?
- What is your favourite food / drink?
- How do you get to school?

⭐ Tipp

To help you work toward a grade C in your exam, always try to include a past tense sentence.

Letztes Jahr habe ich jeden Tag Tennis gespielt.
Last year I played tennis every day.
Letzte Woche habe ich viel Cola getrunken.
Last week I drank a lot of cola.

- Talking about sports injuries
- *seit* + present tense

Harold war in Amerika in einem Sportcamp. Lies die Sätze und sieh dir die Bilder an. Was passt zusammen?

Ich habe ...

1 **Bauchschmerzen**

2 **Kopfschmerzen**

3 **Rückenschmerzen**

4 **Zahnschmerzen**

5 **Ohrenschmerzen**

6 **Halsschmerzen**

7 **Der Arm tut weh.**

8 **Der Finger tut weh.**

9 **Der Fuß tut weh.**

10 **Die Hand tut weh.**

11 **Die Schulter tut weh.**

12 **Das Bein tut weh.**

13 **Das Knie tut weh.**

hören **2** Hör zu und überprüfe deine Antworten aus Aufgabe 1.

hören **3** Sechs Leute hinterlassen Telefonnachrichten an die Sportklinik. Hör zu und wähl das richtige Körperteil (a–m) aus Aufgabe 1 aus. (1–6)

hören **4** Hör noch mal zu und beantworte die Fragen auf Englisch.

1 How did the first speaker get the injury?

2 When did the second speaker's injury occur?

3 Which leg has the third speaker injured?

4 What can't the fourth speaker do today?

5 When did Elias do aerobics at school?

6 How did the final speaker know about his girlfriend's illness?

lesen **5** Jeden Tag sind Schüler und Schülerinnen wegen Krankheiten abwesend. Ergänze diese E-Mails an eine Schule in Bonn und wähl eine Person für jede E-Mail aus.

○○○

Sandrine geht's schlecht. Seit gestern Abend tut ihr der (1) weh. Sandrine hat ihn gestern beim Training verletzt. Er ist sehr (2) . Sandrine war gestern beim (3) . Sie muss heute den Fuß mit Eis kühlen. Sie darf nicht zur (4) kommen.

| Schule |
| geschwollen |
| Fuß |
| Arzt |

○○○

Martin hat seit Montag (5) und geht heute nicht schwimmen. Er bleibt zu (6) , aber hoffentlich kommt er (7) wieder zur Schule. Gestern Abend hat er auch das (8) verletzt, aber hoffentlich ist das nicht so schlimm.

| morgen |
| Hause |
| Bauchschmerzen |
| Bein |

○○○

Tobias hat seit (9) schreckliche (10) Er hat in der Nacht nicht geschlafen und jetzt ist er sehr, sehr (11) . Er bleibt heute im (12) , aber morgen kommt er bestimmt wieder zur Schule.

| müde |
| Kopfschmerzen |
| Bett |
| gestern |

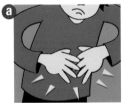  

schreiben **6** Dein deutscher Austauschpartner / deine deutsche Austauschpartnerin ist bei dir zu Besuch und ist krank. Schreib eine E-Mail an seine / ihre Eltern.

Explain:

- Your exchange partner is ill.
- How long he / she has been ill for and what the problem is.
- What your partner will be doing tomorrow.
- When you are going to the doctor's and when you hope he / she will be better.

[Elias]	geht's schlecht. ist krank.		
Seit	gestern gestern Morgen	hat [Elias]	[Kopfschmerzen].
	Montag	tut	[der Fuß] weh.
[Der Fuß]	ist	geschwollen / verletzt.	
Morgen	bleibt [Elias] zu Hause, geht [Elias] zum Arzt, bleibt [Elias] im Bett, kommt [Elias] zur Schule.		

Grammatik lern weiter p. 198

seit + present tense
To say you have had / done something for a certain length of time, use **seit** + present tense.
Tobias hat seit gestern Kopfschmerzen.
*Tobias has had a headache **since yesterday**.*

4 So jung und schon gestresst?

- Discussing teenage stress
- Using qualifiers

 lesen **1** Lies die Sprechblasen und schau dir die Bilder an. Was passt zusammen?

Das moderne Leben ist für Jugendliche besonders stressig. Man muss ...

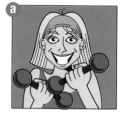 **a**
 **b**
 **c**
 **d**
 **e**
 **f**
 **g**
 **h**

1 beliebt sein.

2 gesund essen.

3 attraktiv aussehen.

4 reich werden.

5 fit sein.

6 eine Freundin / einen Freund haben.

7 die Prüfungen bestehen.

8 gut schlafen.

Grammatik *lern weiter* p. 204

Modals (revision)

Remember that **man muss** (you have to) sends the following verb to the end of the sentence.

Man muss beliebt sein.
You have to be popular.
Man muss reich werden.
You have to get rich.

 hören **2** Hör dem Radioprogramm zu und ordne die Bilder (a–h) von oben.

 schreiben **3** Lies die Sprechblasen noch mal. Was ist dir wichtig? Kopiere und ergänze die Tabelle für dich.

	sehr wichtig	wichtig	gar nicht wichtig
Beispiel		Man muss beliebt sein.	

lesen **4** Lies diese Briefe an das Jugend-Magazin. Welche Antwort passt zu welchem Problem? Was bedeuten die blauen Wörter?

Schlafproblem!

1 Zu Hause und in der Schule fühle ich mich oft **aggressiv** und **gestresst**. In der Schule habe ich Prüfungen und zu Hause streite ich mich mit meinen Eltern. Ich bin sehr aktiv, ich esse gesund und ich bin ziemlich attraktiv. Ich kann aber nicht schlafen und jetzt bin ich immer **müde** und **schlecht gelaunt**!

Karl, 17

Das ist mir zu viel!

2 Ich spiele bei der Schulvolleyball- und Handballmannschaft. Ich spiele auch Saxophon und Klavier und mache noch dazu viele AGs. Ich bin nie zu Hause und habe nie Zeit zum Chillen. Seit zwei Jahren geht es so – Sport, Musik, Freunde, Familie. Das ist mir zu viel und ich bin total **erschöpft** – **kaputt**!

Paula, 17

a Wir leben in einer 24/7-Welt, aber es muss nicht jede Stunde volle Aktion sein! Stopfe den Tag NICHT mit Aktivitäten voll. Finde Zeit zum Chillen. Gib eine oder zwei Aktivitäten sofort auf. Viel Glück!

b Die Schlaflosigkeit ist ein großes Problem. Trink nach drei Uhr nachmittags keinen Kaffee oder Tee mehr. Iss ein leichtes Abendessen und entspanne dich beim Fernsehen oder Musikhören. Geh auch etwas früher ins Bett und bade dich entspannt vor dem Schlafen.

lesen **5** Lies die Briefe noch mal und beantworte die Fragen auf Englisch.

1 What is Karl's problem?
2 What two factors have caused the problem?
3 Name two positive things about Karl.
4 Name two activities which Paula does.
5 What effect has her lifestyle had on her?
6 Name two things each teenager is advised to do.

schreiben **6** Schreib einen Brief über dein Stressproblem für die Problemseite.

Invent a problem: You could include / mention:
• What the problem is and how you feel.
• How long you have had the problem.
• When / where the problem is worse (i.e. school / home).
• What help you need.

⭐ **Tipp**

Use qualifiers to express your feelings more precisely.

total	*totally*
besonders	*especially*
sehr	*very*
ziemlich	*quite*
nicht	*not*
gar nicht	*not at all*

sprechen **7** Gruppenarbeit. Beschreib deine Probleme aus Aufgabe 6 in der Gruppe.

• State your problem and say how you feel.
• Can the group give you advice?

Zu Hause In der Schule	fühle ich mich	gestresst kaputt
	bin ich [total]	aggressiv deprimiert erschöpft müde schlecht gelaunt.

- Discussing teenage smoking and drinking issues
- Word order after *weil*

 1 Lies diesen Artikel aus einer Jugendzeitschrift. Finde die Wörter (a–g) im Text.

Deiner Meinung nach: Zigaretten!

1 Ich habe nie geraucht, weil das ungesund ist.

2 Ich rauche viel, weil ich leider süchtig bin.

3 Ich finde Rauchen toll, weil das bei der Diät hilft. Ich rauche seit zwei Jahren.

4 Ich rauche nicht, weil das so stinkt.

5 Letztes Jahr ist meine Großmutter an Lungenkrebs gestorben. Ich habe das Rauchen sofort aufgegeben, weil es tödlich ist.

6 Ich rauche auf Partys, weil das entspannend ist.

a	unhealthy	e	smoking
b	addicted	f	deadly
c	stinks	g	relaxing
d	lung cancer		

 2 Lies den Artikel noch mal. Wer findet Rauchen positiv (P) und wer findet es negativ (N)?

a **GIVE UP OR GET ILL!**

b **Don't copy your friends!**

c **Unhealthy way to diet!**

d **No smoking on the school grounds!**

 3 Hör diese Dialoge an und wähl zu jedem eine Schlagzeile von rechts aus. (1–4)

 4 B (●) ist Raucher. A (■) ist Nichtraucher und versucht B zu überzeugen, dass er / sie nicht mehr rauchen sollte.

- ■ Seit wann rauchst du?
- ● Ich rauche seit [drei Jahren].
- ■ Wie oft rauchst du?
- ● Ich rauche [nur auf Partys].
- ■ Warum rauchst du?
- ● Ich rauche, weil [meine Freunde rauchen].
- ■ Meiner Meinung nach ist Rauchen [schrecklich]. Rauchen ist [teuer] und [ungesund].

Grammatik p. 206

weil
weil (because) sends the verb to the end of the sentence.
Ich rauche nicht, weil das so stinkt.
I don't smoke because it stinks.

Ich rauche	nicht, nie, auf Partys, seit zwei Jahren, jeden Tag, viel,	weil	das	tödlich, ungesund, schrecklich	ist.
				cool, entspannend	
				so stinkt.	
				bei der Diät hilft.	
			ich	süchtig bin.	

lesen **5**

Lies diese Erfahrungsberichte aus dem Internet zum Thema Alkohol. Welche Person ist das; a, b oder a + b?

> **Bin ich abhängig?**
>
> **a zoe_tw11**
> Ich bin sechzehn Jahre alt. Seit vier Jahren trinke ich Alkohol. Ich trinke jeden Freitag- und Samstagabend viel Alkohol. Jedes Wochenende bin ich betrunken. Ich habe dazu im Internet viele Informationen gelesen und jetzt mache ich mir große Sorgen. Werde ich bald Alkoholikerin?
>
> **b loewe.xp**
> Mit elf Jahren habe ich mein erstes Bier getrunken. Seitdem trinke ich immer mehr und mit der Zeit ist das immer schlimmer geworden. Anfangs habe ich nur ungefähr sechs Bier am Wochenende getrunken. Jetzt trinke ich eine Flasche Wodka und ein bis zwei Bier. Ich weiß, dass ich ein Alkoholproblem habe. Bitte helft mir ...

1 I've been drinking alcohol for four years.

2 I now drink spirits as well as beer.

3 I drink at the weekend.

4 I've been looking up websites on alcohol.

5 I had my first drink when I was 11.

6 My habit is getting worse.

7 I am worried about my drinking.

8 I drink every Friday night.

hören **6**

Hör diesem Radiointerview zu. Wähl die richtigen Antworten aus.

1 In this class, **ten pupils** / all pupils / **no pupils** drink(s) alcohol.

2 Pupils drink **every day** / at the weekend / **in the holidays.**

3 Girls drink **more than** / less than / **as much as** boys.

4 Teenagers drink to **be like their friends** / relax / **get drunk.**

5 Alcohol is a problem if teenagers **have one drink** / are drunk every weekend / **drink at school.**

schreiben **7**

Stell dir vor, du hast ein Alkoholproblem. Beschreib dein Problem für das Forum aus Aufgabe 5.

- Introduce yourself: name, age.
- How long have you been drinking for?
- How much do you drink?
- What and when do you drink?
- Who do you drink with and where?

> Remember to include some perfect tense structures in your work.
>
> **Mit 16 Jahren bin ich zum ersten Mal ins Lokal gegangen.**
> *At 16, I went to the pub for the first time.*
> **Mit elf Jahren habe ich mein erstes Bier getrunken.**
> *When I was 11, I drank my first beer.*

Seit vier Jahren Jetzt Am Wochenende	trinke ich	[viel] Alkohol. eine Flasche Wodka / ein / zwei Bier.
Mit elf Jahren	habe ich	mein erstes Bier getrunken.
Jedes Wochenende	bin ich	betrunken.
Ich	habe	ein Alkoholproblem.
	bin	Alkoholiker. Alkoholikerin.

- Discussing the drugs issue among teenagers
- Coping with longer reading texts

 1 Lies die Broschüre von der Drogenberatungsstelle. Welcher Titel passt zu welchem Absatz?

❶ Drugs help you relax   ❷ Young people try everything

❸ Different types of drug   ❹ Drugs are bad for you

Jugendliche und Drogen – wir informieren

ⓐ Was ist eine Droge?

Alkohol, Koffein und Zigaretten sind legale Drogen. Cannabis, Heroin und Kokain sind illegale Drogen. Man darf sie nicht rauchen oder nehmen.

ⓑ Sind Drogen gefährlich?

Ja. Man kann drogensüchtig werden. Drogen sind schlecht für das Herz, die Leber usw. Man kann eine Blutkrankheit bekommen. Man darf diese Gefahren nicht ignorieren.

ⓒ Warum nimmt man Drogen?

Viele Jugendliche finden Drogen „cool". Mit Drogen chillt man oder man kann die Nacht durchtanzen. Man nimmt Drogen mit Freunden und hängt mit ihnen rum. Es wird sehr schwierig, die Drogen aufzugeben.

ⓓ Warum nehmen junge Leute Drogen?

Junge Leute experimentieren immer – Musik, Kleider, Sport, Zigaretten – und das ist ganz normal. Der Drogenkonsum beginnt oft während der Schulzeit und meistens endet das, wenn man erwachsen wird.

Gefahren = *dangers*
es wird = *it becomes*
während = *during*
erwachsen = *grown up*

2 Lies die Broschüre noch mal. In welchem Absatz lernt man Folgendes?

1 There are legal as well as illegal drugs available.

2 Teenagers often take drugs with friends.

3 A cup of coffee could be viewed as a drug.

4 Adolescence is a time for experimenting.

5 You shouldn't ignore the dangers.

6 It is not easy to give up drugs.

hören **3** Hör diesen Leuten bei einer Radiosendung zu.
Welches Foto passt zu welchem Dialog? (1–3)

 **a**

 **b**

 **c**

hören **4** Hör noch mal zu. Richtig ✔ oder falsch ✗?

1
a This speaker is a sportsperson.
b He regularly takes drugs.
c He could lose his job for taking drugs.

2
a This speaker's sister took an overdose.
b He is sure his sister will never take drugs again.
c He is against drug taking.

3
a This speaker finds cannabis relaxing.
b A band member brought some cocaine along.
c The speaker doesn't take hard drugs.

 Tipp

sprechen **5** Diskutiert die Probleme aus den Einheiten 5 und 6 unter euch: Alkohol, Zigaretten und Drogen.

- What is the biggest problem for young people: alcohol, smoking or drugs?
- What do you think about these issues?
- Give some examples of your friends, family to illustrate your work.

Try to use a variety of tenses in your work.

Present:	
Ich trinke nie, weil ich das ungesund finde.	*I never drink because I think it's unhealthy.*
Past:	
Letzte Woche hat meine beste Freundin Drogen genommen.	*Last week, my best friend took drugs.*
Future:	
Nächste Woche höre ich mit Zigaretten auf.	*Next week I'm giving up smoking.*

Meiner Meinung nach	ist	Rauchen Drogenkonsum Trinken	gefährlich, schrecklich, normal, entspannend, cool.
			das größte Problem für Jugendliche.

Ich finde [Drogen] schrecklich.
Ich bin [total / nicht] gegen Alkohol, Drogen, Zigaretten.
Man sollte nie Drogen nehmen.
Das Risiko finde ich zu [groß].

schreiben **6** Mach ein Poster, in dem du Jugendliche über die Gefahren von Alkohol, Zigaretten oder Drogen informierst. Aufgabe 1 hilft dir dabei.

Drogen – nein danke!

Alkohol ist ungesund!

Zigaretten sind nicht cool!

You are going to hear part of an interview between a teacher and a student. The teacher is playing the role of the interviewer and the student is playing the role of someone who works at a sports centre. Listen to the extract, then carry out the activities to help you prepare for your own speaking task.

Task: Interview with someone who works at a sports centre

You are being interviewed by your teacher. You will play the role of someone who works at a sports centre and your teacher will play the role of the interviewer.

Your teacher will ask you the following:

- How popular is the sports centre and why?
- What sport could someone who is not very active do?
- Have you personally used the gym?
- What team sports can one play?
- Is it possible to get a healthy snack?

- What are the rules on smoking in the sports centre?
- What is the centre going to do to promote a healthy lifestyle?
- ! (A question for which you have not prepared.)

Preparation

1 Listening for information

1 The student is going to talk about swimming as an example of a sport for someone who is not very active. Note the information you think he could give.

2 Listen to the first section. What information did he give about swimming? Did you guess correctly?

Tipp

Cognates and near-cognates (words which look like their English equivalents) can be very useful friends in the speaking text e.g. **fit, aktiv, Aquarobic, Teamsport.**

2 Listening for questions and time phrases

1 The interviewer asks a closed question „Waren Sie schon im Fitnessraum?" ("Have you ever used the Fitness Suite?") Jot down in German how you would answer. Now listen to the student. Who provided more detail – you or the student?

2 The student uses six different time words / phrases. Pick out the ones you hear as you listen and then check the meaning.

> **a** ab und zu **b** jeden Sonntag **c** manchmal
> **d** nach dem Fußballspiel **e** am Mittwoch
> **f** fünfmal in der Woche **g** um 7 Uhr
> **h** selten **i** abends

3 Listening for tenses

1 Do you think the student feels the café is suitable or unsuitable for the interviewer? Which clues helped you decide?

2 The student uses three examples of the past (perfect) tense in this section. Remember, the perfect tense looks like this: *Ich habe Fußball gespielt*. Can you pick out at least two examples of something he says in the past tense?

Useful language

Question words are vital to help you interact with the examiner.

Welche Sportaktivitäten ... ?	*Which sports ... ?*
Was für Sport treiben Sie?	*What sort of sport do you do?*
Wie ist das Essen im Café?	*What is the food in the café like?*
Was essen Sie gern?	*What do you like eating?*
Wer schwimmt gern?	*Who likes swimming?*
Wo spielst du Fußball?	*Where do you play football?*
Wann gehst du schwimmen?	*When do you go swimming?*
Wie viele Stunden Sport treibst du pro Tag?	*How many hours of sport do you do a day?*

Over to you!

- Decide what you are going to say to answer the questions in the task. Check the vocabulary lists at the end of the chapter for words and phrases that you could use.
- Consider what extra details you could add. How could you try to use a variety of language and some opinions?
- Think about the unpredictable question your teacher could ask – work with a partner to brainstorm ideas.

GradeStudio

To make sure you have a chance of getting a **grade C** in your speaking, you should:

- give opinions using phrases such as *ich finde* (I find, I think) and *meiner Meinung nach* (in my opinion). e.g.

  Ich finde *Fitness sehr wichtig.* I think fitness is very important.

  Meiner Meinung nach *kann man im Café nur gesund essen.* In my opinion you can only eat healthily in the café.

- use a variety of structures. Try to use a few examples of *weil*. Remember, the verb goes to the end of the sentence. e.g.

  Ich bin selten krank, **weil** *ich so fit* **bin**. I am rarely ill because I am so fit.

- talk about things that have happened (i.e. in the past) as well as things that happen all the time (present). e.g.

  Gestern **hat** *es Nudeln mit Gemüsesoße* **gegeben**. Yesterday there was pasta with vegetable sauce.

- Preparing a longer piece of writing about a healthy lifestyle

Adresse: @   › los

Mein Lieblingssport

Interview mit unserer Biologielehrerin, Frau Silvia Bachmann.

- **Frau Bachmann, wir sehen Sie oft beim Jogging. Ist Jogging Ihr Lieblingshobby?**

SB Ja, das stimmt. Ich gehe seit zehn Jahren joggen. Ich trainiere fünfmal in der Woche – manchmal jeden Tag. Ich finde es sehr entspannend.

- **Haben Sie immer Zeit für Ihr Hobby?**

SB Nein, nicht immer. Aber ich stehe früh auf und gehe joggen. Um sechs Uhr morgens sehe ich keine Menschen auf den Straßen, und ich fühle mich total gut gelaunt.

- **Joggen Sie für Ihre Gesundheit?**

SB Nein, ich treibe diesen Sport, weil ich Jogging mag. Aber die Gesundheit ist wichtig. Ich esse gesund (also viel Obst und Gemüse, zum Beispiel), ich rauche nicht und ich trinke keinen Alkohol. Aber ich esse zu viel Schokolade ... Ich liebe Schokolade!

- **Macht Jogging immer Spaß?**

SB Ja ..., aber letztes Jahr bin ich durch den Park joggen gegangen und es hat geregnet. Ich habe etwas nicht gesehen und ich bin gefallen. Das rechte Bein hat weh getan, und ich hatte auch Rückenschmerzen. Ich konnte zwei Tage lang nicht zur Schule kommen.

Gut für die Gesundheit?

- **Sind Sie einmal beim Berlin-Marathon gelaufen?**

SB Ja, ich bin schon einmal beim Berlin-Marathon gelaufen. Ich habe viel trainiert und es war nicht einfach. Der Marathon war aber toll!

1 There's a mistake in the English translations of the five questions.

Check the questions in the interview, and write the correct translations.

1. Is jogging your husband's favourite hobby?
2. Do you sometimes have time for your hobby?
3. Do you jog for fun?)
4. Is jogging never fun?
5. Do you want to run in the Berlin Marathon?

2 Match the highlighted expressions of time and frequency with the phrases below.

five times a week   early
at six o'clock in the morning
every day   for ten years
for two days   last year

3 Find the following past tense expressions in the text and write them out.

1. Last year I ran through the park.
2. It rained.
3. I fell.
4. I trained a lot.

Over to you!

Write an interview with a German-speaking sports personality of 100 to 200 words.

First read the tips below. You could include:

- a short introduction about the personality you are interviewing
  (e.g. age, family, where he / she lives, lifestyle, why he / she is famous).

- at least four questions and answers including some of the following:
  – what his / her sport is.   – how often and where he / she trains.
  – his / her lifestyle: food, drink, exercise.   – other interests.
  – some sporting event he / she has taken part in in the past.

Grade**Studio**

If you are aiming for a **grade C** in your writing you should:

- add interest to your writing by using expressions of time and frequency.

Ich spiele Ich gehe Ich mache Ich gehe	am Wochenende, nach der Schule, abends, einmal / zweimal in der Woche, jeden Tag, jeden Freitagabend, ab und zu, nie	Gitarre. joggen. Aerobic. angeln.

Now you try it! 1

Add an expression of time or frequency to each sentence, and write what the completed sentence means in English.

1 Ich spiele   …   Cricket.
2 Ich gehe   …   ins Kino.

- in order to show that you can use a variety of tenses, include some sentences in the past tense, e.g. describe a pastime you did last week.

Am Montagabend Am Wochenende Letzte Woche	bin ich joggen / schwimmen gegangen. habe ich Fußball / Badminton / Karten gespielt. habe ich einen Film gesehen. bin ich Rad gefahren.

Now you try it! 2

Copy and complete the sentences.

1 Letzte Woche bin ich mit meinem Vater angeln ge   …   .
2 Am Samstag bin ich schwimmen ge   …   und am Sonntag habe ich einen Film ge   …   .

- extend some of your sentences. For example, when you say what hobby you have:

Stage 1: Say what activity you do.
Ich spiele Fußball. I play football.
Stage 2: Say how often.
Ich spiele einmal in der Woche Fußball. … once a week.
Stage 3: Say who with.
Ich spiele einmal in der Woche mit meinem Klub Fußball. … with my club.
Stage 4: Say where.
Ich spiele einmal in der Woche mit meinem Klub auf dem Sportplatz im Dorf Fußball.
… at the sports ground in the village.

Now you try it! 3

Say what one of your hobbies is, and extend the sentence in any way you like.

Talking about food and drink

Zum Frühstück trinke ich ...	*For breakfast I drink ...*	Haferflocken	*porridge*
Milch	*milk*	Salat	*salad*
Wasser	*water*	Tomaten	*tomatoes*
Früchtetee	*fruit tea*	Erbsen	*peas*
süße Getränke	*sweet drinks*	Kekse	*biscuits*
Zum Mittagessen esse ich ...	*For lunch I eat ...*	Kuchen	*cakes*
Zum Abendessen esse ich ...	*For dinner I eat ...*	Schokolade	*chocolate*
Joghurt	*yogurt*	nichts	*nothing*
ein Schinkenbrot	*a ham sandwich*	Das schmeckt mir gut.	*That tastes good.*
ein Käsebrot	*a cheese sandwich*	Das finde ich ...	*I find that ...*
Nudeln	*pasta*	gesund	*healthy*
Äpfel	*apples*	ungesund	*unhealthy*
Bananen	*bananas*	köstlich	*delicious*
Orangen	*oranges*	lecker	*tasty*
Erdbeeren	*strawberries*		

Talking about keeping healthy

Ich mache Aerobic.	*I do aerobics.*	Mein Lieblingsgetränk ist Tee.	*My favourite drink is tea.*
Ich trainiere.	*I train.*	jeden Tag	*every day*
Ich spiele Handball, Tennis, Fußball.	*I play handball, tennis, football.*	oft	*often*
Ich gehe joggen.	*I go jogging.*	dreimal in der Woche	*three times a week*
Ich fahre mit dem Rad in die Schule.	*I go to school by bike.*	manchmal	*sometimes*
		ab und zu	*now and again*
Ich fahre mit dem Auto in die Schule.	*I go to school by car.*	selten	*rarely*
		nie	*never*
Ich esse Obst und Gemüse.	*I eat fruit and vegetables.*	Ich mache jeden Tag Aerobic.	*I do aerobics every day.*
Ich trinke Milch.	*I drink milk.*	Ich trainiere dreimal in der Woche.	*I train three times a week.*
Mein Lieblingsessen ist Wurst.	*My favourite food is sausages.*	Ich spiele oft Fußball.	*I often play football.*
		Ich trinke nie Alkohol.	*I never drink alcohol.*

Talking about illnesses

Ich habe ...	*I've got ...*	Seit gestern [Morgen] hat Elias [Kopfschmerzen].	*Elias has had [a headache] since yesterday [morning].*
Bauchschmerzen	*stomachache*	[Seit Montag] tut [mein Fuß] weh.	*[My foot] has been hurting [since Monday].*
Halsschmerzen	*a sore throat*		
Kopfschmerzen	*a headache*	[Der Fuß] ist geschwollen.	*[The foot] is swollen.*
Ohrenschmerzen	*earache*	[Mein Fuß] ist verletzt.	*[My foot] is injured.*
Rückenschmerzen	*a sore back*	Morgen ...	*Tomorrow ...*
Zahnschmerzen	*toothache*	bleibt Elias zu Hause	*Elias is going to stay at home*
Der Arm tut weh.	*My arm hurts.*		
Der Finger tut weh.	*My finger hurts.*	geht Elias zum Arzt	*Elias is going to go to the doctor*
Der Fuß tut weh.	*My foot hurts.*		
Die Hand tut weh.	*My hand hurts.*	bleibt Elias im Bett	*Elias is going to stay in bed*
Die Schulter tut weh.	*My shoulder hurts.*		
Das Bein tut weh.	*My leg hurts.*	kommt Elias zur Schule	*Elias is going to go to school*
Das Knie tut weh.	*My knee hurts.*		
Elias geht's schlecht.	*Elias is ill.*		
Elias ist krank.	*Elias is ill.*		

Talking about teenage pressures

Man muss ...	You have to ...	reich werden	become rich
beliebt sein	be popular	eine Freundin haben	have a girlfriend
gesund essen	eat healthily	einen Freund haben	have a boyfriend
attraktiv aussehen	look attractive	die Prüfungen bestehen	pass exams
fit sein	be fit	gut schlafen	sleep well

Talking about how you feel

Zu Hause fühle ich mich ...	At home I feel ...	schlecht gelaunt	bad tempered
In der Schule bin ich [total]	At school I am [totally] ...	total	totally
aggressiv	aggressive	besonders	especially
deprimiert	depressed	sehr	very
erschöpft	exhausted	ziemlich	quite
gestresst	stressed	nicht	not
kaputt	whacked / shattered	gar nicht	not at all
müde	tired		

Talking about smoking

Ich rauche nicht, weil ...	I don't smoke because ...
Ich rauche nie auf Partys, weil ...	I never smoke at parties because ...
das tödlich ist	it's deadly
das ungesund ist	it's unhealthy
das schrecklich ist	it's dreadful
das so stinkt	it really stinks
Ich rauche seit zwei Jahren.	I have been smoking for two years.
Ich rauche jeden Tag.	I smoke every day.
Ich rauche (viel), weil ...	I smoke (a lot) because ...
das cool ist	it's cool
das entspannend ist	it's relaxing
ich süchtig bin	I'm addicted
das bei der Diät hilft	it helps me diet

Talking about alcohol

Seit vier Jahren trinke ich [viel] Alkohol.	I have been drinking [a lot of] alcohol for four years.
Jetzt trinke ich ein bis zwei Bier.	Now I drink one to two beers.
Am Wochenende trinke ich eine Flasche Wodka.	At the weekend I drink a bottle of vodka.
Mit elf Jahren habe ich mein erstes Bier getrunken.	I had my first beer when I was eleven.
Jedes Wochenende bin ich betrunken.	I get drunk every weekend.
Ich habe ein Alkoholproblem.	I have got an alcohol problem.
Ich bin Alkoholiker / Alkoholikerin.	I am an alcoholic.

Talking about drugs

Ich finde Drogen ...	I find drugs ...	Ich bin nicht gegen Alkohol.	I am not against alcohol.
Ich finde Rauchen ...	I find smoking ...	Ich bin total gegen Drogen.	I am totally against drugs.
Ich finde Trinken ...	I find drinking ...	Ich bin total gegen Zigaretten.	I am totally against cigarettes.
cool	cool	Man sollte Drogen nie nehmen.	You should never take drugs.
entspannend	relaxing		
gefährlich	dangerous	Das Risiko finde ich zu [groß].	I find the risk too [great].
normal	normal	Meiner Meinung nach ist Drogenkonsum das größte Problem für Jugendliche.	In my opinion drug-taking is the biggest problem for teenagers.
schrecklich	dreadful		

6 Die Arbeitswelt

1 Der Jobmarkt

- Saying what jobs people do
- Discussing advantages of different jobs

lesen 1 Lies die Wörter und sieh dir die Bilder an. Was passt zusammen?

Beispiel: a Arzt

1 Sekretärin
2 Mechanikerin
3 Feuerwehrmann
4 Zahnärztin
5 Lehrerin
6 Briefträger
7 Ingenieur
8 Arzt
9 Elektriker
10 Tierärztin
11 Krankenpfleger / Krankenschwester

hören 2 Hör zu. Welcher Beruf (die Bilder aus Aufgabe 1) und welcher Grund? (1–6)

Beispiel: 1 h, 2

1 Ich arbeite gern mit Tieren.
2 Ich bin gern im Freien.
3 Ich mag etwas Praktisches machen.

4 Ich arbeite gern mit Kindern.
5 Er ist gut bezahlt.
6 Man hat Kontakt zu Menschen.

Grammatik
lern weiter p. 195

Using Sie

Remember to use **Sie** when talking to people you do not know.

Sie sind	*you are (polite)*
du bist	*you are (familiar)*
Sie haben	*you have (polite)*
du hast	*you have (familiar)*

Tipp

Language patterns

Notice the male and female patterns:

Ich bin Er ist Sie ist	Arzt / Ärztin, Zahnarzt / Zahnärztin, Tierarzt / Tierärztin, Briefträger(in), Elektriker(in), Sekretär(in), Mechaniker(in), Feuerwehrmann / Feuerwehrfrau, Lehrer(in), Ingenieur(in), Krankenpfleger / Krankenschwester

sprechen 3

Partnerarbeit. Rollenspiel. Frag vier Personen.

- ▢ Was bist du von Beruf?
- ● Ich bin Mechaniker.
- ▢ Warum magst du den Beruf?
- ● Ich mag etwas Praktisches machen.

Tipp

Using a dictionary
You may need to use a dictionary to look up words for different jobs.
- Use the English to German section.
- Note down both the male and female forms.

lesen 4

Lies die Texte. Beantworte die Fragen.

Anja ist Sekretärin bei einer internationalen Firma. Sie mag ihren Job, weil sie Kontakt zu Menschen hat. Sie spricht Spanisch und Italienisch und das ist auch gut für die Arbeit.

Paul ist Arzt und er arbeitet in einem Krankenhaus. Er mag den Beruf, weil er gern mit Menschen arbeitet und er mag anderen Leuten helfen.

Claudia ist Tierärztin. Sie mag die Arbeit – sie ist gut bezahlt. Als Tierarzt verdient man ziemlich viel Geld. Sie mag auch mit Tieren arbeiten.

Udo arbeitet als Diskjockey in einem Klub. Er mag die Arbeit. Sie ist nicht gut bezahlt, aber er liebt Musik und tanzt gern. Er findet den Job total klasse!

Karin ist Verkäuferin in einem Schuhgeschäft. Sie mag Schuhe und sie hat Kontakt zu Menschen – aber sie findet es oft langweilig.

1 Who loves their job despite it being low paid?
2 Who likes helping other people?
3 Who speaks other languages?
4 Who is well paid?

5 Who thinks their job is great?
6 Who likes working with people?
7 Who works with animals?
8 Who thinks their job is often boring?

schreiben 5

Schreib einen Text für die Schulbroschüre.

Write five short examples of jobs for the careers options brochure in your school to encourage uptake of MFL.

Either do as simple interviews (exercise 3) or short descriptions (as in exercise 5).

Include:

- Five different jobs (e.g. export manager, conference manager, tour guide, translator, European lawyer).
- The reasons the post holders enjoy their work.

2 Babysitten macht Spaß

- Talking about part-time jobs
- Developing conversations

Hör zu. Wer spricht? (1–6)

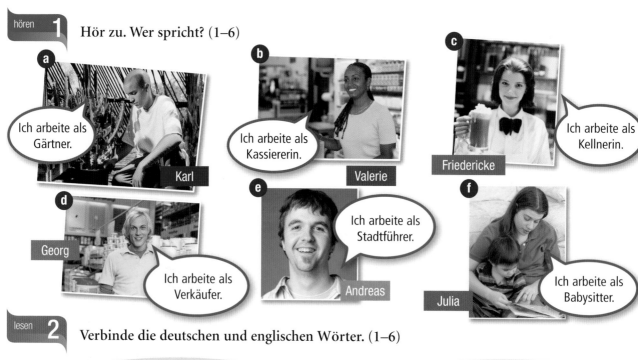

a — Ich arbeite als Gärtner. — Karl

b — Ich arbeite als Kassiererin. — Valerie

c — Ich arbeite als Kellnerin. — Friedericke

d — Georg — Ich arbeite als Verkäufer.

e — Ich arbeite als Stadtführer. — Andreas

f — Julia — Ich arbeite als Babysitter.

lesen 2 **Verbinde die deutschen und englischen Wörter. (1–6)**

1 schwer
2 gut bezahlt
3 anstrengend
4 schlecht bezahlt
5 interessant
6 langweilig

a interesting
b well paid
c difficult
d boring
e demanding
f badly paid

hören 3 **Hör noch mal zu. Wie finden sie die Arbeit? (1–6)**

Beispiel: 1 Andreas – interesting.

sprechen 4 **Partnerarbeit. Würfelspiel. Was für einen Teilzeitjob hast du? Wie ist die Arbeit?**

- ⬜ Was für einen Teilzeitjob hast du?
- ● Ich arbeite als [Stadtführer].
- ⬜ Wie ist die Arbeit?
- ● Ich finde die Arbeit [langweilig].

Grammatik

p. 202

Question words
Remember to learn question words.

Was für einen Teilzeitjob hast du?
What type of part-time job have you got?

Wann arbeitest du? — *When* do you work?

Wie viel verdienst du? — *How much* do you earn?

Wie ist die Arbeit? — *What is* the work *like*?

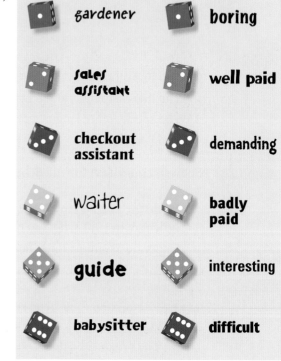

gardener — boring

sales assistant — well paid

checkout assistant — demanding

waiter — badly paid

guide — interesting

babysitter — difficult

lesen 5 Lies die Texte. In welcher Reihenfolge werden die Fragen beantwortet?

a Was für einen Teilzeitjob hast du?

b Wann arbeitest du?

c Wie viel verdienst du?

d Wie ist die Arbeit?

❶ Ich habe einen Teilzeitjob. Ich arbeite als Kassierer an einer Tankstelle. Ich finde die Arbeit todlangweilig. Ich mag den Job nicht, weil die Arbeit anstrengend ist. Ich arbeite am Wochenende. Wenn ich Samstag und Sonntag arbeite, verdiene ich €200. Das ist gar nicht schlecht!
Jens

❷ Ich arbeite in einem Supermarkt. Ich bin Verkäuferin. Ich arbeite am Mittwochabend und Freitagabend. Ich verbringe ziemlich viel Zeit bei der Arbeit, und das ist nicht gut für die Schularbeit. Aber ich verdiene ganz viel. Ich bekomme €8,50 pro Stunde. Die Arbeit ist meistens ziemlich interessant.
Kirsten

lesen 6 Lies die Texte noch mal. Beantworte die Fragen auf Englisch für Jens und Kirsten.

a What part-time job have you got?

b When do you work?

c How much do you earn?

d What do you think of the work?

hören 7 Hör zu. Beantworte die Fragen (aus Aufgabe 6) auf Englisch für Shai-am und Gerd.

 Tipp

Developing conversations
- Ensure that your sentences are interesting by adding intensifiers, opinions and negatives.
- Add more complex structures such as **dass** (that).
  Ich denke, dass die Arbeit schwer ist.
  I think that the work is hard.
- Think of additional questions you can ask.

sprechen 8 Klassenumfrage. Mach Interviews mit vier Personen.
Sammle alle Antworten für die ganze Klasse.

- Was für einen Teilzeitjob hast du?
- Wann arbeitest du?
- Wie viel verdienst du?
- Wie ist die Arbeit?

schreiben 9 Gruppenarbeit. Teilzeitjobs und unsere Klasse.

Create a set of PowerPoint slides (including graphs and charts) to give a presentation about part-time jobs in your class.

Include:

- Information about what jobs people have.
- How much they earn.

Ich arbeite als	Gärtner(in), Kassierer(in), Kellner(in), Verkäufer(in), Stadtführer(in), Babysitter.
Ich arbeite	am Wochenende, morgens, dreimal in der Woche, nach der Schule, abends.
Ich verdiene	€8 pro Stunde, pro Woche.
Ich finde die Arbeit	schwer, gut bezahlt, anstrengend, schlecht bezahlt, interessant, langweilig.

- Giving details and opinions about work experience
- Using the perfect tense

lesen **1** Lies die Sätze und schau dir die Bilder an. Was passt zusammen?

1 Ich habe in einem Krankenhaus gearbeitet.

2 Ich habe in einer Schule gearbeitet.

3 Ich habe in einem Geschäft gearbeitet.

4 Ich habe in einem Büro gearbeitet.

5 Ich habe in einem Hotel gearbeitet.

6 Ich habe in einem Sportzentrum gearbeitet.

a Ich habe mit Kindern gespielt.

b Ich habe Betten gemacht.

c Ich habe Tennis und Federball gespielt.

d Ich habe E-Mails geschrieben.

e Ich habe kranken Leuten geholfen.

f Ich habe an der Kasse gearbeitet.

hören **2** Hör zu (1–6). Hast du das richtig gemacht?

hören **3** Hör noch mal zu. Wie lange haben sie da gearbeitet?
Beispiel: **1** a

> Use **das war** to give an opinion in the past.
> **Das war anstrengend.**
> *It was demanding.*

lesen **4** Welche Antwort passt zu welcher Frage?

1 Wo hast du dein Arbeitspraktikum gemacht?

2 Wie lange hast du da gearbeitet?

3 Was hast du gemacht?

4 Wie war das Praktikum?

a Ich habe Fleisch und Gemüse gekocht.

b Das Praktikum war langweilig.

c Ich habe in einem Restaurant gearbeitet.

d Ich habe zwei Wochen da gearbeitet.

sprechen **5** Partnerarbeit. Rollenspiel. Benutzt die Fragen und Antworten aus Aufgabe 4.

 2 weeks   **1 week**

6 Lies den Text und bring die Bilder in die richtige Reihenfolge.

Ich habe mein Praktikum bei der Feuerwehr gemacht. Ich habe eine
Woche bei der Feuerwehr gearbeitet.

- Am Montag habe ich mit den neuen Kollegen Kaffee getrunken.
- Am Dienstag haben wir Fitnesstraining gemacht. Ein Feuerwehrmann muss fit sein!
- Am Mittwoch waren wir in einer Schule. Wir haben mit den Kindern über die Gefahren von Feuer gesprochen.
- Am Donnerstag gab es einen Brand in einem Geschäft.
- Am Freitag haben wir am Computer einen Bericht geschrieben.

Das Praktikum war total klasse und ich will bestimmt Feuerwehrmann werden.

die Gefahren = *the dangers*
der Bericht = *report*

hören

7 Hör zu und sieh dir die Fotos an. Wer spricht? Ella oder Johanna? (1–8)

Ella

Johanna

Ich habe	in einem Geschäft, in einem Büro, in einem Hotel, in einem Sportzentrum, in einer Schule, in einem Krankenhaus	gearbeitet.
Ich habe	E-Mails geschrieben, kranken Leuten geholfen, an der Kasse gearbeitet, Betten gemacht, Tennis und Federball gespielt, mit Kindern gespielt.	
Ich habe	eine Woche, zwei Wochen, zehn Tage	da gearbeitet.
Das Praktikum war	schwer, anstrengend, interessant, langweilig, toll, gut.	

sprechen

8 Partnerarbeit. Mach Interviews. Nimm ein MP4 für deinen deutschen Freund / deine deutsche Freundin auf und lade es hoch.

- Wo hast du dein Arbeitspraktikum gemacht?
- Wie lange hast du da gearbeitet?
- Was hast du gemacht?
- Wie war das Praktikum?

4 Was soll ich werden?

lesen 1 Lies die Sätze und beantworte die Fragen.

Ich werde in die Oberstufe gehen. — **Dirk** (a)

Ich werde die Schule verlassen. — **Benjamin** (b)

Ich werde eine Lehre machen. — **Hannah** (c)

Ich werde auf die Uni gehen. — **Anita** (d)

Ich werde eine Arbeitsstelle finden. — **Anna** (e)

Ich werde im Ausland arbeiten. — **Yusuf** (f)

1 Who is going to go to university?
2 Who is going to work abroad?
3 Who is going to go into the Sixth Form?
4 Who is going to find a job?
5 Who is going to do an apprenticeship?
6 Who is going to leave school?

hören 2 Hör zu. Was werden sie nach der Schule machen? (1–6)

Beispiel: 1 Do an apprenticeship

sprechen 3 Partnerarbeit. Was wirst du nach der Schule machen? Frag vier Personen.

- ◻ Lee, was wirst du nach der Schule machen?
- ● Ich werde die Schule verlassen.

schreiben 4 Schreib die Resultate aus Aufgabe 3 auf und zeichne ein Balkendiagramm.

Beispiel: Lee wird die Schule verlassen.

Grammatik

lern weiter p. 196

The future tense with *werden*

To say you *will* do something you can also use the verb **werden** + infinitive at the end of the sentence.

ich werde	I will
du wirst	you will
er wird	he will
sie wird	she will

| Ich werde im Ausland arbeiten. | *I will work abroad.* |
| Er wird die Schule verlassen. | *He will leave school.* |

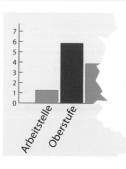

lesen 5 Lies die Texte und beantworte die Fragen auf Englisch.

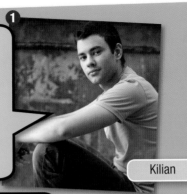

1 Nach der Schule werde ich in die Oberstufe und dann auf die Uni gehen. Ich will Arzt werden. Ich will mit anderen Leuten arbeiten und ich will anderen Leuten helfen. Ich will auch viel Geld verdienen!

Kilian

2 Nach der Schule werde ich einen Job finden. Ich werde vielleicht im Ausland arbeiten. Ich will meine Fremdsprachen üben. Ich will auch mit anderen Leuten oder mit Kindern arbeiten. Ich will in einem Kindergarten arbeiten oder vielleicht als Au-pair-Mädchen.

Brigitte

3 Nach der Schule werde ich die Schule verlassen und dann eine Lehre machen. Ich will Mechanikerin werden. Ich liebe Autos! Ich habe auch mein eigenes Motorrad. Ich will in einem Team sein.

Julia

Grammatik
lern weiter p. 204

wollen + infinitive

To say what you *want* to do use the verb **wollen** + infinitive at the end of the sentence.

ich will	I want
du willst	you want
er will	he wants
sie will	she wants

Ich will im Freien sein. *I want to be outside.*
Notice that **Ich will** means *I want to* NOT *I will*.
I will in German is **ich werde**.

Answer for each person:

1 What do they want to do after school?
2 What job do they want to have?
3 What is important in their career choices?

Was wirst du nach der Schule machen?	
Ich werde	in die Oberstufe gehen, die Schule verlassen, eine Lehre machen, auf die Uni gehen, eine Arbeitsstelle finden, im Ausland arbeiten.
Was für einen Beruf willst du?	
Ich will	[Lehrer] werden, meine Fremdsprachen üben, in einem Team sein, viel Geld verdienen, mit anderen [Leuten, Tieren, Kindern] arbeiten.

hören 6 Hör zu. Beantworte die drei Fragen aus Aufgabe 5 für Paula und Zahid.

schreiben 7 Was sollen wir werden? Schreib einen Text für die Schul-Zeitschrift.

Write about your career choices and those of two friends for a German school magazine.

- Say what you and your friends will do after school (using *werden*).
- Say what type of job you and your friends want and why (using *wollen*).
- If you already know, say what you want to be.

Tipp

Try to use a range of tenses (present, past and future).
- Give an example in the past of your work experience. e.g. **Ich habe mein Arbeitspraktikum in einem Geschäft gemacht.**
- Remember to give your opinion!

lesen 1 Was für Charaktereigenschaften sind positiv oder negativ am Arbeitsplatz? Kopiere das Venn-Diagramm und füll es aus.

Positiv Beide Negativ

a freundlich
b faul
c fleißig
d frech
e gemein
f egoistisch
g lustig
h gut gelaunt
i schlecht gelaunt

lesen 2 Lies die Sätze und die Anzeigen. Finde Stellen für diese Personen (1–6). Schreib die Telefonnummern auf.

a Wir brauchen Sie als **Empfangsmitarbeiter/in** in unserem internationalen Hotel. Englisch in Wort und Schrift, Flexibilität und gute MS Office-Kenntnisse.
Tel.: 0181 2453886

b Wir suchen mehrere Personen, die im Sommer bei uns als **Kellner** arbeiten wollen.
Tel.: 0223 4665662

c Können Sie gut Skifahren und schwimmen? Wir suchen von Oktober bis Februar **Sporttrainer** für Studenten.
Tel.: 0771 218734

d Für unser Team suchen wir erfahrene **Verkäufer/innen**. Winter- oder Sommersaison.
Tel.: 0223 3990900

e **Au-pair-Mädchen** für zwei Mädchen in einer freundlichen Familie gesucht.
Tel.: 0333 4389576

f **Mitarbeiter** für unsere Küche gesucht. Wir sind ein katholisches Altersheim und suchen nette und freundliche Mitarbeiter.
Tel.: 0454 3554553

1 I would like to work with children.
2 Two years ago I had a part-time job in a pizzeria.
3 I am very fit and a keen sportsman.
4 I am good with ICT.
5 I did my work experience in a shop.
6 I look after my grandma at weekends.

lesen 3 Lies den Lebenslauf. Verbinde die Untertitel mit den englischen Übersetzungen.

Character
Qualifications
Place of birth
Work experience
Other information
Date of birth

Michael Brand
LEBENSLAUF

1 Geburtsdatum
18.05.1993.

2 Geburtsort
Colchester, England.

3 Schulabschlüsse
GCSE Englisch, Mathe, Naturwissenschaften, Deutsch, Sport, Erdkunde, Betriebswirtschaft, Religion.

4 Berufserfahrung
Zwei Jahre als Kellner. Ich habe mein Arbeitspraktikum in einem Büro in Colchester gemacht.

5 Charaktereigenschaften
Freundlich, humorvoll und sehr fleißig.

6 Sonstiges
Ich bin sportlich und musikalisch. Ich spiele in einer Mannschaft Fußball und ich spiele in einer kleinen Band Gitarre.

lesen **4** Lies die Bewerbung. Wie heißt das (1–8) auf Deutsch?

> Sehr geehrte Damen und Herren,
>
> ich möchte mich um den Ferienjob als Sporttrainer in Ihrem Winterpark bewerben.
>
> Ich besuche die Eastborne-Gesamtschule in Nordwestengland. Meine Lieblingsfächer sind Sport und Fremdsprachen.
>
> Ich habe Erfahrungen als Kellner und ich habe ein Arbeitspraktikum in einem Büro gemacht. Als Kellner war ich immer höflich und freundlich und im Büro war ich sehr hilfsbereit.
>
> Ich habe einen Teilzeitjob als Sporttrainer. Ich arbeite am Wochenende. Ich finde die Arbeit toll! Ich bin sehr sportlich und gesund. Ich kann sehr gut schwimmen.
>
> Als Anlage schicke ich Ihnen meinen Lebenslauf.
>
> Mit freundlichen Grüßen
>
> *Michael Brand*

1 My favourite subjects are
2 I would like to apply for
3 my CV
4 As an attachment
5 I have experience
6 Yours faithfully
7 Dear Sir / Madam
8 I attend

Ich habe Erfahrungen als [Kellner].
Ich habe einen Teilzeitjob als [Verkäufer].
Als [Kellner] war ich immer [höflich] und [freundlich].
Als Person bin ich [sehr fleißig] und [ziemlich intelligent].

hören **5** Annabel wird interviewt. Hör zu. Was ist das Thema der Frage? (1–6)

a Part-time job

d Personal characteristics

b Personal information

e Reason for wanting job

c Working hours

f Previous work experience

hören **6** Hör noch mal zu. Was sagt sie?
Mach Notizen auf Englisch.

schreiben **7** Bewerbe dich um eine Stelle aus Aufgabe 2. Schreib einen Lebenslauf und eine Bewerbung.

- Use the CV and letter as models and alter the information to suit your application.
- Language from pages 102–103 (part-time jobs), pages 104-105 (work experience) and pages 106–107 (future plans) could be added to your letter.

★ Tipp

- Remember that you can include language from past lessons in your work.
- Here, use character traits from Module 4 and ideas from earlier spreads in this module to make your letter more interesting!

- Describing different work routines
- Developing reading skills

lesen 1

Lies den Text. Welcher Satz ist das? (1–8)

a Mika ist ein libanesisch-britischer Sänger, Komponist und Produzent.

b Mit seinem ersten Album *Life in Cartoon Motion* in 2007 hatte er ein positives **Debüt**.

c Für viele neue Popstars **verändert sich** das Leben natürlich sehr viel.

d Als Popstar, wenn man auf **Tournee** ist, steht man früh auf – oft um 5:30 Uhr.

e Es gibt oft lange Diskussionen über das Konzert von gestern oder neue Musik.

f Man übt mit der Band und man versucht, immer neue **Lieder** zu schreiben.

g Nachmittags muss man für das nächste Konzert zum nächsten **Ort** fahren.

h Der Job ist interessant und **kaum** langweilig, aber wir wissen alle – Popstar zu sein ist total cool.

i Als Musiker will er in der Zukunft immer noch Musik machen und Musik schreiben.

Which sentence in the text is about ...

1 what he wants to do in the future?

2 what pop stars on tour often do in the afternoon?

3 his first album?

4 opinions about being a pop star?

5 team discussions?

6 what time pop stars on tour sometimes get up?

7 simple biographical details?

8 what happens to new pop stars?

Tipp

Developing reading skills
- Read the whole text through and try to get the gist. What is the text about? Who is writing? Who is the audience?
- Make intelligent guesses for individual words. Don't look up every word, only look up ones which seem to be needed to unlock the meaning.
- Look up the blue words.

lesen 2

Lies den Text noch mal. Welche vier Sätze sind laut dem Text richtig?

1 When Mika has inspiration he writes early in the morning.

2 You always try to write new songs.

3 Mika is also a music producer.

4 His first album sold slowly at the beginning.

5 There are often discussions about how the concert went the night before.

6 Mika has adapted well to his new lifestyle.

7 The job is rarely boring.

8 He wants to continue making music and move into TV presenting too.

lesen **3** Lies die Sätze und rate mal. Das Leben einer Politikerin oder einer Teilnehmerin der Reality-TV-Show *Big Brother*?

1

Franka Bergmann

2

Hannah Schmidt

a Ich stehe um halb sieben auf.

b Ich nehme an Aufgaben teil oder ich faulenze.

c Es gibt lange Diskussionen mit Diplomaten.

d Ich spreche mit *Big Brother*.

e Es gibt Diskussionen über die Einkaufsliste.

f Es gibt Diskussionen über Jungen oder Mädchen.

g Ich treffe Bürger.

h Ich stehe oft mittags auf.

i Ich schreibe Briefe.

j Ich nominiere Kandidaten.

k Es gibt Diskussionen über die Wirtschaft.

hören **4** Hör zu. Hast du richtig geraten?

schreiben **5** Schreib ein Interview für die Zeitschrift „Neu". Schreib über eine berühmte Person und ihren Job.

- When do they get up?
- What are meetings usually about?
- What activities do they do?
- Do they enjoy their work?

sprechen **6** Mach eine Präsentation. Du bist eine berühmte Person. Beschreib deine tägliche Routine. Benutze deine Ideen aus Aufgabe 5.

Grammatik *lern weiter* p. 195

Present tense – changes in du / er / sie / es
Some verbs change the vowel in the **du / er / sie / es** forms, but follow the same pattern for endings.

treffen	*to meet*
ich treffe	*I meet*
du triffst	*you meet*
er trifft	*he meets*
sie trifft	*she meets*

Es gibt	lange, kurze, interessante	Diskussionen	über Musik, Konzerte, die Wirtschaft, Jungen, Mädchen, Abendessen, die Einkaufsliste.
			mit Diplomaten.

Ich schreibe Lieder. Ich schreibe Briefe. Ich übe mit der Band. Ich spreche mit *Big Brother*. Ich besuche Präsidenten.	Ich faulenze. Ich nominiere Kandidaten. Ich nehme an Aufgaben teil. Ich treffe Bürger.

Der Job ist	einfach, stressig, abwechslungsreich.

• Preparing for an interview about your current and future jobs

You are going to hear part of an interview between a teacher and a student. The teacher is the interviewer and the student is playing the role of a young person who works part-time as a waitress in a restaurant. Listen, then do the activities to help you prepare for your own speaking task.

Task: Interview with a part-time waitress

You are being interviewed by your teacher. You will play a role of someone who works part-time in a restaurant and your teacher will play the role of the interviewer.

Your teacher could ask you the following:

- Which restaurant do you work in? How long have you worked there?
- Do you like your part-time job?
- Why do you do this job?
- Would you recommend working in a restaurant?

- What are you going to do when you finish school? Why?
- What qualities do you need for your future job/ career?
- What is your dream job?
- ! (A question for which you have not prepared.)

Preparation

1 Listening for opinions

1 The student is talking about whether or not she likes her part-time job as a waitress. Jot down what you think she might find good and what she might find bad.

2 Now listen. Did you predict correctly? Make a note of any other things she mentions.

3 Can you tell how she feels about her job? Listen for the phrases below and put them in the order in which she says them. Are they positive or negative? Check the meaning.

> **a** Die Arbeit in der Gaststätte ist schlecht bezahlt.
> **b** Die Arbeitskollegen sind freundlich.
> **c** Ich finde meinen Teilzeitjob als Kellnerin sehr anstrengend.
> **d** Ich finde die Arbeit ziemlich langweilig.
> **e** Ich verdiene nur £4,50 pro Stunde.
> **f** … , weil man Kontakt zu Menschen hat.

2 Listening for future plans and time phrases

1 The student talks about her future career plans. Which five phrases does she use? What do they all mean?

> **a** Aber ich freue mich darauf.
> **b** Ich will im Juni die Schule verlassen.
> **c** Ich werde nicht viel verdienen.
> **d** Ich möchte in einem Team arbeiten.
> **e** Dann werde ich einen guten Job finden.
> **f** Das wird Spaß machen.

She does not use the future tense in two of her phrases. Can you pick them out?

2 Which three of these time phrases does she use? Check the meaning and remember to use them.

> dann   drei Jahre   einen Tag pro Woche   heute   im Juni

3 Listening for adjectives

1 According to the student, which two characteristics should a gardener have? Check the meaning.

> fleißig   frech   geduldig   lustig   schlecht gelaunt   unfreundlich

2 She does mention *unfreundlich* and *schlecht gelaunt* from the list above, but what does she say about them?

Useful language

Ich finde meinen Teilzeitjob als [Kellnerin] sehr anstrengend.	*I find my part time job as [a waitress] very demanding.*
Ich möchte auch Arbeitserfahrungen bekommen	*I would also like to get some work experience.*
Ich freue mich darauf.	*I am looking forward it.*
Das wird Spaß machen.	*That will be fun.*
Meiner Meinung nach ist [eine gute Gärtnerin] immer fleißig und geduldig.	*In my opinion [a good gardener] is always hardworking and patient.*

Over to you!

- Look back through this chapter and brainstorm all the information you could give in answer to these questions.
- Work with a partner to answer his / her questions. Focus on giving as much detail as possible.
- Have you included your point of view as well as facts? Have you spoken about your future plans as well as what you are doing now?

Grade**Studio**

To make sure you have a chance of getting a **grade C** in your speaking, you should:

- give your opinions. You can use a range of adjectives. e.g.

  *Ich finde meinen Teilzeitjob sehr **anstrengend**.* — I find my part-time job very **demanding**.

  *Die Arbeit ist **schlecht bezahlt**.* — The work is **badly paid**.

  You can also use opinion phrases. e.g.

  Meiner Meinung nach ist eine gute Gärtnerin immer fleißig und geduldig. — In my opinion a good gardener is always hard-working and patient.

  Das wird Spaß machen. — That will be fun

- Try to vary your sentences by using modal verbs and remember you will need an infinitive at the end of the sentence. e.g.

  *Ich **möchte** auch Arbeitserfahrungen **bekommen**.* — I would also like to get work experience.

  *Ich **will** im Juni die Schule **verlassen**.* — I want to leave school in June.

- Try to refer to events in the future as well as the present. You can use the future tense to do this. e.g.

  *Ich **werde** nicht viel **verdienen**.* — I won't earn much money.

  You can also use phrases in the present which look ahead to the future. e.g.

  Ich will im Juni die Schule verlassen. — I want to leave school in June.

  Ich freue mich darauf. — I am looking forward to it.

- Preparing a longer piece of writing about your work experience

Ein total positives Arbeitspraktikum

(a) Ich möchte nach der Schule in einem Friseursalon arbeiten. OK, ein Friseur verdient nicht viel, aber ich will etwas Praktisches machen und in einem Friseursalon hat man Kontakt mit den Menschen. Man arbeitet in einem Team, und das finde ich gut.

(b) Ich habe mein Arbeitspraktikum im Friseursalon *Francesco* in der Stadt gemacht. Er war in der Nähe von meiner Schule und er war ziemlich klein. Meine Kollegen waren sehr freundlich. Ich habe zwei Wochen im Salon gearbeitet und es war total gut.

(c) Die Arbeit in einem Friseursalon ist aber schwer! Man muss den ganzen Tag stehen, und am Abend ist man müde. Man muss immer geduldig, gut gelaunt und hilfsbereit sein. Viele Kunden reden sehr viel, über ihre Familie, ihre Lieblingsfußballmannschaft. Die Friseure und Friseurinnen müssen immer höflich zuhören und das ist nicht einfach, weil es oft so langweilig ist!!

(d) Mein Arbeitspraktikum war toll. Aber zwei Schülerinnen in meiner Klasse haben in großen Geschäften oder Büros gearbeitet und waren unglücklich. Warum? Weil die Kollegen unfreundlich waren und weil die Arbeit stinklangweilig war.

(e) Und meine Pläne jetzt? Nächstes Jahr werde ich in die Oberstufe gehen. Dann werde ich eine Lehre in einem Friseursalon machen und Friseurin werden. Ich werde nicht viel Geld verdienen, aber ich werde glücklich sein!

1 Match the adjectives highlighted in yellow with those below.

a dead boring   b happy   c hard   d helpful   e in a good mood
f patient   g polite   h unfriendly   i unhappy

2 Find a sentence with each of the following structures. Write out the German sentence as well as what it means in English.

1 ich möchte … -en	I would like to…
2 ich will … -en	I want to…
3 man muss … -en	you have to…

3 Tenses. Which tenses are used in paragraphs a–e?
- present tense (e.g. *ich finde, es ist, man muss, ich will*).
- past tense (e.g. *ich habe gemacht, es war, haben gearbeitet*).
- future tense (e.g. *ich werde gehen, ich werde verdienen*).
  Beispiel: **a** – present tense

Over to you!

In a competition, you can win two more weeks of work experience in Germany, travel and accommodation paid. To enter, you have to write in German about your own work experience in Britain.

First read the tips below, then write a passage of 100 to 200 words. You could include:

- where and when you did your work experience.
- what you did there.
- what the people were like.
- what people have to do and what people have to be like where you worked.
- your opinion about your experience.
- what your own future plans are.

GradeStudio

If you are aiming for a **grade C** in your writing, you should:

- give details about your work experience.

Size: *Das Geschäft / Das Büro war sehr / ziemlich groß / klein.*

Where: *ziemlich weit von / in der Nähe von meiner Schule*   quite a long way from / near my school

People: *Die Menschen waren … freundlich / unfreundlich / gut gelaunt / schlecht gelaunt.*

Duration: *Ich habe eine Woche / zwei Wochen da gearbeitet.*

Opinion: *Mein Arbeitspraktikum / Die Arbeit war … toll / schwer / furchtbar / stinklangweilig.*

Now you try it! 1
Write the sentences in German.
1 *The office was very small and quite far from my school.*
2 *The people were friendly but my work experience was dead boring!*
3 *I worked there for two weeks. The work was great.*

- add interest to your account by starting some sentences with ***Man muss*** You have to   e.g.

  what you have to do: *Man muss … an der Kasse arbeiten / E-Mails schreiben / kranken, alten Leuten helfen / den ganzen Tag stehen.*

  how you have to be: *Man muss … höflich / fleißig / hilfsbereit / geduldig sein.*

Now you try it! 2
Copy and complete the sentences.
1 Man muss an der Kasse (schreiben / arbeiten) und immer geduldig (sein / spielen).
2 Man muss hilfsbereit (sein / stehen) und den alten Leuten (arbeiten / helfen).

- impress the examiner by using a range of tenses, e.g. include one or two sentences in the future tense:

  Ich werde …

in die Oberstufe gehen	*die Schule verlassen*
im Ausland arbeiten	*Verkäufer / Verkäuferin werden*
viel Geld verdienen	*Kontakt zu Menschen haben*
mit Kindern arbeiten	*mit Tieren arbeiten*

Now you try it! 3
Copy the sentences with the words in the right order, and write them in English.
1 Ich werde (gehen / in / die / Oberstufe) und dann werde ich (machen / eine / Lehre).
2 Ich werde (arbeiten / mit / Kindern) und ich werde (verdienen / viel / Geld).
3 Ich werde nicht (arbeiten / im / Ausland).

The activities on these two pages are designed to help you develop the listening and reading skills you will need in your GCSE exam.

Listening

1 **Listen to this MP3 file of Lars talking about his family (Anja, Carmen and his mum). For each person choose the correct picture.**

 ①  ②  ③  ④

Anja

Carmen

Mum

2 **What extra information does he give about the members of his family? Note the correct answer.**

Anja

A Anja is quite …	i) cheerful	ii) polite	iii) moody
B Anja is a …	i) secretary	ii) nurse	iii) dentist
C In her free time, Anja goes …	i) swimming	ii) ice-skating	iii) jogging

Carmen

A Carmen is usually …	i) friendly	ii) lazy	iii) hardworking
B Carmen has a part-time job as a …	i) waitress	ii) sales assistant	iii) secretary
C In her free time, Carmen …	i) plays an instrument	ii) listens to the radio	iii) watches TV

Mum

A Mum is often …	i) tired	ii) cheerful	iii) selfish
B Mum is a …	i) doctor	ii) dentist	iii) teacher
C In her free time, Mum …	i) rides her bike	ii) watches TV	iii) listens to music

Dad

A Dad is always …	i) funny	ii) friendly	iii) moody
B Dad is an …	i) electrician	ii) artist	iii) engineer
C In his free time, Dad goes …	i) swimming	ii) cycling	iii) walking

 ## Tipp

- Listen for key words. You know it's a good idea to read the questions before you start listening.
- From the questions, you can see that Lars is talking about four people.
- Use the questions to help you focus on the key words you need to listen out for, e.g. job, hobby.

Reading

1 Sonja is writing about her job.

> Ich heiße Sonja Wild und ich bin siebzehn Jahre
> alt. Ich mache eine Lehre als Konditorin. Die Lehre
> dauert drei Jahre. Ich arbeite in einem Hotel und ich
> verdiene €1 800 pro Monat. Ich mache Käsekuchen
> und Torten. Mein Arbeitstag beginnt um sechs Uhr
> früh, aber es macht Spaß.

Fill the gaps with a word from the list below. Note the correct letter.

1 Sonja's training lasts ⬚ ... years.
2 Sonja makes ⬚ ... .
3 Sonja earns €1 800 per ⬚ ... .
4 Sonja ⬚ ... her job.

A	B	C	D	E	F	G	H
dislikes	week	three	cakes	enjoys	six	bread	month

2 You read this email from Benedikt.

> ● ● ●
>
> Ich bin ziemlich fit und ich esse gesund. Ich mag frisches Obst und im Sommer
> schmeckt es besonders gut. Früher habe ich viel Schokolade gegessen, aber das war
> ungesund. Ich trinke keinen Kaffee, weil ich gut schlafen will. Ich gehe zweimal pro
> Woche schwimmen. Letztes Jahr bin ich jeden Tag joggen gegangen, aber dann habe
> ich mir den Fuß verletzt. Ab nächsten August werde ich mit dem Rad in die Schule
> fahren. Ich rauche nie, weil das so stinkt und auch ungesund ist.

Is Benedikt fit and healthy? What does he do *now*? Note the four correct letters.

A He eats healthily.
B He eats fruit.
C He eats chocolate.
D He drinks coffee.

E He goes swimming.
F He goes jogging.
G He rides a bike.
H He never smokes.

Tipp

- Don't jump to conclusions! Did you read **Früher habe ich viel
  Schokolade gegessen, aber das war ungesund** and think Benedikt
  now eats chocolate and so noted down letter *c*?
- What difference does **habe ich ... gegessen** make to the sentence
  and what does **früher** mean?
- In the sentence **Ich trinke keinen Kaffee** what difference does
  keinen make to the meaning?

Professions

Ich bin ...	I am ...	Tierarzt / Tierärztin	(a) vet
Er ist ...	He is ...	Briefträger / Briefträgerin	(a) postman / postwoman
Sie ist ...	She is ...		
Arzt / Ärztin	(a) doctor	Krankenpfleger / Krankenschwester	(a) nurse
Lehrer / Lehrerin	(a) teacher		
Mechaniker / Mechanikerin	(a) mechanic	Feuerwehrmann / Feuerwehrfrau	(a) fireman / firewoman
Sekretär / Sekretärin	(a) secretary		
Zahnarzt / Zahnärztin	(a) dentist	Ingenieur / Ingenieurin	(an) engineer
		Elektriker / Elektrikerin	(an) electrician

Views about work

Was bist du von Beruf?	What do you do?	Ich mag etwas Praktisches machen.	I like doing practical things.
Ich bin [Lehrer].	I am [a teacher].		
Warum magst du den Beruf?	What do you like about your job?	Ich arbeite gern mit Kindern.	I like working with children.
Ich arbeite gern mit Tieren.	I like working with animals.	Es ist gut bezahlt.	It is well paid.
		Man hat Kontakt zu Menschen.	You have contact with people.
Ich bin gern im Freien.	I like being outside.		

Part-time jobs

Ich habe keinen Job.	I don't have a job.	nach der Schule	after school
Ich habe einen Teilzeitjob.	I have a part-time job.	abends	in the evening
Was für einen Teilzeitjob hast du?	What type of part-time job have you got?	Wie viel verdienst du?	How much do you earn?
Ich arbeite als ...	I work as (a) ...	Ich verdiene [€8] pro Stunde.	I earn [€8] per hour.
Gärtner(in)	gardener	Ich verdiene [€56] pro Woche.	I earn [€56] per week.
Kassierer(in)	checkout assistant		
Kellner(in)	waiter	Wie ist die Arbeit?	What is the work like?
Verkäufer(in)	sales assistant	Ich finde die Arbeit [langweilig].	I find the work [boring].
Stadtführer(in)	tour guide		
Babysitter	babysitter	schwer	difficult
Wann arbeitest du?	When do you work?	gut bezahlt	well paid
Ich arbeite ...	I work ...	anstrengend	tiring, demanding
am Wochenende	at the weekend	schlecht bezahlt	badly paid
morgens	in the morning	interessant	interesting
dreimal in der Woche	three times per week	langweilig	boring

Work experience

Wo hast du dein Arbeitspraktikum gemacht?	Where did you do your work experience?
Ich habe in einer Praxis gearbeitet.	I worked in a surgery.
Ich habe in einer Schule gearbeitet.	I worked in a school.
Ich habe in einem Geschäft gearbeitet.	I worked in a shop.
Ich habe in einem Büro gearbeitet.	I worked in an office.
Ich habe in einem Hotel gearbeitet.	I worked in a hotel.
Ich habe in einem Sportzentrum gearbeitet.	I worked in a sports centre.
Was hast du gemacht?	What did you do?
Ich habe mit Kindern gearbeitet.	I worked with children.
Ich habe Betten gemacht.	I made the beds.
Ich habe Tennis und Federball gespielt.	I played tennis and badminton.
Ich habe E-Mails geschrieben.	I wrote e -mails.

Ich habe kranken Leuten geholfen.	*I helped ill people.*
Ich habe an der Kasse gearbeitet.	*I worked on the checkout.*
Wie lange hast du da gearbeitet?	*How long did you work there?*
Ich habe eine Woche da gearbeitet.	*I worked there for a week.*
Ich habe zwei Wochen da gearbeitet.	*I worked there for two weeks.*
Ich habe zehn Tage da gearbeitet.	*I worked there for ten days.*
Wie war das Praktikum?	*How was the work experience?*
Das Praktikum war [anstrengend].	*The work experience was [tiring].*
toll	*great*
gut	*good*

Future plans

Was wirst du nach der Schule machen?	*What will you do after leaving school?*
Ich werde ...	*I will ...*
in die Oberstufe gehen	*go into the Sixth Form*
die Schule verlassen	*leave school*
eine Lehre machen	*do an apprenticeship*
auf die Uni gehen	*go to university*
eine Arbeitsstelle finden	*find a job*
im Ausland arbeiten	*work abroad*

Considering options

Was für einen Beruf willst du?	*What type of job do you want?*
Ich will [Lehrer] werden.	*I want to be [a teacher].*
Ich will ...	*I want (to) ...*
meine Fremdsprachen üben	*practise my languages*
viel Geld verdienen	*earn lots of money*
in einem Team sein	*be in a team*
mit anderen Leuten arbeiten	*work with other people*
mit Tieren arbeiten	*work with animals*
mit Kindern arbeiten	*work with children*

Daily life in different jobs

Es gibt lange / kurze Diskussionen ...	*There are long / short discussions ...*
über Musik	*about music*
über Konzerte	*about concerts*
über Jungen	*about boys*
über Mädchen	*about girls*
über das Abendessen	*about dinner*
über die Einkaufsliste	*about the shopping list*
über die Wirtschaft	*about the economy*
Ich schreibe Lieder.	*I write songs.*
Ich übe mit der Band.	*I practise with the band.*
Ich treffe Bürger.	*I meet constituents.*
Ich schreibe Briefe.	*I write letters.*
Ich besuche [Präsidenten].	*I visit [Presidents].*
Ich nehme an Aufgaben teil.	*I take part in tasks.*
Ich spreche mit *Big Brother*.	*I speak to Big Brother.*
Ich nominiere Kandidaten.	*I nominate candidates.*
Ich faulenze.	*I laze around.*
Der Job ist einfach.	*The job is easy.*
stressig	*stressful*
abwechslungsreich	*varied*

7 Meine Umgebung

1 Zu Hause

- Talking about your home
- Using *es gibt* + accusative case

lesen 1 Lies den Zeitschriftenartikel und sieh dir die Bilder an.
Notiere dir Peter und Karlas Zimmer (a–k).

Beispiel: Peter a x3

Peter und Karla sind Austauschpartner. Peter wohnt auf dem Land in der Schweiz. Karla wohnt im Stadtzentrum von Bremen. Sie haben viel gemeinsam, aber ihr Zuhause ist ganz anders ...

Ich wohne in einem Haus.
Es gibt ...
zwei Wohnzimmer
eine Garage
eine Küche
einen Garten
drei Badezimmer
eine Toilette
sechs Schlafzimmer
einen Keller
einen Flur

Peter

Karla

Ich wohne in einer Wohnung. Es gibt ...
ein Badezimmer
zwei Schlafzimmer
eine Küche
eine Essecke
einen Balkon

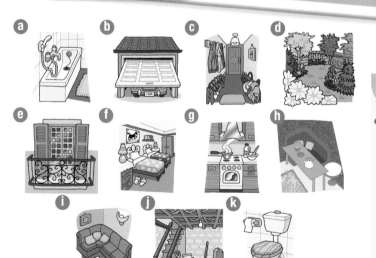

a b c d
e f g h
i j k

Grammatik

p. 199

es gibt + accusative

es gibt is a very useful phrase meaning *there is* or *there are*. After **es gibt** you need to use the accusative case, so masculine words (**der**) change to **einen** or **den**.

der Garten (*m*)
Es gibt einen Garten. *There is a garden.*
Es gibt den Garten. *There is the garden.*

hören 2 Hör die Telefonnachrichten beim Immobilienmarkt an. (1–4) Sucht man ein Haus (H) oder eine Wohnung (W)? Welche Zimmer aus Aufgabe 1 braucht man?

lesen **3** Lies die Informationen von unten. Was passt zusammen?

 a  b  c

WIR VERKAUFEN ...

1 Einfamilienhaus mit Garten
Ein familienfreundliches Haus in der Nähe des Stadtzentrums. Das Haus hat ein Wohnzimmer und vier Schlafzimmer, zwei Badezimmer und eine moderne Küche.

2 Charmantes Haus mit Garage
Ein Reihenhaus am Stadtrand. Im Erdgeschoss gibt es einen Flur, einen Mehrzweckraum, eine Küche, ein Wohnzimmer und eine Toilette. Im ersten Stock gibt es zwei Schlafzimmer, ein kleines Arbeitszimmer und ein Badezimmer mit Dusche. Leider gibt es keinen Garten.

WIR VERMIETEN ...

3 Mehrfamilienhaus
Eine Wohnung in der Stadtmitte. Es gibt einen Keller. Die 3-Zimmer-Wohnung ist ziemlich klein, aber gut gepflegt und es gibt einen schönen Balkon mit Blick auf den Stadtpark.

lesen **4** Welche Anzeige von oben ist das?
1 It's on the outskirts of a town.
2 You get a pleasant view from this property.
3 This property has a study on the first floor.
4 This property for sale would suit a family.
5 This property has a cellar.

 Tipp
- Make your answer to each question in exercise 6 as long as possible, simply by adding more details.
* Simple answer to *Wo wohnst du?*
In Stoke.
** Repeat some of the question:
Ich wohne in Stoke.
*** Add a further detail:
Ich wohne in Stoke, aber ich komme aus Manchester.
**** Add an opinion:
Ich finde Stoke ruhiger als Manchester.

schreiben **5** Wähl eine berühmte Person (z. B. Politiker, Fußballprofi, Musiker, historische Figur usw.) und schreib eine Anzeige für sein / ihr Zuhause für die Immobilienmarkt-Webseite.

sprechen **6** Stell dir vor, du wohnst in einem Haus von Aufgabe 3. Stellt einander Fragen.
- Wo wohnst du?
- Wie lange wohnst du hier schon?
- Wer wohnt sonst noch hier?
- Beschreib die Zimmer im Haus.

Ich wohne in	einem	Haus Einfamilienhaus Mehrfamilienhaus	am	Stadtrand.
	einer	Wohnung	in der	Nähe des Stadtzentrums.
				Stadtmitte.
Es gibt	ein, zwei	Wohnzimmer, Schlafzimmer, Badezimmer, Arbeitszimmer.		
Das Haus hat	einen	Keller.		
Im Erdgeschoss gibt es	einen	Mehrzweckraum, Keller, Flur, Balkon, Garten.		
Im ersten Stock gibt es	eine	Küche, Garage, Toilette, Essecke.		

2 Mein Zimmer ist meine Welt

- Talking about your room
- Using prepositions

lesen 1 Lies das Interview mit dem jungen deutschen Rockmusiker W.V. Was hat er im Zimmer (a–f)?

INT: Also, W.V. danke für die Einladung ins Zimmer. Kannst du das Zimmer kurz beschreiben?

W.V. *Ja, mein Zimmer ist unordentlich! Es gibt einen Computer auf dem Schreibtisch. Ich habe auch einen riesigen Fernseher neben dem Bett. Das ist geil. Dann habe ich ein Waschbecken in der Ecke, einen Tisch usw.*

INT: Und ist dir das Zimmer wichtig?

W.V. *Ja, mein Zimmer ist meine Welt! Hier schreibe ich die Musik und hier chille ich mit der Band.*

INT: Aber das Zimmer ist ziemlich klein und chaotisch, nicht?

W.V. *Nee, mein Zimmer ist groß und schön, finde ich.*

INT: OK. Kommt die Band oft hierher?

W.V. *Ja, jeden Tag kommt die Band in mein Zimmer und wir machen zusammen Musik.*

INT: Und wo sitzt ihr alle? Es gibt hier wirklich keinen Platz!

W.V. *Doch, Max (Gitarre) sitzt immer auf dem Sessel, Petra (Geige) sitzt auf der Kommode und Benji (Schlagzeug) steht neben dem Schrank.*

INT: Und wo singst du?

W.V. *Ich stehe immer auf dem Bett und singe. Das ist Wahnsinn!*

a  **b** **c** **d**  **e** **f**

lesen 2 Lies das Interview noch mal und verbinde die Wörter.

a microphone   1 chest of drawers
b drums   2 wardrobe
c guitar   3 bed
d violin   4 armchair

Grammatik

lern weiter p. 199

Prepositions

The prepositions **in** (*in*), **auf** (*on*), **neben** (*next to*) and **unter** (*under*) are followed by the dative case if they are describing the position of something. The words **der**, **die** and **das** change:

m	der Schrank	Es ist *im** Schrank.	*It's in the wardrobe.*
f	die Kommode	Es ist *auf der* Kommode.	*It's on the chest of drawers.*
n	das Bett	Es ist *neben dem* Bett.	*It's next to the bed.*

*in + dem = im (im Schrank)

hören 3 Hör diesen Telefonnachrichten zu. Was hat man vergessen und wo? Kopiere und ergänze die Tabelle. (1–4)

	Which item?	Which room?	Where is it exactly?
1			

lesen 4

Lies diese Ausschnitte aus dem Jugendwettbewerb
„Mein Zimmer ist meine Welt".

Who ...

1 is a tidy person?

2 disagrees with their mum about their room?

3 never makes their bed?

4 invites friends to their room?

5 doesn't put their clothes away?

6 finds a messy room cosy?

> Ich räume das Zimmer nie auf und es gibt immer Kleidung unter und auf dem Bett. Das ärgert meine Mutter, aber ich mag es so! Unordnung ist gut!
>
> **Thomas**

> Meine Freundinnen kommen oft zu Besuch und wir sitzen auf dem Boden und trinken Tee. Oft sehen wir fern und hören Musik. Ich putze das Zimmer jeden Tag und es ist immer sehr ordentlich!
>
> **Sabine**

> In meinem Zimmer gibt's Unordnung! Ich mache nie das Bett und es gibt immer Zeitschriften auf dem Boden und Computerspiele unter der Kommode. Ich mag es so, weil das gemütlich ist.
>
> **Kai**

schreiben 5

Beschreib dein Zimmer für den Jugendwettbewerb „Mein Zimmer ist meine Welt". Zeichne auch einen Plan davon oder füg einige Fotos hinzu.

- What is your room like?
- What is in your room?
- Do you keep your room tidy?

Mein Zimmer ist klein, groß, schön, chaotisch, (un)ordentlich.			
Im Zimmer	gibt es habe ich	einen	Fernseher, Sessel, Tisch, Schrank, Computer.
		eine	Kommode.
		ein	Bett, Waschbecken.
Es gibt (immer / oft ...)	Zeitschriften Kleidung Computerspiele	auf unter in neben	dem Boden. der Kommode. dem Bett.
Ich	räume das Zimmer	jeden Tag	auf.
	mache	manchmal	das Bett.
	putze	nie	das Zimmer.

sprechen 6

Person A ist Rockstar! Person B interviewt ihn / sie über das Zimmer. Macht mithilfe der Fragen von unten ein Interview.

- Wie ist dein Zimmer?
- Was hast du im Zimmer?
- Wie oft räumst du das Zimmer auf?
- Machst du jeden Tag das Bett?
- Wann putzt du das Zimmer?
- Ist dir das Zimmer wichtig?

hören 1

Hör zu und sieh dir Hannas Blog an. Was gibt es in dieser Stadt? (1–5)

In meiner Stadt gibt es ...

a einen Park

b keinen Markt

c einen Bahnhof

d keine Eishalle

e eine Bibliothek

f eine Kirche

g keine Fußgängerzone

h kein Rathaus

i ein Kino

j ein Museum

Was gibt es in deiner Stadt? Hinterlass eine Voicemail.

schreiben 2

Beantworte diese Internetumfrage über deine Stadt / Gegend.

- Was gibt es in deiner Gegend?
- Wie findest du die Gegend?

Erzähl uns, was es in deiner Gegend gibt und schreib uns, was deine Meinung darüber ist!

- Listen carefully. If the speaker says **kein** or **keine** that means there is **not** that place in the town.
- Also listen out for other 'little' words such as **nichts** (*nothing*), **nur** (*only*), **auch** (*also*) and **sowie** (*as well as*).

Tipp

Giving your opinion:
Das finde ich cool, nützlich, gut, wichtig.
  I find it cool, useful, good, important.
Es ist schade, dass es keinen Bahnhof gibt.
  It's a shame that there isn't a station.
Es ist gut, dass es eine Fußgängerzone gibt.
  It's good that there's a pedestrian area.

Grammatik
lern weiter p. 198

kein
To say there is *not* something in your town, use **kein(en)**, **keine** or **kein**.

m	Es gibt keinen Park.	*There is not a park.*
f	Es gibt keine Eishalle.	*There is not an ice rink.*
n	Es gibt kein Museum.	*There is not a museum.*

In meiner Stadt	gibt es	(k)einen	Park, Bahnhof, Markt.
Bei mir		(k)eine	Bibliothek, Eishalle, Kirche, Fußgängerzone.
		(k)ein	Museum, Kino, Rathaus.

hören 3

Hör die Anweisungen an und sieh dir die Bilder an. (1–6)
Was passt zusammen?

1 An der Kreuzung fahren Sie rechts ab.

2 Dann fahren Sie bis zum Zebrastreifen.

3 Fahren Sie geradeaus bis zum Kreisverkehr.

4 An der Ampel fahren Sie immer geradeaus.

5 An der Einbahnstraße fahren Sie links ab.

6 An der Bushaltestelle fahren Sie geradeaus.

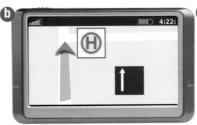

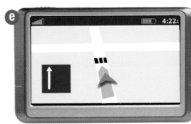

hören 4

Unterwegs verirrt! Hör zu und finde den richtigen Dialog. (1–4) Vorsicht: Es gibt unten einen Dialog zu viel.

Which person is looking for a place where you can …

a borrow books?

b see films?

c get money?

d catch a train?

e play outside?

hören 5

Hör noch mal zu und beantworte zu jedem Dialog folgende Fragen auf Englisch.

a Where does the person want to go?

b What directions are they given?

Grammatik *lern weiter* p. 203

Giving instructions (Sie)
Swap round the **Sie** form of the verb and the word **Sie**:
Sie fahren. → **Fahren Sie!** *Drive!*
Sie gehen. → **Gehen Sie!** *Go!*

Wie komme ich am besten	zum	Park, Museum?	
	zur	Kirche?	
An der	Kreuzung Einbahnstraße Ampel Bushaltestelle	fahren Sie	rechts ab. links ab.
Am	Zebrastreifen Kreisverkehr	gehen Sie	geradeaus.
Dann fahren Sie geradeaus bis zum [Zebrastreifen, Kreisverkehr.]			

sprechen 6

Partnerarbeit. Übt die Navi-Anweisungen.

■ Wie komme ich am besten zum Park?

● Fahren Sie links ab und fahren Sie dann geradeaus bis zur Ampel. An der Ampel fahren Sie rechts ab.

4 Wohnst du gern bei dir?

- Talking about the advantages and disadvantages of where you live
- Listening for detail

lesen 1 Sieh dir die Fotos an und lies die Ausschnitte aus der deutschen Zeitschrift. Wer wohnt hier? Was bedeuten die blauen Wörter?

a

b

c

Wohnst du gern bei dir?

1 Ich wohne in einem Bauernhaus in einem Dorf auf dem Land und hier gibt es keine Geschäfte! Es gibt aber viel Platz und es ist ruhig und wirklich wunderbar! Hier kann man reiten und angeln gehen und im Winter kann man Ski fahren! In der Gegend gibt es ein Sportzentrum mit Hallenbad. Leider gibt es hier keine Busse oder Züge, also fahre ich überall mit dem Rad hin. Das macht fit!
Konrad

2 Ich wohne in einem Wohnblock an der Küste und im Winter ist es ein bisschen deprimierend, weil nicht so viel los ist. Im Sommer ist es aber toll und man kann schwimmen und windsurfen gehen. Ich habe viele Freunde in der Gegend und es gibt hier viele Lokale. Das Einkaufszentrum in der Stadt ist ziemlich klein und altmodisch, aber ich kaufe meistens im Internet ein, also ist das kein Problem.
Nina

3 Ich wohne in einem Hochhaus in Düsseldorf, in Westdeutschland. Ich wohne nicht gern hier, weil es ziemlich gefährlich und laut ist. Hier gibt es aber viel für junge Leute und ich gehe oft mit meinen Freunden in den Jugendklub oder zum Skatepark. Das macht mir Spaß.
Olivia

lesen 2 Lies die Ausschnitte noch mal und beantworte die Fragen auf Englisch.

Who ...

1 has friends nearby?
2 can go to a local sports centre?
3 doesn't have access to public transport?
4 finds the area dangerous?
5 doesn't mind the lack of good shops?
6 has access to lots of facilities for young people?

schreiben 3 Schreib einen Satz zu jedem Bild (a–f).

Beispiel: **a** In der Gegend gibt es einen Skatepark und ich gehe oft mit meinen Freunden dorthin.

In der Gegend gibt es	(k)einen Jugendklub, Skatepark.
In der Nähe gibt es	(k)ein Sportzentrum, Hallenbad, Einkaufszentrum.
Hier gibt es	(keine / viele) Busse, Züge, Geschäfte, Lokale.

a **b** **c**
d **e** **f**

4 Drei Jugendliche besuchen ihre Austauschpartner.
Hör zu und wähl die richtigen Antworten aus.

1 Diese Person ...

    a wohnt **auf dem Land** / in der Stadt / **in einem Hochhaus**.

    b findet das Haus **gut** / schlecht / **OK**.

    c hat **keine** / viele / **ein paar** Geschäfte gefunden.

2 Diese Person ...

    a findet den Wohnort **OK** / schlecht / **prima**.

    b muss **immer** / nie / **oft** das Zimmer putzen.

    c geht gern **schwimmen** / einkaufen / **angeln**.

3 Diese Person ...

    a wohnt **auf dem Land** / in der Stadt / **an der Küste**.

    b sagt, in der Gegend gibt es **nur** / keine / **viele** Jugendliche.

    c ist **total positiv** / sehr negativ / **positiv und negativ**.

 5 Dein Austauschpartner / deine Austauschpartnerin kommt
bald zu Besuch. Beschreib ihm / ihr deinen Wohnort.

Mention:

- Where you live.
- What there is for young people.
- Things you like and dislike about your home area.
- Something you've done recently in your town.

  6 Die Partnerschule möchte alles über deine Umgebung
herausfinden. Beantworte ihre Fragen.

- Wo wohnst du?
- Wie ist dein Haus / deine Wohnung?
- Was gibt es dort für junge Leute?
- Wie findest du es dort? Warum?

Tipp

Read the choices carefully before you listen and make sure you haven't missed any small words like **keine** (*not a / not any*) and **immer** (*always*).

 **Grammatik** *lern weiter* **p. 206**

weil (*because*)
Ich wohne gern hier, weil viel los ist.

I like living here because there's lots going on.

Beispiel:

> Das Einkaufszentrum ist ziemlich klein und altmodisch.

> Hier gibt es viel für junge Leute.

> Ich wohne gern hier, weil ich viele Freunde in der Gegend habe.

> Ich wohne nicht gern hier, weil es sehr ruhig und langweilig ist.

Ich wohne	in einem	Bauernhaus, Wohnblock, Hochhaus, Dorf.	
	auf dem Land, an der Küste, in der Stadt, in Westdeutschland.		
Hier kann man	reiten, angeln, Ski fahren, schwimmen, windsurfen gehen.		
Ich habe viele Freunde in der Gegend.			
Ich wohne [nicht] gern hier,	weil	es ruhig, wunderbar, toll, gefährlich, laut, deprimierend	ist.
		[nicht] viel los	

5 In Linz beginnt's!

- Finding out about a town
- Using question words

lesen 1 **Lies den Internetbericht über Linz. Welcher Absatz passt zu jeder Frage?**

1 Wie sind die Einkaufsmöglichkeiten?

2 Wo liegt Linz?

3 Was gibt es in Linz für Touristen?

A Linz liegt an der Donau und ist die Hauptstadt von Oberösterreich. Linz hat ungefähr 190 000 Einwohner. Es gibt einen Flughafen und tolle Bahnverbindungen. In Linz gibt es viel Verkehr und am besten fährt man mit den öffentlichen Verkehrsmitteln.

B Linz ist nicht so bekannt wie Salzburg oder Wien, aber die Stadt hat viel zu bieten. Vorher war Linz sehr industriell und verschmutzt, aber heutzutage ist die Stadt lebendig, sauber und freundlich. Es ist eine moderne Stadt mit historischen Gebäuden!
* Der alte Linzer Dom ist aus dem 19. Jahrhundert.
* Der Komponist Anton Bruckner (1824-1896) hat in Linz gewohnt.
* Anfang September gibt es ein Musik-Event im Park an der Donau.

C Linz hat zwei große Einkaufszentren am Stadtrand, drei kleinere im Zentrum und im Stadtzentrum gibt es zahlreiche Geschäfte. Am Wochenende findet ein Flohmarkt statt und im Winter gibt es einen Weihnachtsmarkt.

lesen 2 **Welches Bild (1–5) passt zu welchem Absatz von oben?**
Die gelben Wörter helfen dir dabei.

lesen 3 **Lies die Fragen und die Antworten. Was passt zusammen?**

1 Wo liegt Linz?	a mit dem Zug, Bus oder Flugzeug
2 Wie viele Leute wohnen dort?	b Anton Bruckner
3 Wie kommt man am besten nach Linz?	c im Herbst
4 Wann gibt es ein Musik-Event in Linz?	d in Oberösterreich
5 Was kann man in Linz machen?	e einkaufen gehen
6 Wer hat in Linz gewohnt?	f ungefähr 190 000

4 Lies den Internetbericht noch mal. Richtig (R), falsch (F) oder nicht im Text (N)?

1 Linz is situated on the river Rhine.
2 Linz is one of Austria's biggest cities.
3 Linz does not have traffic problems.
4 The public transport network is highly recommended.
5 Linz is not as well known as Vienna.
6 A famous composer once lived in Linz.
7 There is not much shopping on offer in Linz.

Tipp

Question words
Wo? *Where?*
Wie? *How?*
Wie viele? *How many?*
Wann? *When?*
Was? *What?*
Wer? *Who?*

 5 Person A arbeitet bei der Touristeninformation. Person B ist Tourist / Touristin und stellt die Fragen aus Aufgabe 3.

Mach einen neuen Dialog über deine Stadt oder eine Stadt in der Nähe.

[Linz] liegt in in [Oberösterreich].			
Die Stadt / [Linz] hat	ungefähr [190 000] Einwohner. einen Park.		
Am besten kommt man	mit dem	Flugzeug, Zug, Bus	nach [Linz].
Im [September] gibt es ein Musik-Event im Park.			
In [Linz]	kann man	den Dom besuchen, einkaufen gehen.	
Im Stadtzentrum	gibt es	Geschäfte, einen Flohmarkt.	
[Linz] ist verschmutzt, historisch, industriell, modern, lebendig, sauber, freundlich. [Der Komponist Anton Bruckner] hat in [Linz] gewohnt.			

6 Schreib einen Internetbericht über deine Stadt für deutsche Touristen, die nach Großbritannien fahren wollen.

You might like to mention:

- Facts about your town – name, location, inhabitants, atmosphere.
- Some of the sights, events, activities, famous residents.
- Information about travelling and shopping in your town.
- Why people should visit your town.

Tipp

Remember to include a **weil** or **dass** clause in your writing as well as an example of the past tense, if you want to gain a C grade.

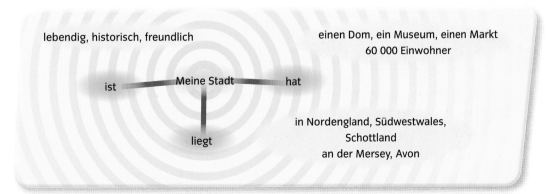

lebendig, historisch, freundlich

einen Dom, ein Museum, einen Markt
60 000 Einwohner

ist — Meine Stadt — hat

liegt

in Nordengland, Südwestwales, Schottland
an der Mersey, Avon

- Talking about celebrations at home
- Using the perfect tense plural

lesen 1 Lies die Anzeige und finde die deutschen Wörter. (1–8)

DJ-MEGAMiX hat noch Termine frei!

Sie heiraten oder feiern dieses Jahr Ihren Geburtstag einmal „größer"? Dann machen Sie Ihre Party mit DJ-MEGAMIX zu einem unvergesslichen Erlebnis!

- * **Hochzeit**
- * **Geburtstagsparty**
- * **Jubiläum**
- * **Faschingsfete, Silvester, Ostern**
- * **Abi- / Prüfungserfolge**

- * **Weihnachtsfeier**
- * **Grillfest**
- * **Taufe**
- * **Überraschungspartys eine Spezialität!**

1 Birthday	4 Wedding	7 Easter
2 New Year	5 Christening	8 Surprise party
3 Anniversary	6 Christmas party	

hören 2 Was für eine Party wollen diese Anrufer haben? Hör zu und wähl aus der Liste in der Anzeige von oben aus. (1–5)

hören 3 Hör noch mal zu und wähl das richtige Bild aus.

① Whose party is this caller talking about?

② Where does this caller want to hold the party?

③ What sort of music is this person looking for?

④ Whose party is this caller talking about?

⑤ What is this caller anxious about?

4 Lies die E-Mail und beantworte die Fragen auf Englisch.

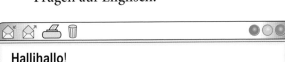

Hallihallo!

Schade, dass du nicht bei der Überraschungsparty warst. Mutti und ich haben viele Nachbarn, Verwandte und Freunde eingeladen und wir haben das Essen vorbereitet, 50 Luftballons gekauft und die Musik organisiert. Natürlich war der Papi nicht zu Hause. Die Gäste sind pünktlich um sechs Uhr abends angekommen und sie haben sich im Wohnzimmer versteckt! Um sechs Uhr ist Papi ins Zimmer gekommen und wir haben „Herzlichen Glückwunsch" geschrien. Papi war geschockt! Wir haben dann gegessen, getanzt und viel geplaudert. Um zehn Uhr gab es noch eine Überraschung. Wir sind in den Garten gegangen und es gab ein großes Feuerwerk.

Hänsi

1 What celebration is Hänsi describing?

2 Name two types of guest.

3 Name two preparations for the party.

4 Where did the guests hide?

5 Name two things people did at the party.

6 What was the additional surprise?

 **Grammatik** *lern weiter* p. 196

The perfect tense (plural)

Wir haben gegessen.	*We ate.*
Sie haben getanzt.	*They danced.*
Wir sind gegangen.	*We went.*
Sie sind angekommen.	*They arrived.*

 Tipp

To aim for a grade C, try:

● using plural forms (**wir** and **sie**).
Wir haben viele Leute eingeladen und sie sind pünktlich um acht Uhr angekommen.

● giving your opinion (past tense).
Meiner Meinung nach war die Party sehr erfolgreich.

● using adjectives and adverbs of time.
Ich finde Partys immer toll und lustig.

● using different tenses:

Present: **Jedes Jahr habe ich eine Geburtstagsparty,**

Past: **aber letztes Jahr war die Party eine Katastrophe.**

Future: **Nächstes Jahr werde ich meinen Geburtstag gar nicht feiern!**

 5 Schreib eine E-Mail über eine Feier. Hänsis E-Mail hilft dir dabei.

You could mention:

● What the party was and who you invited.

● How you prepared for the party.

● What happened at the party.

● If you would have another party in future.

Wir Sie Die Gäste	haben	Freunde, Nachbarn, Verwandte eingeladen. Luftballons gekauft. das Essen vorbereitet. die Musik organisiert. gegessen, getanzt, geplaudert, geschrien.
	sind	um sechs Uhr angekommen. in den Garten gegangen.

You are going to hear part of a discussion between a teacher and a student based on the task below. Look at the task, then do the activities to help prepare for your own speaking task. You may want to look at the audio script.

Task: Town / village and area

You are going to have a conversation with your teacher about your town / village and area.
Your teacher will ask you the following:

- Where do you live?
- What is your area like?
- What are the advantages of living in your area?
- What is there for tourists?

- What did you do last weekend in your town / village?
- Where would you like to live?
- ! (A question for which you have not prepared.)

Preparation

1 Listening for opinions

1 The student lives in a village in the countryside. He talks about what there is to do there. Before you listen, brainstorm what he might say: both positive and negative aspects.

2 Listen to the student. He mentions the following aspects:

Free time   **Public transport**   **Friends**   **Streets**   **Health**

For each heading, make a note of what he says about the village. Are his comments positive or negative, and how does his list compare to yours?

2 Predicting answers

1 The teacher asks *Was gibt es für Touristen?*. What is the teacher asking him?
2 Based on what you learned in Section 1, what do you predict the student will say?
3 Now listen. Which of these comments does he make? Which are positive and which negative?

a Touristen können sich entspannen.

b Im September gibt es ein Musik-Event im Park.

c Man kann dort angeln.

d Mein Dorf ist lebendig.

e Die Einkaufsmöglichkeiten sind nicht gut.

f Es gibt viele Rad- und Wanderwege.

3 Listening for time references

What time is the student referring to in the following sentences: past, present or future? Put them in the order in which he says them.

a Wir gehen einfach ins Kino.

b Das hat Spaß gemacht.

c Ich möchte an der Küste wohnen.

d Wir haben gegrillt.

e Wir hatten ein Dorffest im Freien.

f Im Winter kann man spazieren gehen.

Useful language

Linking words and phrases:

im Großen und Ganzen	*on the whole, by and large*
aber	*but*
so	*so, that is to say, therefore*
oder	*or*

Phrases to express likes or preference:

Ich wohne gern hier.   *I like living here.*
Ich möchte an der Küste wohnen.
     I would like to live on the coast.

Over to you!

- Jot down what you are going to say for each of the questions in the task. Remember to include opinions (and possibly a reason or two) and try to use a range of tenses.
- Work with a partner: answer your partner's questions and ask your partner questions as well – this will make you think about what unpredictable question your teacher might ask you.

Grade**Studio**

To make sure you have a chance of getting a **grade C** in your speaking, you should:

- give your opinions by using e.g. adjectives, e.g.
  *Die Busse und Züge hier sind ziemlich **schlecht**.*   The buses and trains here are quite bad.
  or whole phrases:
  ***Im Großen und Ganzen** wohne ich gern hier.*   By and large I like living here.

- try to use *wenn* (if or when) or *weil* (because). Remember that both these words send the verb to the end of the sentence, e.g.
  *Im Winter kann man spazieren gehen, **wenn** es nicht zu windig **ist**.*
       In winter you can go for a walk if it is not too windy.

- Use a range of tenses or time references.
  Try to include
  the **past** tense: e.g.

Es gab Musik.	There was music.
Alle sind gekommen.	Everyone came along.

  the **present** tense: e.g.

Samstags gibt es einen Markt.	On Saturdays there is a market.

  and also look to the **future**: e.g.

Ich möchte an der Küste wohnen.	I would like to live on the coast.

Traumhaus?

Letztes Wochenende habe ich meine Großeltern besucht. Sie wohnen in einem kleinen Haus auf dem Lande, 20 Kilometer von Nürnberg entfernt. Das Haus ist sehr klein, ein bisschen chaotisch, aber ich liebe es.

Ich schlafe oben in einem sehr kleinen Zimmer. Das Zimmer hat nur Platz für ein Bett, einen Stuhl und eine kleine Kommode, aber ich mag das Zimmer. Und ich mag auch das Wohnzimmer, dort gibt es ein großes Sofa, drei Sessel und viele Bücher und Zeitschriften auf dem Boden. Es gibt auch eine Essecke – immer mit einem großen Schokoladenkuchen auf dem Tisch!

Ich besuche meine Großeltern einmal im Monat. Meine Großeltern sind ziemlich alt und ich helfe ihnen im Haus. Ich räume manchmal die Zimmer auf oder ich mache die Betten. Letztes Mal habe ich unter den Kommoden und Schränken geputzt. Das mache ich aber nie in meinem Zimmer zu Hause!

Wenn ich älter bin, wird mein Haus total anders sein als das Haus von meinen Großeltern. Ich werde eine praktische Wohnung haben, mitten in der Stadt, in der Nähe von Geschäften, Kinos und Bushaltestellen. Meine Wohnung wird große Zimmer haben, mit viel Platz für meinen Fernseher, Computer, Scanner, usw. ...

Aber ich liebe das kleine, unpraktische, aber gemütliche Haus von meinen Großeltern.

1 **Write out the four sentences in the text that match the pictures.**

ⓐ  **ⓑ**  **ⓒ**  **ⓓ**

2 **Find and copy out the phrases which mean the following.**

a	in a small house	**e**	many books
b	a bit chaotic	**f**	in my room
c	a small chest of drawers	**g**	my grandparents' house
d	a large sofa	**h**	big rooms

3 **Look at the sentences highlighted in yellow from the blog. Say whether they're in the present, past or future tense and copy the words which tell you what the tense is.**

Example: 1 past tense (letztes Wochenende, habe ... besucht)

Over to you!

A German student is staying in your home during a school exchange. Imagine you are the German teenager. Write to your parents about where you are staying.

First read the tips below, then write 100 to 200 words. You could include:

- where you are and the area where the house / flat is.
- a description of some parts of the house / flat.
- what you like or don't like about it.
- a description of some things you have done during your visit.
- what you might do before you leave.

Grade**Studio**

If you are aiming for a **grade C** in your writing, you should:

- learn some useful phrases to say where your house / flat is, e.g.
auf dem Land (in the country), *in der Stadt* (in the town),
ungefähr 20 Kilometer von X entfernt (about 20km from X),
in der Nähe von meiner Schule (near to my school),
in einem Vorort (in a suburb).

Ich wohne	auf dem Land, in der Stadtmitte.		
Mein Haus ist	in der Nähe	von einem Park.	
Meine Wohnung ist	ziemlich weit fünf / zwanzig Kilometer	von den Geschäften von meiner Schule von der Stadt	entfernt.

Now you try it! 1
Write the sentences in German.
1 *My house is in the middle of town near the shops.*
2 *I live in the country, ten kilometres from my school.*

- bring variety into your writing by including expressions of time or frequency.

Ich fahre	jeden Tag	in die Stadt.
Ich räume	einmal im Monat	mein Zimmer auf.
Ich putze	manchmal	im Badezimmer.
Ich sehe	selten	in meinem Zimmer fern.
Ich besuche	nie	meine Großeltern.

Now you try it! 2
Copy the sentences and include the right word or phrase.
1 Ich räume mein Zimmer auf. (*once a month*)
2 Ich sehe in meinem Zimmer fern. (*every day*)
3 Ich besuche meine Großeltern. (*sometimes*)

- learn a few key sentences (e.g. in the **present**, **past** and **future**).

Present: *Ich wohne ..., Wir haben..., Ich mache ...,*
Im Wohnzimmer gibt es ...

Past: *Letzte Woche habe ich ... geputzt, gemacht, gesehen, geputzt. ... bin ich ... gefahren.*

Future: *Nächstes Wochenende werde ich ... aufräumen, besuchen, helfen, fahren.*

Now you try it! 3
Copy and complete the German sentences.
1 Ich … in München; wir … eine kleine Wohnung. (*I live in Munich; we have a small flat.*)
2 Gestern … ich mein Zimmer …. (*Yesterday I cleaned my room.*)
3 Morgen … ich meinen Großeltern …. (*Tomorrow I'm going to help my grandparents.*)

Talking about your home

Ich wohne ...	I live ...	Das Haus hat eine ...	The house has a ...
in einem Haus	in a house	Küche	kitchen
in einem Einfamilienhaus	in a detached house	Garage	garage
in einem Mehrfamilienhaus	in a block of flats	Toilette	toilet
in einer Wohnung	in a flat	Essecke	eating corner
in der Stadtmitte	in the town centre	Die Wohnung hat einen ...	The flat has a ...
in der Nähe des Stadtzentrums	close to the town centre	Mehrzweckraum	multi-purpose room
am Stadtrand	on the edge of town	Keller	cellar
Es gibt ein ...	There is one ...	Flur	hall
Es gibt zwei ...	There are two ...	Balkon	balcony
Wohnzimmer	sitting room(s)	Garten	garden
Schlafzimmer	bedroom(s)	Im Erdgeschoss gibt es [eine Toilette].	There is [a toilet] on the ground floor.
Badezimmer	bathroom(s)	Im ersten Stock gibt es [zwei Schlafzimmer].	There are [two bedrooms] on the first floor.
Arbeitszimmer	study / studies		

Talking about your room

Mein Zimmer ist ...	My room is ...	Es gibt oft ...	There is / are often ...
klein	small	Zeitschriften auf dem Boden	magazines on the floor
groß	big	Kleidung auf dem Bett	clothes on the bed
schön	lovely	neben dem Bett	next to the bed
chaotisch	chaotic	unter dem Bett	under the bed
ordentlich	tidy	Computerspiele in der Kommode	computer games in the chest of drawers
unordentlich	messy		
Im Zimmer gibt es einen ...	In the room there is a ...	Ich räume das Zimmer jeden Tag auf.	I tidy the room every day.
Fernseher	television		
Sessel	armchair	Ich mache manchmal das Bett.	I sometimes make the bed.
Tisch	table	Ich putze nie das Zimmer.	I never clean the room.
Schrank	wardrobe	samstags	on Saturdays
Computer	computer	jeden Tag	every day
Im Zimmer habe ich ...	In the room I have ..	am Wochenende	at the weekend
eine Kommode	a chest of drawers	am Abend	in the evening
ein Bett	a bed	am Nachmittag	in the afternoon
ein Waschbecken	a basin	nach / vor dem Frühstück	after / before breakfast
Es gibt immer ...	There is / are always ...		

Saying what facilities your area has

In meiner Stadt gibt es ...	In my town there is ...	(k)eine Eishalle	(not) an ice ink
Bei mir gibt es ...	Where I live there is ...	(k)eine Kirche	(not) a church
(k)einen Park	(not) a park	(k)eine Fußgängerzone	(not) a pedestrian area
(k)einen Bahnhof	(not) a station	(k)ein Museum	(not) a museum
(k)einen Markt	(not) a market	(k)ein Kino	(not) a cinema
(k)eine Bibliothek	(not) a library	(k)ein Rathaus	(not) a town hall

Giving directions

Wie komme ich am besten ...	What's the best way to get ...	An der Kreuzung ...	At the crossroads ..
zum Park?	to the park?	An der Einbahnstraße ...	At the one-way street ...
zum Museum?	to the museum?	An der Ampel ...	At the traffic lights ...
zur Kirche?	to the church?	An der Bushaltestelle ...	At the bus stop ...
		Am Zebrastreifen ...	At the zebra crossing ...

Am Kreisverkehr ...	At the roundabout ...	Dann fahren Sie geradeaus bis	Then go straight on until
fahren Sie rechts ab	turn right	zum Zebrastreifen.	the zebra crossing.
fahren Sie links ab	turn left	zum Kreisverkehr.	the roundabout.
gehen Sie geradeaus	go straight on		

Talking about your home area

		schwimmen gehen	go swimming
Ich wohne ...	I live ...	Ich habe viele Freunde in	I've got a lot of friends in
in einem Bauernhaus	in a farmhouse	der Gegend.	the area.
in einem Wohnblock	in a block of flats	Ich wohne gern hier, ...	I like living here ...
in einem Hochhaus	in a high-rise	weil es ruhig ist	because it is peaceful, quiet
in einem Dorf	in a village		
auf dem Land	in the country	weil es toll ist	because it is great
an der Küste	on the coast	weil es wunderbar ist	because it is wonderful
in der Stadt	in a town	weil viel los ist	because there's a lot going on
in Norddeutschland	in North Germany		
in Südwales	in South Wales	Ich wohne nicht gern hier, ...	I don't like living here ...
in Westschottland	in West Scotland	weil es deprimierend ist	because it is depressing
in Ostengland	in East England	weil es gefährlich ist	because it is dangerous
Hier kann man ...	Here you can ...	weil es laut ist	because it is noisy
reiten	go horse-riding	weil nicht viel los ist	because there is not much going on
angeln	go fishing		
Ski fahren	ski		

Talking about a town

[Linz] liegt in [Oberösterreich].	Linz is in [Upper Austria].	freundlich	friendly
Die Stadt hat ungefähr [190 000] Einwohner.	The town has about [190,000] inhabitants.	historisch	historic
		industriell	industrial
Am besten kommt man mit dem Flugzeug nach [Linz].	The best way to get to [Linz] is by plane.	lebendig	lively
		modern	modern
mit dem Zug	by train	sauber	clean
mit dem Bus	by bus	verschmutzt	polluted
Im [September] gibt es ein Musik-Event im Park.	In [September] there is a music event in the park.	[Linz] hat ...	[Linz] has (got) ...
		Im Stadtzentrum gibt es ...	In the town centre there is / are ...
In [Linz] kann man den Dom besuchen.	In [Linz] you can visit the cathedral.		
In [Linz] kann man einkaufen gehen.	In [Linz] you can go shopping.	einen Park	a park
		Geschäfte	shops
[Linz] ist ...	[Linz] is ...	einen Flohmarkt	a flea market

Talking about celebrations at home

Hochzeit	wedding	Wir haben Luftballons gekauft.	We bought balloons.
Geburtstagsparty	birthday party	Wir haben das Essen vorbereitet.	We prepared the food.
Jubiläum	anniversary	Wir haben die Musik organisiert.	We organised the music.
Faschingsfete	Fasching (Carnival) party	Wir haben gegessen.	We ate.
Silvester	New Year	Wir haben getanzt.	We danced.
Ostern	Easter	Wir haben geplaudert.	We chatted.
Weihnachtsfeier	Christmas party	Wir haben geschrien.	We shouted.
Taufe	baptism	Die Gäste sind um sechs Uhr angekommen.	The guests arrived at six o'clock.
Überraschungsparty	surprise party		
Wir haben Freunde eingeladen.	We invited friends.		

8 Die Umwelt und ihre Zukunft

1 Wie ist das Wetter?

- Describing the weather
- Giving a weather forecast

lesen 1 Lies die Sätze und sieh dir die Bilder an. Was passt zusammen?

*Beispiel: **a** Es regnet.*

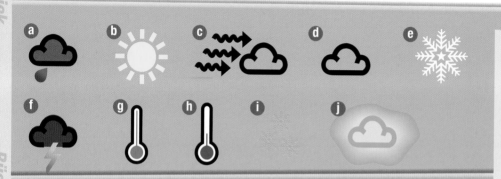

Es ist heiß.
Es donnert und blitzt.
Es schneit.
Es ist windig.
Es ist frostig.
Es ist wolkig.
Es ist neblig.
Es ist sonnig.
Es ist kalt.
Es regnet.

lesen 2 Sieh dir die Landkarte an und lies die Sätze. Richtig oder falsch?

1. In Hamburg ist es wolkig.
3. In Berlin ist es kalt.
5. In Stuttgart ist es windig.
2. In Innsbruck donnert und blitzt es.
4. In Köln regnet es.
6. In Bern ist es frostig.

hören 3 Hör zu und sieh dir die Landkarte an. Richtig (R) oder falsch (F)? (1–6)

Rückblick
Rückblick
Rückblick
Rückblick

sprechen **4** Partnerarbeit. Sieh dir die Landkarte auf Seite 138 an.
Wie ist das Wetter?

▪ Wie ist das Wetter in Bern?

● In Genf ist es neblig.

Wie ist das Wetter in [Whitley Bay]?		
In [Whitley Bay]	ist es	frostig, sonnig, windig, wolkig, heiß, kalt, neblig.
	schneit es, regnet es, donnert und blitzt es.	

lesen **5** Hör zu und lies die Texte. Wo ist das? (1–8)
Stuttgart (S), Berlin (B) oder Essen (E)?

Im Süden, in **Stuttgart**, ist es kalt, mit Wind aus dem Osten. Morgen wird es wolkig sein, mit zum Teil Regen. Temperaturen liegen bei sieben Grad.

In **Berlin** ist es ganz warm und sonnig, mit einer Temperatur von 15 Grad. Später wird es kalt sein und nachts wird es Frost geben. Morgen wird es regnen und es wird neblig sein.

Im Westen, in **Essen**, ist das Wetter nicht so gut. Im Moment regnet es und es ist grau und wolkig. Morgen wird es donnern und blitzen und es wird sehr kalt sein.

1 Thunder and lightning tomorrow.
2 It will be frosty.
3 It is warm and sunny.
4 Some rain tomorrow.
5 It is grey and cloudy.
6 Tomorrow it will be cloudy.
7 It will get colder later.
8 There is wind from the East.

schreiben **6** Schreib die Wettervorhersage für deine Region für die Website und nimm sie als MP3 auf.

• Say what the weather is like now.
• Say what the weather will be like tomorrow.

 **G**rammatik lern weiter p. 196

Future tense using *werden*

To talk about things in the future, use the verb **werden** (as second idea) + infinitive (in final position).

	Second		Final
Es	wird	frostig	sein.
Es	wird		regnen.

Es wird	[frostig]	sein.	
	regnen, schneien, frieren, donnern, blitzen.		
Morgen	wird es	frostig	sein.
Heute		regnen, schneien.	

- Saying what you do to help the environment
- Using *um … zu*

1 Lies die Sätze und schau dir die Bilder (a–g) an. Was passt zusammen?

Was machst du, um die Umwelt zu schützen?

a
b
c
d

1 Ich trenne den Müll.

2 Ich fahre mit dem Rad.

3 Ich kompostiere den Abfall.

e
f
g

4 Ich kaufe umweltfreundliche Produkte.

5 Ich fahre mit öffentlichen Verkehrsmitteln.

6 Ich recycle Altglas.

7 Ich nehme eine Öko-Tasche mit.

hören

2 Hör zu. Was machen sie, um die Umwelt zu schützen? (1–8)
Sieh dir die Bilder aus Aufgabe 1 an.

*Beispiel: **1** d*

sprechen

3 Partnerarbeit. Frag vier Personen und mach Notizen.

- Peter, was machst du, um die Umwelt zu schützen?
- Ich recycle Altglas und ich fahre mit dem Rad.

Peter = recycle glass / ride bike

Grammatik
lern weiter **p. 206**

um … zu
This phrase means *in order to*. In German we always need to use **um … zu** even though we often leave it out in English.

Ich trenne den Müll, um die Umwelt zu schützen.
I separate my rubbish (in order) to protect the environment.

schreiben

4 Schreib die Resultate aus Aufgabe 3 auf.

*Beispiel: **Peter**: Ich recycle Altglas und ich fahre mit dem Rad.*

lesen 5 Hör zu und lies das Blog. Kopiere und füll die Tabelle auf Englisch aus.

Hallo!

Ich heiße Alex und ich bin ziemlich umweltfreundlich. Was ich mache, um die Umwelt zu schützen? Ich trenne immer den Müll, das finde ich sehr wichtig. Ich kompostiere auch immer den Abfall. Ich fahre oft mit öffentlichen Verkehrsmitteln. Ich fahre oft mit dem Rad in die Stadt oder zum Bahnhof. Ich recycle ab und zu Glas oder Papier. Ich kann aber mehr machen! Ich kaufe selten umweltfreundliche Produkte und ich nehme nie eine Öko-Tasche mit. Das werde ich in der Zukunft machen. Die Umwelt ist mir sehr wichtig.

Activity	Frequency
separate rubbish	

Tipp

Adverbs of frequency
Make your German more interesting by adding adverbs of frequency:
nie *never*, **selten** *rarely*,
ab und zu *now and again*,
oft *often*, **immer** *always*.

schreiben 6 Wie oft machst du das? Schreib sieben Sätze.

Beispiel: Ich trenne selten den Müll.

Ich trenne	nie	den Müll.
Ich fahre	selten	mit dem Rad.
Ich kompostiere	ab und zu	den Abfall.
Ich kaufe	oft	umweltfreundliche Produkte.
Ich fahre	immer	mit öffentlichen Verkehrsmitteln.
Ich nehme		eine Öko-Tasche mit.
Ich recycle		Altglas.

schreiben 7 Schreib eine Fallstudie für eine deutsche Zeitschrift.

Write about two families and say what they do or don't do to help the environment. Mention at least three activities for each family.

Try to add the following:
- Adverbs of frequency.
- A variety of structures (use *um … zu* at least once).

Tipp

Using a variety of structures
When speaking or writing in German always try to use a variety of structures.
- Try to join two sentences with **weil** (*because*) or **dass** (*that*). e.g.
  Ich denke, dass ich umweltfreundlich bin.
  I think that I am environmentally friendly.
  Ich bin umweltfreundich, weil ich den Müll trenne.
  I am environmentally friendly because I separate the rubbish.
- Use a phrase containing **um** … **zu** if you can.
- Start a sentence with a time reference and change the word order. e.g.
  Ich recycle Altglas. → **Am Wochenende recycle ich Altglas.**
  I recycle glass. → *At the weekend I recycle glass.*

3 Umweltprobleme

- Discussing environmental problems
- Using *man sollte*

1 Hör zu und schau dir die Bilder an. Was ist nach Meinung dieser jungen Leute das größte Umweltproblem? (1–6)

a

Es gibt zu viel Müll.

b
Es gibt zu viel Lärm.

c

Es gibt zu viel Luftverschmutzung.

d

Es gibt zu viel Wasserverschmutzung.

e

Es gibt eine Erwärmung der Erdatmosphäre.

f

Es gibt den Treibhauseffekt.

2 Klassenumfrage. Frag vier Personen und berichte die Antworten in der ganzen Klasse.

▪ Lukas, was ist das größte Umweltproblem?

● Es gibt zu viel Wasserverschmutzung.

3 Lies den Text. Wie heißt das auf Deutsch? (a–f) Finde die Sätze im Text.

Tipp

Compound words
- When two words are connected together you can often work out the meaning by looking at the meanings of the individual words.
  e.g. Wasserverschmutzung means water pollution.
- Use a dictionary to work out the meaning of Treibhauseffekt. Is it easy to work the meaning out from the two separate words?

Umwelt in Gefahr!

Was können wir machen, um die Umwelt zu schützen? Folgendes sollten wir tun. Was machst du?

Man sollte sparsam heizen.

Man sollte duschen statt baden.

Man sollte mit öffentlichen Verkehrsmitteln fahren.

Man sollte den Müll trennen.

Man sollte den Fernseher ausschalten.

Man sollte Papier und Altglas recyceln.

a We should use public transport.

b We should switch off the television.

c We should shower rather than bath.

d We should recycle paper and glass.

e We should heat sparingly.

f We should separate rubbish.

Grammatik

lern weiter p. 204

Using *man sollte*
To say what you (or what 'one') should do use **man sollte** + infinitive.
Man sollte den Fernseher ausschalten. *You should switch off the TV.*
Man sollte den Müll trennen. *You should separate rubbish.*

hören **4** Hör zu. Was ist das Thema? (1–4)

| Rubbish | Water pollution | Air pollution | Global warming |

hören **5** Hör noch mal zu. Füll die Lücken aus.

1 To help combat air pollution I mostly travel by … or … .

2 Locally, there is too much … .

3 We should heat water … and always switch off the … .

4 There is hardly enough … in Africa.

lesen **6** Lies den Text. Bring die Bilder in die richtige Reihenfolge.

Joshua, der Ökokrieger

Die Umwelt ist sehr wichtig für mich.

- Am Montag bin ich einkaufen gegangen. Ich bin mit dem Bus in die Stadt gefahren. Ich habe eine Öko-Tasche mitgenommen.
- Am Dienstag habe ich für meine Schwester gekocht. Ich habe umweltfreundliche Produkte benutzt und ich habe den Müll kompostiert.
- Am Mittwoch war es kalt. Aber ich habe einen Pulli getragen.
- Am Donnerstag habe ich Glas und Papier recycelt und den Müll getrennt.
- Am Freitag habe ich mit Freunden Fußball gespielt, und dann habe ich mich geduscht, statt ein Bad zu nehmen.

Was machst du, um die Umwelt zu retten?

lesen **7** Lies den Text noch mal. Beantworte die Fragen auf Englisch.

1 What did Joshua recycle?

2 When did he use a bus?

3 Why did he wear a pullover on Wednesday?

4 What did he take shopping with him?

5 What did he do on Tuesday?

6 What question does he ask us?

sprechen **8**

Partnerarbeit. Was sind die Probleme für die Welt und was sind die Lösungen? Bereite eine Präsentation vor.

- In pairs, prepare a PowerPoint presentation on environmental dangers and possible solutions.

- Talking about different forms of transport
- Comparing transport

 Hör zu. Wie fahren sie in den Urlaub? (1–8)

Beispiel: 1 c

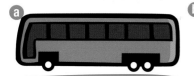

Ich fahre mit dem Bus.

Ich fahre mit dem Zug.

Ich fahre mit dem Auto.

Ich fahre mit dem Schiff.

Ich fahre mit dem Fahrrad.

Ich fahre mit der Straßenbahn.

Ich fliege.

Ich gehe zu Fuß.

 sprechen 2 Partnerarbeit. Mach Interviews mit vier Personen.

- Wie fährst du normalerweise in den Urlaub?
- Wie fährst du zur Schule?
- Wie fährst du in die Stadt?
- Wie fährst du zum Supermarkt?

- Naomi, wie fährst du normalerweise in den Urlaub?
- Ich fahre mit dem Bus.

 lesen 3 Lies die Texte. Wie heißen die blauen Wörter auf Englisch? Wähle aus dem gelben Kasten aus.

Wie fährst du dahin und ist das umweltfreundlich?

Wir fahren oft nach Spanien in den Urlaub und wir fliegen dahin.

Das ist nicht so gut für die Umwelt, aber die Fahrt ist schneller als mit dem Bus oder mit dem Zug. Wir wohnen ganz weit von der Schule und der Stadt entfernt und wir benutzen oft das Auto. Es gibt nur einen Bus pro Stunde. Wir sind nicht sehr umweltfreundlich.

Letztes Jahr haben wir eine Seereise gemacht. Wir sind mit dem Schiff nach Frankreich, Italien, Kroatien und Griechenland gefahren. Das ist bequemer und umweltfreundlicher als Fliegen. Schnell ist nicht immer besser! Ich fahre mit der U-Bahn, wenn ich in die Stadt gehe und ich fahre mit dem Fahrrad zur Schule.

Annette

Wir bleiben meistens in Deutschland und wir fahren mit einem Mietauto in den Urlaub. Letztes Jahr sind wir nach Bayern gefahren und das hat mir gut gefallen. Wir wohnen in Berlin und mein Vater macht Carsharing. Das ist besser für die Umwelt und auch billiger. Ich gehe morgens zu Fuß zur Schule.

 **Abby**

1 more comfortable
2 cheaper
3 quicker
4 more environmentally friendly
5 better

Schreib uns eine E-Mail. Fährst du umweltfreundlich?

 **Karl**

4 lesen

Lies die Texte auf Seite 144 noch mal.
Wer ist das?

Who ...

1 rents a car for the holiday?
2 doesn't have access to much public transport?
3 rides their bike to school?
4 lives quite a way from school?
5 often flies to their holiday destination?
6 went on a cruise?

Grammatik lern weiter p. 200

Comparing things
To make comparisons, add -**er** to the adjective.

schnell → schneller
quick → quicker

Note the irregular form:
gut → besser

Use **als** for comparing two things.
Autos sind schneller als Fahrräder.
Cars are quicker than bikes.

5 schreiben

Vergleiche Verkehrsmittel. Schreib sechs Sätze.

Busse Züge Autos Flugzeuge Schiffe	**sind** schneller billiger umweltfreundlicher besser bequemer	**als** Fahrräder. Straßenbahnen. Autos. Züge. zu Fuß zu gehen.

6 schreiben

Schreib sechs Sätze mit den Wörtern
in der richtigen Reihenfolge wie im
Grammatikkästchen von rechts.
Ich fahre ...

abends
am Wochenende
um 13 Uhr

mit dem Taxi
mit dem Bus
mit dem Flugzeug

in die Stadt
nach Berlin
nach Hause

Grammatik lern weiter p. 202

Time, Manner, Place
If a sentence contains information about *when*,
how and *where*, it follows the verb in this order:
Time (*when*), Manner (*how*), Place (*where*).

	Second	Time	Manner	Place
Ich	fahre	morgens	mit dem Auto	zur Schule.

7 sprechen

Partnerarbeit. Beantworte die Fragen über
öffentliche Verkehrsmittel.

* Wie fährst du normalerweise in den Urlaub?
* Wie fährst du zur Schule?
* Welche Verkehrsmittel sind besser?

Ich fahre ...
Ich fahre ...
Busse sind ... als Züge.

5 Ökostadt Freiburg

lesen 1 Lies die Schlagzeilen und verbinde die englischen Titel.

a Freiburg hat viele Umweltpreise gewonnen: 1992 wurde sie als Ökohauptstadt ausgezeichnet.

b Solarstadt! Freiburg ist für Sonnenenergie und ihr sonniges, warmes Klima bekannt.

e Fahrräder überall in Freiburg! Man baut mehr Radwege, um umweltfreundlicher zu sein.

c Freiburg. In Freiburg trennt man Hausmüll in fünf Gruppen: Altpapier, Bioabfall, Leichtverpackungen, Altglas und Restmüll.

d Man plant ein Verkehrssystem und eine Reduzierung von Autos in der Freiburger Stadtmitte. Es gibt zwei neue Straßenbahnlinien!

f Mit rund 220 000 Einwohnern ist Freiburg die viertgrößte Stadt in Baden-Württemberg. Freiburg ist sehr berühmt als eine umweltfreundliche Stadt.

1 Alternative energies
2 Public transport
3 Facts about the town
4 Recycling system
5 National recognition
6 Using bicycles

lesen 2 Hör zu und lies den Text. Welche vier Sätze sind richtig?

Crumpsall ist ein Stadtteil von Manchester. Manchester hat rund 2 Millionen Einwohner. In Manchester kann man den Müll trennen. Der Hausmüll wird in zwei Gruppen getrennt: Altpapier und Restmüll. Das Verkehrssystem in Manchester ist umweltfreundlich. Man findet im Stadtzentrum Straßenbahnen, Busse und Taxis.

1 Crumpsall is a district of Manchester.
2 Crumpsall has two million inhabitants.
3 There are no recycling opportunities.
4 Household waste is separated into two.
5 Waste is separated into paper and glass.
6 The transport system is environmentally friendly.
7 Taxis aren't allowed in the city centre.
8 There are trams in the city centre.

lesen 3 Lies den Text. 1–6 kommen in welche Tonne?

- Deutschland hat ein modernes und umweltfreundliches Recyclingsystem. Man muss immer den Müll trennen. Jedes Haus bekommt verschiedene Mülltonnen.
- Alles aus Papier (zum Beispiel Bücher, Pappe und Prospekte) kommt in die blaue Tonne.
- Organische Küchenabfälle (Gemüsereste, Eierschalen und so weiter), das kommt in die grüne Biotonne.
- Verpackungen aus Plastik (Plastiktüten und Joghurtbecher), das kommt in die gelbe Tonne.
- Der Restmüll kommt in die schwarze Restmülltonne.

According to the leaflet what colour bin are the following put into?

1 Leaflets
2 Yoghurt pots
3 Cardboard
4 Egg shells
5 Plastic bags
6 What is left over

sprechen 4 Partnerarbeit. Recyclingspiel. Mach eine Liste von zehn Sachen. Was kommt in welche Tonne?

◻ Briefumschläge. Das kommt in welche Tonne?
⬤ Das kommt in die blaue Tonne.

a
Briefumschläge

b
Computerpapier

c
Trinkbecher und Plastikgabeln

d
Teebeutel

hören 5 Hör zu und beantworte die Fragen auf Englisch.

1 What can be recycled in Bournemouth?
2 What bins are there for each house?
3 Is the speaker environmentally friendly? Give reasons.
4 In which ways is the speaker not environmentally friendly?

sprechen 6 Mach ein Interview mit deinem Partner / deiner Partnerin über deine Stadt.

You are creating content for the school blog and are recording an interview for your partner school to access. Answer the following questions.

- Was kann man in deiner Stadt recyceln?
- Was für Tonnen hast du zu Hause? Wofür sind sie?
- Bist du umweltfreundlich? Was machst du?
- Wann bist du nicht umweltfreundlich? Was machst du?

In [Hamburg] kann man	Plastik, Papier, Glas	recyceln.
Zu Hause gibt es	eine blaue, grüne, braune	Tonne.
Bücher, Pappe, Prospekte kommen in die	blaue, grüne, braune	Tonne.

You are going to hear part of an interview between a teacher and a student. The teacher is the interviewer and the student is playing the role of a member of an environmental action group. Listen, then do the activities to help you prepare for your own speaking task.

Task: Interview with a member of an environmental action group

You are being interviewed by your teacher. You will play the role of a member of an environmental action group and your teacher will play the role of the interviewer.

Your teacher will ask you the following:
• What are the aims of the group?
• How many members are there?
• When do the members of the action group meet?
• What is the action group involved in at the moment?
• What are the advantages of recycling initiatives?

• Tell me about a successful initiative.
• How do the town's residents react to the environmental action group?
• What plans does the group have for future initiatives?
• ! (A question for which you have not prepared.)

Preparation

1 Listening for information

Which of these aspects does the student mention in relation to the "car free day" project? What do they mean in English?

a Fußgängerzone **b** Mofas **c** zu Fuß gehen **d** Carsharing **e** Fahrradwege **f** Rad fahren **g** öffentliche Verkehrsmittel

2 Listening for detail

1 The student is explaining why the recycling project is a good idea. Which four things does she mention? Note the German word for each item.

a cans **b** paper **c** organic waste **d** plastic **e** glass **f** clothes

2 The student also talks about the environmentally friendly shopping project. Which tense does the student use?

a past **b** present **c** future

There are three clues which might help you decide. Can you find two?

3 Listening for specific vocabulary

Which three things does the student mention about next month's "energy in the home" project? Note what they all mean.

a Müll trennen **b** Licht ausschalten **c** sparsam heizen **d** Papier recyceln **e** duschen statt baden

Useful language

Time phrases

past:	letzten Dezember	*last December*
present:	im Moment	*at the moment*
future:	nächsten Monat	*next month*

To talk about regular events in the past, present or future:

jeden Freitagabend *every Friday evening*

samstags *Saturdays*

Express an opinion

Meiner Meinung nach ist es ...	*In my opinion it is ...*
effektiv	*effective*
einfach	*easy*
positiv	*positive*
sparsam	*economical*
umweltfreundlich	*environmentally friendly*

Over to you!

- Decide what information you are going to give for each of the bullet points. Check the vocabulary lists at the end of the chapter for words and phrases you'll need to use.
- Plan what extra details of your own you can add to introduce a range of structures and express opinions.
- Try to predict the unpredictable question.

Grade**Studio**

To make sure you have a chance of getting a **grade C** in your speaking, you should:

- use adjectives to give your opinions. e.g.
  *Die öffentlichen Verkehrsmittel sind **gut**.* Public transport is good.
  *Wir sind eine sehr **effektive** Gruppe.* We are a very effective group.

- vary your sentences by using modal verbs. Use an infinitive with modal verbs:
  müssen (to have to), *können* (to be able to), *sollen* (ought to, should). e.g.
  *Du **kannst** vielleicht bei der Aktion „Autofreier Tag" **mitmachen**.*
    Perhaps you can take part in the "car free day" campaign.
  *Man **sollte** sparsam **heizen**.* You should heat economically.
  *Wir **müssen** alle etwas machen.* We all have to do something.

- try to use a range of time references. Remember you can use a future time phrase
  plus the present tense to talk about any future plans. e.g.
  ***Nächsten Monat** starten wir eine Aktion zum Thema Energie zu Hause.*
    Next month we are beginning a campaign about energy in the home.

• Preparing a longer piece of writing about the environment

Stadt oder Land?

Ich wohne gern in der Stadt. Ich finde, die Stadt ist umweltfreundlicher als ein Dorf. Ich fahre jeden Tag mit dem Fahrrad zu den Läden. Ich gehe zu Fuß in die Schule. Ich fahre oft mit öffentlichen Verkehrsmitteln, nie mit dem Auto. Früher haben wir in einem Dorf gewohnt, an einer großen Straße. Da war es viel lauter als hier!

Sven

Wir wohnen neben einem Supermarkt mit einem großen Parkplatz. Auf dem Parkplatz gibt es große Container. Die Leute kommen zum Parkplatz, um Müll zu trennen und Altglas zu recyceln. Das ist sehr, sehr laut! Ich finde, man sollte zu Hause Altglas recyceln!

Pauline

Wir wohnen in einem Dorf und es ist sehr schön hier. Aber man muss mit dem Auto fahren, um in die Stadt zu kommen. Man sollte nicht mit dem Auto fahren, aber was kann ich machen? Mit dem Fahrrad ist es zu weit (15 Kilometer). Und das Auto ist viel billiger als der Bus!

Clemens

Hier in unserem Dorf gibt es nichts für junge Leute. Das Sportzentrum ist zu teuer, wir haben nur zwei Läden und alle Klubs im Dorf sind nur für alte Menschen.
Man muss in die Stadt fahren, um einen Film zu sehen. Ich finde, das Leben in der Stadt ist viel besser als das Leben auf dem Land!

Lizzy

1 Find and write out the German expressions.

Sven	I cycle every day to the shops.
Lizzy	Here in our village there's nothing for young people.
Clemens	We live in a village.
Pauline	In the car park there are big containers.

2 Find further examples in the text, write the sentences out in German and write what they mean in English. Find ...

a two further sentences which make a comparison with **als** , e.g.
Da war es viel lauter als hier!
There it was much louder than here.

b two further sentences with **um ... zu ...** . e.g.
Man muss mit dem Auto fahren, um in die Stadt zu kommen.
You have to drive in order to get into town.

c one further sentence which begins **man sollte**. e.g.
Man sollte nicht mit dem Auto fahren.
You shouldn't drive / go by car.

Over to you!

Write a web report of 100 to 200 words about your town or village.
First read the tips below. You could include:

- what facilities there are / are not for young people.
- how you and your friends get around town, or from your village into town.
- a comparison of the different means of transport available in your town / village.
- what you and your friends / family do for the environment.

GradeStudio

If you are aiming for a **grade C** in your writing, you should:

- add interest to your writing by using expressions of frequency.

Ich fahre	selten oft immer	mit dem Fahrrad, mit dem Auto, mit dem Bus, mit dem Zug, mit der U-Bahn, mit der Straßenbahn.
Ich gehe	ab und zu	zu Fuß.
Ich recycle	jeden Tag nie	Papier, Altglas.

Now you try it! 1

Add an expression of frequency to each sentence, and write what the completed sentences mean in English.

1 Ich fahre ... mit dem Zug und ich fahre ... mit der U-Bahn.
2 Ich gehe ... zu Fuß in die Schule.
3 Ich recycle ... Altglas und ich recycle ... Papier.

- vary your sentences by making comparisons. e.g.
*Busse sind langsam / laut **als** Autos.*
      ... slower / noisier than
Mit dem Fahrrad ist es billig / besser für die Gesundheit als mit dem Auto.
      ... cheaper / better ... than ...
*Die Häuser in Deutschland sind bequem **als** die Häuser in Großbritannien.*
      ... more comfortable than ...

Now you try it! 2

Copy and complete the sentences.

1 In der Stadt ist es ... in einem Dorf. (*noisier*)
2 Duschen ist ... für die Umwelt ... baden, aber baden ist ... duschen! (*better*) / (*more comfortable*)
3 Mit dem Fahrrad ist es ... , aber ... mit dem Bus. (*cheaper*) / (*slower*)

- learn a few expressions with *um… zu…* which you can use in order to impress the examiner. e.g.
*Ich fahre mit dem Bus, **um** in die Stadt **zu** kommen.*
   I travel by bus (in order) to get into town.
*Ich kompostiere den Abfall, **um** die Umwelt **zu** schützen.*
   I compost rubbish (in order) to protect the environment.
*Man muss in die Stadt fahren, **um** einen Film **zu** sehen.*
   You have to go to town (in order) to see a film.

Now you try it! 3

Copy and complete the German sentences.

1 Man muss mit dem Auto fahren, ... (*(in order) to see a film*)
2 Ich fahre mit dem Fahrrad, ... (*(in order) to get to town*)
3 Ich recycle Altglas, ... (*(in order) to protect the environment*)

The activities on these two pages are designed to help you develop the listening and reading skills you will need in your GCSE exam.

Listening

Family

1 **Listen to the interviews. Who do the following pictures apply to?**
Note the correct letter(s): A (Anja), L (Lars), C (Carmen).

Weather in the future

2 **Listen to this interview with Herr Schmidt, a weather expert, talking about weather conditions in Germany in 50 years' time. Complete this task in English.**

a Give **one** detail about the weather in summer.

b Give **one** detail about the weather in winter.

c What does Herr Schmidt suggest we can all do to help stop climate change? (Give **two** examples.)

 Tipp

Read the questions carefully *before* you start listening. This will give you a very clear idea about the kind of information you are going to have to listen out for.

e.g. *Give one detail about the weather in summer.*

This tells you to listen out for words connected with summer weather such as, **Sommer**, **warm**, **heiß**, **trocken**, **nicht regnen**. This helps you to predict what you will hear.

Reading

Read this email from Petra.

Ich bin Petra und ich wohne in Magdeburg. Meine Eltern haben eine Firma und im Moment arbeite ich für sie im Büro. Nächsten August mache ich einen Sprachkurs in Manchester und dann will ich eine Stelle als Au-pair-Mädchen finden.

Magdeburg hat einen wunderbaren Park. Es gibt eine Fußgängerzone und wir haben ein Einkaufszentrum. Auf dem Wochenmarkt bekommt man frisches Obst und Gemüse. Früher war mein Lieblingsessen Schokolade – schlecht für meine Gesundheit! Heute esse ich lieber Äpfel und Birnen.

Im Stadttheater gibt es oft Rockkonzerte und manchmal spielt ein Orchester klassische Musik. Früher habe ich Klavier gespielt, aber jetzt habe ich keine Zeit. ...

1 According to Petra, which four of the following does Magdeburg have? Note the correct letters.

A a market
B a pedestrian precinct
C a language school
D a shopping centre
E a park
F a swimming pool
G pubs
H skate parks

2 What did Petra do, what does she do now and what will she do? Note *past*, *present* or *future* for each activity.

	past	present	future
A Manchester			
B au-pair			
C fruit			
D chocolate			
E office			
F piano			

Tipp

- You may have to recognise different time references and tenses.
- Look back at the reading text. What clues helped you decide what Petra did in the past, what she does now and what she will do in the future?

past:
Mein Lieblingsessen war Schokolade.
My favourite food was chocolate.

present:
Heute esse ich lieber Äpfel.
Nowadays I prefer apples.

future:
Nächsten August mache ich einen Sprachkurs.
Next August I'm doing a language course.

The weather

Wie ist das Wetter in [Berlin]?	*What is the weather like in [Berlin]?*
In [Berlin]	*In [Berlin]*
ist es frostig	*it is frosty*
ist es sonnig	*it is sunny*
ist es windig	*it is windy*
ist es wolkig	*it is cloudy*
ist es heiß	*it is hot*
ist es kalt	*it is cold*
ist es neblig	*it is foggy*
Es schneit.	*It is snowing.*
Es regnet.	*It is raining.*

Es donnert.	*It is thundering.*
Es blitzt.	*It is lightning.*
Es wird [frostig] sein.	*It will be [frosty].*
Es wird regnen.	*It will rain.*
Es wird schneien.	*It will snow.*
Es wird frieren.	*It will freeze.*
Es wird donnern.	*There will be thunder.*
Es wird blitzen.	*There will be lightning.*
Morgen wird es [frostig] sein.	*Tomorrow it will be [frosty].*
Heute wird es [regnen].	*Today, it will [rain].*

Protecting the environment

Ich trenne den Müll.	*I separate rubbish.*
Ich fahre mit dem Rad.	*I use my bike.*
Ich kompostiere den Abfall.	*I compost rubbish.*
Ich kaufe umweltfreundliche Produkte.	*I buy environmentally friendly products.*
Ich fahre mit öffentlichen Verkehrsmitteln.	*I use public transport.*
Ich nehme eine Öko-Tasche mit.	*I use an eco-friendly shopping bag.*
Ich recycle Altglas.	*I recycle glass.*

Ich trenne den Müll, um die Umwelt zu schützen.	*I separate my rubbish, (in order) to protect the environment.*
nie	*never*
selten	*rarely*
ab und zu	*now and again*
oft	*often*
immer	*always*
Ich recycle immer Altglas.	*I always recycle glass.*
Ich fahre oft mit dem Rad.	*I often use my bike.*

Environmental problems

Es gibt den Treibhauseffekt.	*There is the greenhouse effect.*
Es gibt zu viel Wasserverschmutzung.	*There is too much water pollution.*
Es gibt zu viel Luftverschmutzung.	*There is too much air pollution.*
Es gibt zu viel Müll.	*There is too much rubbish.*
Es gibt zu viel Lärm.	*There is too much noise.*
Es gibt eine Erwärmung der Erdatmosphäre.	*There is global warming.*

Possible solutions

Man sollte sparsam heizen.	*You should use heating sparingly.*
Man sollte den Fernseher ausschalten.	*You should switch the TV off.*
Man sollte duschen statt baden.	*You should have a shower instead of a bath.*
Man sollte den Müll trennen.	*You should separate your rubbish.*
Man sollte mit öffentlichen Verkehrsmitteln fahren.	*You should use public transport.*
Man sollte Papier und Altglas recyceln.	*You should recycle paper and glass.*

Transport issues

Ich fahre mit dem Bus.	*I travel by bus.*
Ich fahre mit dem Zug.	*I travel by train.*
Ich fahre mit dem Schiff.	*I go by ship.*
Ich fahre mit dem Fahrrad.	*I go by bike.*
Ich fahre mit der Straßenbahn.	*I go by tram.*
Ich fliege.	*I fly.*
Ich gehe zu Fuß.	*I go on foot.*
[Autos] sind schneller als [Züge].	*[Cars] are quicker than [trains].*
langsamer	*slower*
billiger	*cheaper*
bequemer	*more comfortable*
teurer	*more expensive*
umweltfreundlicher	*more environmentally friendly*
besser	*better*

How environmentally conscious towns are

[Crumpsall] liegt in der Nähe von [Manchester].	*[Crumpsall] is near [Manchester].*
[Manchester] hat rund [2 000 000] Einwohner.	*[Manchester] has around [2 million] inhabitants.*
In [Manchester] kann man Plastik recyceln.	*In [Manchester] you can recycle plastic.*
Das Verkehrssystem in [Manchester] ist umweltfreundlich.	*The transport system in [Manchester] is environmentally friendly.*
Zu Hause gibt es eine [blaue / braune] Tonne.	*At home, there is a [blue / brown] bin.*
[Pappe] kommt in die [grüne] Tonne.	*[Cardboard] goes in the [green] bin.*

9 Die Freizeitstunden

1 Freizeit – meine Zeit!

- Talking about what you do in your free time
- Looking at word order and revising the present tense

lesen 1 Sieh dir die Grafik aus der Zeitung unten an. Wie viel Prozent junger Schweizer macht das (a–f)?

Schweizer Jugend (13–18 Jahre) und ihre Hobbys

	Hobby	%
■	1 Ich höre Musik.	85 %
■	2 Ich telefoniere.	58 %
□	3 Ich faulenze.	51 %
■	4 Ich sehe fern.	48 %
■	5 Ich surfe im Internet.	37 %
■	6 Ich gehe auf Partys.	33 %
■	7 Ich treibe Sport.	25 %
■	8 Ich spiele ein Instrument (Klavier, Gitarre usw.).	20 %

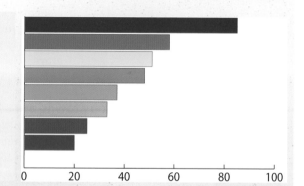

hören 2 Hör dir jetzt fünf Interviews für die Jugendstudie an. Kopiere und ergänze die Tabelle.

	Activity / Activities	How often? / When?	☺	☹
1				
2				
3				

★ Tipp

Use the following adverbs to make your sentences more interesting.

jeden Tag	*every day*
immer	*always*
oft	*often*
ab und zu	*now and again*
einmal in der Woche	*once a week*
zweimal / dreimal in der Woche	*twice / three times a week*
nie	*never*

schreiben 3 Wie oft machst du die Hobbys ausden Bildern von Aufgabe 1? Schreib Sätze. (a–f)

Ich	faulenze	oft	
	telefoniere	jeden Tag	
	gehe	nie	auf Partys.
	höre	immer	Musik.
	sehe	ab und zu	fern.
	spiele	[einmal] in der Woche	ein Instrument.
	surfe		im Internet.
	treibe		Sport.

4 Wie oft machst du die Hobbys aus der Grafik von Aufgabe 1? Stellt einander Fragen.

☐ Ich höre oft Musik. Wie oft machst du das?

● Ich höre immer Musik, weil ich Musik liebe.

 5 Lies diesen Beitrag zu einer Webseite und beantworte die Fragen auf Englisch.

🔍 **Grammatik** *lern weiter* **p. 202**

Word order
The basic German word order is to place the verb in second position:
Ich höre Musik.
Words like **weil** (*because*) and **dass** (*that*) send the verb to the end of the clause.
Ich spiele oft Trompete, weil ich in einer Band bin.
  I often play the trumpet because I am in a band.
Ich finde, dass Sport toll ist.
  I think sport is great.

Was machst du, wenn du frei hast?

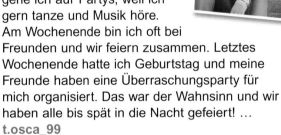

… sportlich bin ich gar nicht, aber freundlich und lustig schon! Ich gehe sehr gern aus und bin nie zu Hause. Am liebsten gehe ich auf Partys, weil ich gern tanze und Musik höre. Am Wochenende bin ich oft bei Freunden und wir feiern zusammen. Letztes Wochenende hatte ich Geburtstag und meine Freunde haben eine Überraschungsparty für mich organisiert. Das war der Wahnsinn und wir haben alle bis spät in die Nacht gefeiert! …
t.osca_99

1 Name two of the writer's characteristics.
2 How often is she at home?
3 Why does she enjoy parties?
4 What was special about last weekend?
5 What had her friends organised for her?

 6 Schreib einen kurzen Text über dich für die Webseite.

● What do you do in your free time?
● How often do you do it?
● Why do you like it?

- Talking about what you did last weekend
- Revising the perfect tense

lesen 1 **Lies die Reportage aus dem Projekt „Schulzeitung" und schau dir die Bilder an. Wer hat das gemacht? (a–f)**

Liebe LeserInnen!

Junge Journalisten haben eine Umfrage für das Projekt „Schulzeitung" gemacht. Sie haben gefraft: Was hast du letztes Wochenende gemacht?

Iris

Am Samstagabend habe ich im Orchester Flöte gespielt und das war toll. Am Sonntag bin ich zu Hause geblieben. Zuerst habe ich ferngesehen, aber das war langweilig, also habe ich ein Buch gelesen.

Tobias

Am Samstag bin ich einkaufen gegangen und ich habe ein T-Shirt gekauft. Am Sonntag bin ich mit meinen Freunden schwimmen gegangen. Das war sehr lustig, aber ziemlich anstrengend!

Kilian

Letzten Samstag bin ich mit dem Rad in die Stadt gefahren und ich bin ins Kino gegangen. Ich bin dann wieder nach Hause gefahren. Am Sonntag habe ich Fußball gespielt und wir haben das Spiel zwei zu null gewonnen. Das war wirklich toll.

a b c d e f

lesen 2 **Lies die Reportage noch mal. Was sagen sie? Beantworte folgende Fragen in ganzen Sätzen auf Deutsch.**

1 Tobias, was hast du gekauft?
2 Kilian, wohin bist du gefahren?
3 Kilian, wie bist du wieder nach Hause gefahren?
4 Kilian, was hast du am Sonntag gemacht?
5 Iris, wann hast du im Orchester gespielt?
6 Iris, was hast du am Sonntag gemacht?

> Ich habe ... gekauft.
> Ich bin ... .
> Ich bin ... .
> Am Sonntag habe ...
> ... habe ich ... .
> ...

Grammatik

lern weiter p. 196

To talk about what you did in the perfect tense, use **Ich habe / bin** + a past participle at the end.

Ich habe ein T-Shirt gekauft. *I bought a T-shirt.*

Ich bin ins Kino gegangen. *I went to the cinema.*

If you start with a time expression, **habe** or **bin** comes next, in second place.

1	2
Am Samstag	**habe ich Fußball gespielt.** *I played football on Saturday.*

Tipp

Make sure you know all the question words:

Was?	*What?*
Wo(hin)?	*Where (to)?*
Wer?	*Who?*
Wie?	*How?*
Wie viel(e)?	*How much / many?*
Wann?	*When?*
Warum?	*Why?*

3 Hör zu und wähl für jede Person das richtige Bild / die richtigen Bilder aus. (1–4)

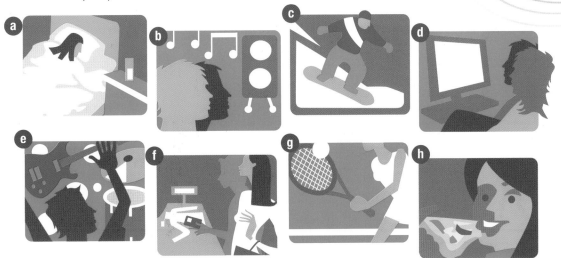

4 Hör noch mal zu und beantworte die Fragen auf Englisch.

1 Where was the first speaker?
2 Why was the second speaker happy that it was Monday?
3 What did the third speaker think of the band?
4 Which activity did the fourth speaker enjoy / not enjoy doing?

Tipp

Make your sentences longer with conjunctions and times.

Am Samstag bin ich einkaufen gegangen und ich habe eine Jacke gekauft.

Am Nachmittag habe ich einen Film gesehen, aber er war langweilig.

5 Was hast du letztes Wochenende gemacht? Schreib für das Projekt „Schulzeitung" einen Bericht.

● Was hast du am Samstag gemacht?
● Und am Samstagabend?
● Was hast du am Sonntag gemacht?
● Wohin bist du gefahren?
● Wie war es?

Am Sonntag Am Samstagabend	habe ich	Fußball gespielt, ein T-Shirt gekauft, einen Film gesehen, ferngesehen, ein Buch gelesen.
Letztes Wochenende Letzten Sonntag Letzte Woche	bin ich	einkaufen gegangen, schwimmen gegangen, in die Stadt gefahren, zu Hause geblieben, nach Hause gefahren.
Das war [sehr]		lustig, anstrengend, langweilig, toll.

6 Was ist das Lieblingshobby der Klasse? Mach in der Klasse eine Umfrage für das Projekt „Schulzeitung" und zeichne eine Grafik wie aus Aufgabe 1, Seite 156.

● Was hast du am Wochenende gemacht?
● Wie war es?

hundertneunundfünfzig **159**

- Talking about your sporting interests
- Revising the future tense

lesen 1 Zu welcher Jahreszeit kann man die Sportarten a–f im Sportzentrum Spitz machen?

Sportzentrum Spitz

Jahresprogramm

Frühling:	Angeln	Reiten	Klettern
Sommer:	Schwimmen	Segeln	Laufen
Herbst:	Fußball	Handball	Badminton
Winter:	Eislaufen	Skifahren	Kegeln

hören 2 Hör zu. Welche Sportarten werden diese Jugendlichen im kommenden Jahr machen? Kopiere und ergänze die Tabelle auf Englisch. (1–6)

	Season	Sport	Opinion
1			

Grammatik
lern weiter **p. 196**

Future tense (revision)

Use **werden** + infinitive to talk about things that will happen in the future.

Ich werde Handball spielen.
I will play handball.

Im Winter werde ich Eislaufen gehen.
I will go ice-skating in winter.

schreiben 3 Sieh dir das Jahresprogramm aus Aufgabe 1 an und beschreib das beste Jahresprogramm für dich.

Im	Herbst	werde ich	Fußball, Handball, Badminton	spielen.
	Winter		Eislaufen, Skifahren, kegeln	gehen.
	Frühling		angeln, reiten, klettern	
	Sommer		schwimmen, segeln, laufen	
Das ist	teuer, gefährlich, entspannend, cool, spitze.			
Das macht Spaß.				

4 Diskutiere deine Pläne in der Gruppe und mach Notizen.
Was sind die Lieblingssportarten?

- Was wirst du im Winter machen?
- Wie findest du das?

 5 Lies das Sport-Magazin-Interview mit Miro Bausteiner.
Finde die drei richtigen Sätze.

Miro Bausteiner

Sport-Magazin: *Miro, hast du als Kind viel Sport getrieben?*
MB: In der Hauptschule habe ich Volleyball und Handball gespielt. Das war ziemlich langweilig.

Sport-Magazin: *Du hast auch Boxen gemacht, nicht?*
MB: Ja, das war sehr aggressiv, aber das Training war toll.

Sport-Magazin: *Wie oft hast du trainiert?*
MB: Ich habe jeden Tag trainiert und dann habe ich auf einmal Freerunning entdeckt. Ich war total begeistert. Das war cool! Und jetzt bin ich Freerunner.

Sport-Magazin: *Und wie sieht die Zukunft für Freerunners aus?*
MB: Sehr gut. Im Sommer werde ich mich mit anderen Freerunnern treffen. Wir werden gemeinsam trainieren und Tipps austauschen.

Sport-Magazin: *Viel Spaß und viel Glück dabei!*

1 Miro did not enjoy sport at school.
2 Miro is an only child.
3 Miro enjoyed the boxing training.
4 Miro thought freerunning was rubbish at first.
5 Miro is positive about the future.
6 Miro is going to meet other freerunners this spring.

 6 Mach ein Interview über deine sportlichen Aktivitäten. Mach zuerst Notizen und dann schreib dein Interview für das Sport-Magazin auf.

- Sportliche Interessen: Als Kind und jetzt.
- Training: Wie oft? Wo? Wann?
- Meinung: Vorteile / Nachteile.
- Zukunft:

 ⭐ **Tipp**

Remember to give your opinion.

Das ist …	It is …	entspannend	relaxing
Das finde ich …	I find it …	langweilig	boring
Meiner Meinung nach ist das …	In my opinion, it (that) is …	gefährlich	dangerous
		spitze	great
Das war …	That was …	cool	cool
Das wird … sein.	That will be …	gut	good

- Talking about teenage fashions
- Understanding longer words

1 Sieh dir die Fotos und die Werbung an. Wo kauft man diese Kleidungsstücke?

a **b** **c** **d** **e** **f**

Modeladen

Komm in den fair trade-Klamottenladen. Wir haben T-Shirts, Schuhe, Strumpfhosen, Trainingsanzüge und auch Hausschuhe! Komm zum Laden oder geh zur Webseite und zieh dich mit einem Klick ethisch an!

Warenhaus zum Ziggi

Wir haben stark reduzierte Designerkleidung direkt aus der Fabrik: preiswerte Designer-Sonnenbrillen, Mützen, Anzüge, Gürtel und viel, viel mehr. Komm mal vorbei. Bei uns gibt's immer Qualität zu niedrigen Preisen!

Kaufhaus

Im Kaufhaus gibt's tolle Mode und diese Woche beginnt unser Sommerschlussverkauf! Im Erdgeschoss hat die Kinderabteilung günstige Badeanzüge und Slips. Im ersten Stock hat die Herrenabteilung schicke Hemden mit Blumendruck und in der Damenabteilung haben wir kurze Jeans-Miniröcke.

2 Lies die Werbung noch mal. Welcher Titel passt zu welcher Werbung?

1 Lots of departments, lots of clothes

2 Top quality goods at knock-down prices

3 Buying fair trade has never looked so good

3 Sieh dir die Werbung noch mal an und wähl die richtigen Antworten aus.

1 The *Modeladen* stocks **ethical** / vintage / **cheap** clothes.

2 It also stocks **trainers** / tracksuits / **suits**.

3 The *Warenhaus* stocks clothes direct from the **High Street** / factory / **designer**.

4 It offers **expensive goods** / shoes / **low prices**.

5 The *Kaufhaus* caters **just for city people** / for the whole family / **just for young people**.

6 It is advertising clothes for **hot** / cold / **rainy** weather.

Tipp

- Answer the statements you are confident of first, and then come back to the ones you are not so sure of.
- Break up long words to help your understanding. e.g. **Badeanzug** = **Bad** (from **baden** 'to bathe') and **Anzug** (*suit*) = *bathing costume*

hören **4** Sechs junge Leute sprechen über ihren Look.
Hör zu und mach Notizen. (1–6)

- What style does each person have?
- Which shop from exercise 1 is best suited to them?

Emo   Goth   Skater   Punk   Individualist   Normal

lesen **5** Lies den Text und beantworte die Fragen auf Englisch.

Ich heiße Julia und Skateboarden ist mein Leben! Ich komme jeden Nachmittag zum Skatepark und treffe mich mit anderen Skatern. Das macht viel Spaß, weil wir die gleichen Interessen haben und wir uns gut verstehen. Wenn man Skateboard fahren will, muss man natürlich auch die richtigen Klamotten (und Labels!) haben. Ich trage immer ein T-Shirt mit Logo, karierte Hosen, eine Mütze, Deckshoes und Kopfhörer!

1 When does Julia go to the skatepark?

2 Why does she enjoy it there?

3 What does she say a skater needs to wear?

4 Name three items she wears.

sprechen **6** Partnerarbeit. Sprich über deine Einstellung zu Mode-Gruppen.

- Was für einen Look hast du?
- Was trägst du gern?
- Wann und wo triffst du andere aus deiner Gruppe?
- Was machst du in der Gruppe?

Ich bin ein	Emo, Goth, Punk, Skater, Individualist.	
Ich trage gern	schwarze, ethische, lässige, bequeme, kurze, schicke, günstige, preiswerte, teure	Schuhe, Strumpfhosen, Schlipse, Gürtel, Trainingsanzüge, Hausschuhe, Hemden, Shorts, Sonnenbrillen, Mützen, Anzüge, T-Shirts, Badeanzüge, Jeans-Miniröcke.

  schreiben **7** Schreib einen Beitrag für eine Modezeitschrift, in dem du deinen Look beschreibst.

- Explain what your look is.
- Say what you like to wear.
- Give any other details about what you have recently done with like-minded friends.

 Tipp

Use adjectives to gain higher marks.
Ich trage gern Schuhe. → Ich trage gern ethische , schwarze Schuhe.

- Talking about money
- Using different tenses

lesen **1**

Lies die Berichte aus einer Jugendzeitschrift und finde die deutschen Ausdrücke.

1 I receive €20 pocket money.
2 I earn another €100.
3 Then I will be rich.
4 I have a part-time job.

5 I'm saving ...
6 I spend the other half (on perfume).
7 In the future, I will hopefully ...
8 I most like to spend my money on ...

Teenager und ihr Geld

Olivia

Ich bekomme €20 Taschengeld im Monat, aber ich verdiene noch €100 dazu. In der Grundschule habe ich Autos gewaschen, aber jetzt mache ich Babysitting. Ich kaufe gern Klamotten und Schmuck und das Taschengeld allein reicht mir nicht! Wenn ich mit der Schule fertig bin, werde ich einen guten Job finden und viel Geld verdienen. Dann werde ich reich sein!

Mia

Ich habe einen Teilzeitjob beim Friseur und verdiene €260 im Monat. Ich bekomme kein Taschengeld, weil es sich mein Vater nicht leisten kann. Ich spare jeden Monat die Hälfte meines Geldes bei der Sparkasse. Die andere Hälfte gebe ich für Parfüm, Ohrringe, Zeitschriften und Musik aus.

Letzten Monat habe ich zu oft telefoniert und zu viele SMS geschickt. Am Ende des Monats hatte ich nur eine €5-Münze übrig und keinen Kredit auf dem Handy. In Zukunft werde ich hoffentlich eine Kreditkarte bekommen. Dann wird alles viel einfacher sein! Am liebsten gebe ich mein Geld für das Handy, Computerspiele und Süßigkeiten aus.

Tobias

lesen **2**

Lies die Berichte noch mal und beantworte die Fragen auf Englisch.

Who ...

1 receives no pocket money?
2 has worked since primary school to earn money?
3 spends nearly all of their pocket money?

4 is keen to have a credit card?
5 will look for a job after leaving school?
6 saves half of their money?

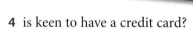

hören **3**

Drei Jugendliche sprechen im Schulradio über ihr Taschengeld.
Hör zu und beantworte die Fragen auf Englisch.

1 Who pays for holidays in Julia's household?
2 What did Julia's parents have to buy with their pocket money?
3 What problem does Markus have with his pocket money?

4 Will Markus give his children pocket money? If so, how much?
5 Why doesn't Florian get any pocket money?
6 What did Florian's father do with his pocket money?

 sprechen **4** Partnerarbeit. Vergleiche die Gelderfahrungen.

- Wie viel Taschengeld bekommst du?
- Verdienst du noch dazu?
- Wie viel Taschengeld hast du in der Grundschule bekommen?
- Hast du in der Grundschule auch Geld verdient?
- Wofür gibst du dein Taschengeld aus?
- Wie wirst du in der Zukunft mit Geld umgehen?

⭐ **Tipp**

To gain high marks in the exam use a range of tenses in your written and spoken work.

Present:	Ich heiße, mache, bekomme, kaufe, finde, mag …
Past:	Als Kind habe ich … gemacht, gekauft, bekommen.
Future:	In der Zukunft werde ich … sparen, kaufen, fahren.

In der Grundschule	habe ich	[kein] Taschengeld bekommen.
		[k]einen Teilzeitjob gehabt.
Ich bekomme	[zwanzig] Euro kein Taschengeld	im Monat.
Ich verdiene	[hundert] Euro	dazu.
Ich habe	einen Teilzeitjob [beim Friseur].	
Ich spare	die Hälfte meines Geldes bei der Sparkasse.	
In der Zukunft werde ich	[k]eine Kreditkarte haben. einen guten Job finden. viel Geld verdienen. reich sein.	
Ich kaufe gern	Klamotten, Musik, Schmuck, Computerspiele, Süßigkeiten, Parfüm, Ohrringe, Zeitschriften, Musik, [Kredit für] mein Handy	aus.
Ich gebe mein Geld für		

 schreiben **5** Schreib für eine Jugendzeitschrift einen kurzen Artikel über deine Meinung zum Geld und deine Erfahrungen damit. Die Texte aus Aufgabe 1 helfen dir dabei.

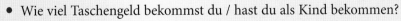

- Wie viel Taschengeld bekommst du / hast du als Kind bekommen?
- Verdienst du auch noch dazu?
- Hast du jemals einen Teilzeitjob gehabt?
- Was machst du mit dem Taschengeld?
- Wie wirst du in der Zukunft mit Geld umgehen?

- Talking about a sports event you have been to
- Using time expressions

1 Lies Hannas E-Mail und beantworte die Frage.

Does Hanna use the present, past or future tense to describe the following?

1 her train journey   3 restaurant   5 the atmosphere

2 her favourite sport   4 football final 6 her photos

Die Bw-Olympix sind ein großes Teamsport-Event für 16- und 17-Jährige aus ganz Deutschland.

Hallo Jessica,

am Wochenende war ich bei den Bw-Olympix, weil mein Bruder mit dem Team „Feuerwerk" beim Minisoccer-Turnier mitgespielt hat. Seit zwei Jahren trainiert er mit dem Team!

Ich bin am Freitagvormittag mit dem Zug nach Warendorf gefahren. Am Nachmittag habe ich Minisoccer und ein bisschen Streetball gesehen. Alles war super organisiert und am Abend habe ich in einem tollen Restaurant gegessen.

Am nächsten Tag habe ich wieder Streetball gesehen und das war geil. Streetball ist mein Lieblingssport! Dann hat mir mein Bruder eine SMS geschickt – das Team „Feuerwerk" war ins Minisoccer-Finale gekommen!

Am Sonntag bin ich zum Fußballstadion gegangen, um das Finale zu sehen. Die Atmosphäre war spitze und sehr, sehr laut. Während des Spiels war ich sehr nervös und ich habe nichts gegessen! Das ist nicht normal für mich! Das Finale war sehr spannend und das Team „Feuerwerk" hat gewonnen!

Nächstes Jahr werde ich hoffentlich auch beim Streetballturnier teilnehmen, weil das eine so schöne Erfahrung war!

Deine Hanna

PS Ich werde dir bald die Fotos schicken!

2 Finde folgende Ausdrücke in Hannas E-Mail.

1 at the weekend

2 on Friday morning

3 in the afternoon

4 in the evening

5 on the next day

6 during the game

3 Lies die E-Mail noch mal und wähl die richtigen Antworten aus.

1 Hanna's brother was a **spectator** / participant / **an organiser** at the event.

2 The event was **very well** / averagely / **dreadfully** organised.

3 "Feuerwerk" was **a poor** / an average / **a successful** team.

4 Hanna particularly enjoyed the **beach volleyball** / food / atmosphere .

5 Hanna found the experience **positive** / exhausting / **dull** .

9

4 Hör zu und beantworte die Fragen. (1–4)

1
What has the person lost?
Where does he think it might be?

2
Where is the speaker?
Why is she worried?

3
Where are the people waiting?
What is Wolf asked to do?

4
What game did this person play?
How does she feel?

> ⭐ **Tipp**
>
> Look at the pictures before you listen and try to predict the sorts of words you might hear.

sprechen **5** Partnerarbeit. Du warst bei den Olympischen Spielen oder bei einem lokalen Turnier. Wähl ein Foto aus und beantworte die Fragen.

- Was für ein Spiel / Turnier war das?
- Wie bist du dorthin gefahren?
- Wer hat mitgespielt?
- Wie war die Atmosphäre?
- Was hast du gemacht?
- Wirst du in Zukunft wieder zu dem Spiel gehen?

Ich bin am [Freitagvormittag] mit [dem Zug] nach [Warendorf] gefahren.			
Am Sonntag Am Wochenende Am Abend Am nächsten Tag	bin ich zum	Fußballstadion Beachvolleyball-Platz	gegangen.
	habe ich	Streetball	gesehen.
		im Restaurant	gegessen.
Während des Spiels	war ich	sehr nervös.	
Das Spiel Die Atmosphäre	war	super organisiert, langweilig, laut, toll, lustig, geil, spitze, spannend.	
Nächstes Jahr	werde ich	[hoffentlich]	zum Spiel hinfahren, beim Turnier teilnehmen.

schreiben **6** Schreib eine E-Mail über ein sportliches Event, das du miterlebt hast.

Include:
- Event / Times / place
- Food / drink
- Atmosphere
- Opinion

Try to add a range of tenses to your work.

Present: Streetball ist mein Lieblingssport.
Past: Am Abend bin ich zum Stadion gegangen.
Future: Nächstes Jahr werde ich in der Mannschaft sein.

You are going to hear part of a conversation between a teacher and a student. Listen to the extract, then carry out the activities to help you prepare for your own speaking task.

Task: Leisure time

You are going to have a conversation with your teacher about your leisure time.
our teacher will ask you the following:

- Why do we need leisure time?
- Which leisure activities would you recommend?
- What did you do last weekend (in your leisure time)?

- Which sports are you interested in?
- What would you like to do next weekend?
- Do you think we have too much free time?
- ! (A question for which you have not prepared.)

Preparation

1 Listening for detail

1 The student recommends two leisure activities. What are they? For what kind of person does he think they would be suitable?

2 Is his opinion on shopping positive or negative? Make a note of two clues you hear.

2 Listening for tenses, linking words and opinions

1 The teacher asks him about last weekend. Can you say which tense (past or present) the student uses in these sentences?

a Ich habe am Samstag für die Schule gelernt.
b Ich übe eine Stunde täglich.
c Das finde ich OK, weil ich ziemlich talentiert bin.
d Also sind wir kegeln gegangen.
e Am Sonntag habe ich auf meinem Laptop im Internet gesurft.

2 Which of the following linking words does he use? Make a note of what they all mean.

a also **b** oder **c** und **d** dann **e** später **f** weil

3 The student uses the following expressions. Which two are opinions?

a Ich bin gern mit Freunden zusammen.
b Es hat geregnet.
c Das ist mir aber auf die Nerven gegangen.
d Am Abend haben wir eine Pizza gegessen.

3 Listening for opinions

1 Note two sports activities he mentions.

2 Which of these opinion phrases does he use? Sort them into two groups: positive and negative and check the meaning.

a Der Sport macht Spaß.
b Das ist manchmal anstrengend.
c Fitness ist sehr wichtig für mich.
d Schwimmen ist sehr langweilig.
e Ich finde es schrecklich.
f Das wird eine tolle Erfahrung sein.

Tipp

um ... zu (*in order to*)
Ich fahre nächsten Winter nach Österreich, um dort Ski zu fahren.

Next winter I am going to Austria (in order) to ski.

You must have an infinitive after **zu**.

Useful language

- Use **weil** (because) and **wenn** (if, when) to create more interesting sentences. Remember to send the verb to the end:
  Wenn man faulenzen **möchte**, ...
  If you want to laze around, ...
  Wenn man musikalisch **ist**, ...
  If you are musical, ...
  ..., **weil** ich ziemlich talentiert **bin**.
  ... because I am quite talented / gifted.

- Use these time phrases to link ideas.
erstens	*firstly, first of all*
zweitens	*secondly*
dann	*then*
später	*later, later on*

  e.g. ... **dann** habe ich Klavier gespielt.
  ... , then I played the piano.
  Später habe ich mich mit Freunden getroffen.
  Later I met up with friends..

Over to you!

- From your notes and the vocabulary lists at the end of the chapter, gather together all the words and phrases you want to use to talk about your free time and leisure.
- What aspects are you going to mention as you answer the questions from the task?
- Remember to introduce a range of time references and opinions.
- Work with a partner to answer these questions, and try to predict your teacher's extra question.
- Make sure you keep going. Try to give a bit of extra detail in your answers, and give your opinion.

GradeStudio

To make sure you have a chance of getting a **grade C** in your speaking, you should:

- use adjectives to give your opinions. e.g.
*Lesen ist **ideal**.*	Reading is ideal.
*Skifahren **macht Spaß**.*	Skiing is fun.
*Einkaufen ist **anstrengend**.*	Shopping is tiring.

- try to use *weil* (because) or *wenn* (if / when) to make your sentences more interesting. Both these words send the verb to the end of the sentence. e.g.
  Wenn man musikalisch **ist**, könnte man in einer Band Saxophon spielen.
  If you are musical, you could play the saxophone in a band.

- remember that you can use *ich möchte* (I would like) to talk about things in the future. e.g.
  Ich möchte jedes Wochenende Ski fahren.   I would like to go skiing every weekend.

- you can use *war* and *hatte* when you are talking about things that happened in the past. e.g.
*Ich **hatte** nur wenig Freizeit.*	I had very little free time.
*Das Wetter **war** schlecht.*	The weather was bad.

Ein Badminton-Turnier

Januar

Im Sommer werde ich in einem Badminton-Turnier spielen. Ich werde mit meiner Freundin Eva spielen. „Badminton ist nicht schwer", hat Eva gesagt. Aber ich bin nicht sehr sportlich. Ich faulenze gern. Ich kaufe oft Süßigkeiten und ich esse nicht sehr gesund. Ich esse zu viele Kekse und nicht viel Obst oder Gemüse. Ab und zu spiele ich mit meinen Freunden Badminton, aber kann ich in einem Turnier spielen?

März

Gestern habe ich mit Eva in der Sporthalle in der Stadt trainiert. Es war anstrengend! Ich bin mit dem Fahrrad zur Sporthalle gefahren, aber ich bin mit dem Bus nach Hause zurückgefahren, weil ich so müde war!

April

Morgen werden wir im Park Badminton spielen. Der April ist aber sehr kalt und es regnet viel … Ach, warum habe ich „Ja" zum Turnier gesagt? Ich möchte lieber zu Hause faulenzen!

Mai

Ich habe ein Kilo verloren! Ich esse weniger Kekse und mehr Gemüse. Ich stehe jeden Tag früher auf. Gestern habe ich zwei Stunden lang Badminton gespielt. Es hat Spaß gemacht.

Juni

Nur noch zwei Wochen bis zum Turnier … Wir trainieren dreimal in der Woche und wir spielen besser als im April.

Juli

Gestern haben Eva und ich im Turnier gespielt und wir haben gewonnen! Es war der schönste Tag meines Lebens!

---

1 **Find the expressions of time and frequency that match the ones in the box.**

> **1** every day   **2** in April   **3** in summer   **4** now and again   **5** often
> **6** three times a week   **7** tomorrow   **8** yesterday

2 **Find four examples in the text where a time or frequency expression is used at the start of a sentence followed immediately by the verb (inversion).**

Example: Gestern habe ich mit Eva in der Sporthalle in der Stadt trainiert.

3 **Tenses. Look at the sentences in the blog highlighted in yellow: choose the right translation of the verb from the box below.**

Example: **I played / I play / I'll play** – 'werde' + 'spielen' at end of sentence shows it's future.

> **1** I ate / I eat / I'll eat   **4** I've lost / I lose / I'll lose
> **2** I went / I go / I'll go   **5** we trained / we train / we'll train
> **3** we played / we play / we'll play   **6** we won / we win / we'll win

Over to you!

You have entered a sports competition which will involve training, e.g. a sponsored cycle race or a football match. Write 3–5 entries in a blog (of 100–200 words) for German friends who are sponsoring you.

First read the tips below. You could include:

- what sort of sports event you are going to take part in.
- where it will be and who you will train with.
- what sporting activities you usually do.
- a description of something that has recently happened in your training.
- your opinion about the things you describe.

Grade**Studio**

If you are aiming for a **grade C** in your writing you should:

- learn a few key sentences in different tenses, e.g.

> **Present**: *Ich spiele gern Tennis. Ich treibe gern Sport. Ich höre viel Musik.*

> **Past**: *Ich habe … Fußball gespielt / im Internet gesurft. Ich bin … schwimmen gegangen / mit dem Fahrrad gefahren.*

> **Future**: *Ich werde … Skifahren gehen / angeln gehen / laufen gehen.*

Now you try it! 1
Write the sentences in German.
1 Ich ... viel Sport und ich ... gern Musik.
   (*I do a lot of sport and I like listening to music.*)
2 Ich ... Tennis ... und ich ... schwimmen ... (*I played tennis and I went swimming.*)
3 Ich ... mit meinem Vater angeln ...
   (*I'm going to go fishing with my dad.*)

- extend some of your sentences.

Stage 1: Say what activity you're going to do.
Ich werde Fußball spielen.   I'll play football.
Stage 2: Say when.
Ich werde im Herbst Fußball spielen.
Stage 3: Say who with.
Ich werde im Herbst mit meinem Freund Tom Fußball spielen.
Stage 4: Say where.
Ich werde im Herbst mit meinem Freund Tom in meinem Dorf Fußball spielen.

Now you try it! 2
Say what sport you are going to take part in, and extend the sentence in any way you like. You can then use your nice long sentence in your blog.

- remember to change the word order if you start your sentence with a time expression.
e.g. *Wir haben trainiert. → Letzten Samstag haben wir trainiert.*
Ich werde Tischtennis spielen. → Nächste Woche werde ich Tischtennis spielen.

Now you try it! 3
Start the sentences with the time expression.
1 Ich bin mit meiner Freundin schwimmen gegangen. (Letztes Wochenende)
2 Wir haben einen Film gesehen. (Gestern)
3 Ich werde reiten gehen. (Im Sommer)

- Listening and reading for specific detail, including numbers
- Recognising tenses and time references

The activities on these two pages are designed to help you develop the listening and reading skills you will need in your GCSE exam.

Listening

My week

1 What did Carlos do this past week?

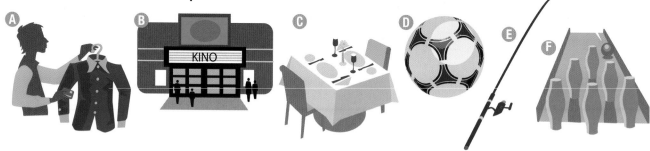

Note the correct letter for each day.

Monday	*B*
1 Tuesday	
2 Wednesday	
3 Thursday	
4 Friday	

Germans and the media

2 Listen to the report. Note which number you need to complete each sentence. Choose from the box below.

Example: 100 % of young people surf the net.

A 2	F 40
B 3	G 45
C 10	H 50
D 15	I 54
E 30	J 100

1 Young people aged 14–19 spend ... hours a day surfing the net.

2 Young people watch TV or listen to the radio for ... minutes a day.

3 Germans spend ... minutes per day reading newspapers.

4 People spend ... minutes a day on music.

Tipp

- During the reading time before you start listening, make a note of how to say all these numbers in German.
- This means you will be better prepared and you will know what you are listening out for.
- You will also be able to spot the difference more quickly between 45 – **fünfundvierzig** and 54 – **vierundfünfzig**.

Reading

Money

1 What do these young people spend their money on? Note the correct letter for each person.

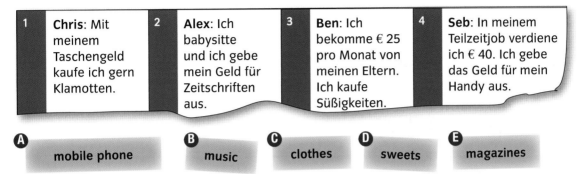

| 1 | **Chris**: Mit meinem Taschengeld kaufe ich gern Klamotten. | 2 | **Alex**: Ich babysitte und ich gebe mein Geld für Zeitschriften aus. | 3 | **Ben**: Ich bekomme € 25 pro Monat von meinen Eltern. Ich kaufe Süßigkeiten. | 4 | **Seb**: In meinem Teilzeitjob verdiene ich € 40. Ich gebe das Geld für mein Handy aus. |

A mobile phone **B** music **C** clothes **D** sweets **E** magazines

Let me introduce myself?

Hallo!

Ich heiße Nela und ich komme aus Berlin. Ich bin achtzehn Jahre alt und habe am 28. Mai Geburtstag. Ich bin ziemlich groß und ich habe lange Haare und grüne Augen. In meiner Freizeit bin ich sportlich aktiv. Ich gehe jeden Tag joggen. Früher bin ich oft schwimmen gegangen, aber leider habe ich jetzt keine Zeit mehr. Ich lese gern Krimis, aber ich höre nie Musik. Das finde ich wirklich langweilig. Im Fernsehen gehen mir die amerikanischen Serien, wie zum Beispiel *Desperate Housewives* auf die Nerven! Sie sind total doof. Meine Lieblingssendung sind die Nachrichten. Ich mag italienisches Essen, aber ich esse kein Fleisch. Ich trage gern Jeans und einen Pulli ...

2 Copy and complete this form about Nela in English.

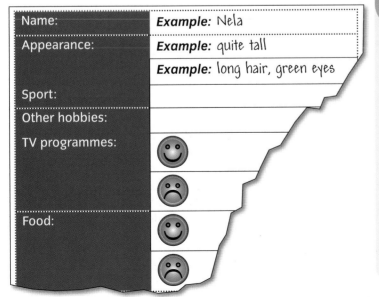

Name:	*Example:* Nela
Appearance:	*Example:* quite tall
	Example: long hair, green eyes
Sport:	
Other hobbies:	
TV programmes:	
Food:	

⭐ **Tipp**

- Look out for different time references! Did you read „**Früher bin ich oft schwimmen gegangen, aber leider habe ich jetzt keine Zeit mehr.**" and think Nela now goes swimming and so you noted down swimming under sport? What difference does **bin ich ... schwimmen gegangen** make to the sentence and what does **früher** mean?

- Look out for **nicht**, **nie** or **kein**. In the sentence „**Ich höre nie Musik.**" what difference does the **nie** make? Music cannot be one of Nela's other hobbies because she *never* listens to music.

9 Wörter

Free time activities

Ich telefoniere.	I telephone.	zweimal in der Woche	twice a week
Ich gehe auf Partys.	I go to parties.	dreimal in der Woche	three times a week
Ich höre Musik.	I listen to music.	nie	never
Ich sehe fern.	I watch television.	Ich faulenze oft.	I often laze about.
Ich surfe im Internet.	I surf the internet.	Ich telefoniere jeden Tag.	I telephone every day.
Ich spiele ein Instrument.	I play an instrument.	Was?	What?
Ich treibe Sport.	I do sport.	Wo(hin)?	Where (to)?
jeden Tag	every day	Wer?	Who?
immer	always	Wie?	How?
oft	often	Wie viel(e)?	How much / many?
ab und zu	now and again	Wann?	When?
einmal in der Woche	once a week	Warum?	Why?

What you did at the weekend

Am Sonntag ...	On Sunday ...	bin ich einkaufen gegangen	I went shopping
Am Samstagabend ...	On Saturday evening ...	bin ich schwimmen gegangen	I went swimming
Letztes Wochenende ...	Last weekend ...	bin ich in die Stadt gefahren	I went into town
habe ich ein T-Shirt gekauft	I bought a T-shirt	bin ich zu Hause geblieben	I stayed at home
habe ich einen Film gesehen	I saw a film	bin ich nach Hause gefahren	I drove home
habe ich ferngesehen	I watched television	Das war [sehr] ...	That was [very] ...
habe ich Fußball gespielt	I played football	anstrengend	tiring
habe ich ein Buch gelesen	I read a book	langweilig	boring
Letzten Sonntag ...	Last Sunday ...	lustig	funny
Letzte Woche ...	Last week ...	toll	great

Sports you will do during the year

Im Herbst ...	In autumn ...	werde ich segeln gehen	I will go sailing
Im Winter ...	In winter ...	werde ich laufen gehen	I will go running
Im Frühling ...	In spring ...	Das ist ...	That is ...
Im Sommer ...	In summer ...	Das finde ich ...	I find that ...
werde ich Fußball spielen	I will play football	Meiner Meinung nach ist das ...	In my opinion that is ...
werde ich Handball spielen	I will play handball	Das war ...	That was ...
werde ich Badminton spielen	I will play badminton	cool	cool
werde ich Eislaufen gehen	I will go ice-skating	entspannend	relaxing
werde ich Skifahren gehen	I will go skiing	gefährlich	dangerous
werde ich kegeln gehen	I will go bowling	spitze	great
werde ich angeln gehen	I will go fishing	teuer	expensive
werde ich reiten gehen	I will go horse-riding	Das macht Spaß.	That's fun.
werde ich klettern gehen	I will go climbing	Das wird [cool] sein.	That will be [cool].
werde ich schwimmen gehen	I will go swimming		

Your look

Ich bin ein ...	I am a(n) ...	bequeme	comfortable
Emo	emo	ethische	ethical
Goth	goth	kurze	short
Punk	punk	lässige	baggy
Skater	skater	schicke	trendy
Individualist	individual	schwarze	black
Ich trage gern ...	I like wearing ...	günstige	reasonable / cheap

preiswerte	good value	Mützen	hats
teure	expensive	Schuhe	shoes
Anzüge	suits	Shorts	shorts
Badeanzüge	swimming costumes	Schlipse	ties
Gürtel	belts	Strumpfhosen	tights
Hausschuhe	slippers	Trainingsanzüge	tracksuits
Hemden	shirts	T-Shirts	T-shirts
Jeans-Miniröcke	denim mini-skirts	eine teure Sonnenbrille	expensive sunglasses

Pocket money

In der Grundschule ...	At primary school ...
habe ich (kein) Taschengeld bekommen.	I got (no) pocket money.
habe ich keinen Teilzeitjob gehabt.	I didn't have a part time job.
Ich bekomme [zwanzig] Euro im Monat.	I get [20 euros] a month.
Ich bekomme kein Taschengeld.	I don't get any pocket money.
Ich verdiene [hundert] Euro dazu.	I earn [100 euros] on top.
Ich habe einen Teilzeitjob [beim Friseur].	I've got a part-time job [at the hairdressers].
Ich spare die Hälfte meines Geldes bei der Sparkasse.	I save half of my money in the bank.
In der Zukunft ...	In the future ...
werde ich keine Kreditkarte haben.	I won't have a credit card.
werde ich einen guten Job finden.	I will find a good job.
werde ich viel Geld verdienen.	I will earn lots of money.
werde ich reich sein.	I will be rich.
Ich kaufe gern ...	I like buying ...
Ich gebe mein Geld für ... aus	I spend my money on ...
Computerspiele	computer games
das Handy	the mobile phone
Klamotten	clothes
Musik	music
Ohrringe	earrings
Parfüm	perfume
Süßigkeiten	sweets
Zeitschriften	magazines
Schmuck	jewellery

Talking about a sports event you went to

Ich bin am [Freitagvormittag] mit [dem Zug] nach [Warendorf] gefahren.	[On Friday morning] I went [by train] to [Warendorf].
Am Sonntag ...	On Sunday ...
Am Wochenende ...	At the weekend ...
Am Nachmittag ...	In the afternoon ...
Am Abend ...	In the evening ...
Am nächsten Tag ...	(On) the next day ...
bin ich zum Fußballstadion gegangen	I went to the football stadium
habe ich Streetball gesehen	I saw streetball
habe ich im Restaurant gegessen	I ate at the restaurant
bin ich zum Beachvolleyballplatz gegangen	I went to the beach volleyball pitch
Während des Spiels war ich sehr nervös.	During the game I was very nervous.

Das Turnier war super organisiert.	The tournament was very well organised.
Die Atmosphäre war spannend.	The atmosphere was exciting.
Das Spiel war ...	The game was ...
Das Finale war ...	The final was ...
geil	brilliant / wicked
langweilig	boring
laut	noisy
lustig	funny
spannend	exciting / tense
spitze	great
toll	great
Nächstes Jahr werde ich hoffentlich ...	Next year I will hopefully ...
beim Streetballturnier teilnehmen	take part in the streetball tournament
zum Spiel hinfahren	go to the match

lesen **1** Find and copy out two German phrases from the list for each picture.

Ich telefoniere mit Freunden.

Ich spiele am Computer.

Ich sehe fern.

Ich lese Bücher.

Ich lese Zeitschriften.

Ich höre Radio.

Ich höre Musik.

Ich surfe im Internet.

schreiben **2** Complete the sentences with one of the words below so that it correctly describes your activities. Translate the sentences into English.

1 Ich surfe ... im Internet.
2 Ich besuche ... Chatrooms.
3 Ich schreibe ... E-Mails.
4 Ich fahre ... Rad.

5 Ich lade ... Musik herunter.
6 Ich lade ... Fotos hoch.
7 Ich sehe ... fern.
8 Ich stricke ... .

nie   selten   ab und zu   oft   immer   abends   am Wochenende   nach der Schule

lesen **3** Match each sentence to a set of images.

1 Ich mag Krimis nicht.
2 Ich mag Komödien.
3 Ich hasse Seifenopern.
4 Ich liebe Kindersendungen.

lesen **4** Read about John's Saturday evening. List the pictures in the order he mentions them.

... Am Samstagabend höre ich Musik und dann benutze ich MySpace. Ich sehe fern – normalerweise Sportsendungen, weil ich Sport liebe und dann fahre ich mit dem Bus in die Stadt. Ich treffe Freunde und wir gehen ins Kino. Ich liebe Horrorfilme, aber wir sehen oft Liebesgeschichten! Dann fahre ich zurück nach Hause und ich spiele am Computer und dann lese ich im Bett Bücher. Was machst du am Samstag?

Bis dann!

John

lesen **1**

Read the texts and then copy and fill out the Venn diagram. The left hand side is for activities that Christian does, the right hand side for his mum and the central portion for activities that they both do.

Christian
Ich besuche Chatrooms.

Christian und seine Mutter
Ich höre Musik.

Christians Mutter Lotte
Ich spiele Wii.

Christian und seine Mutter Lotte sprechen über die Rolle der Medien in ihrem Leben

Ich verbringe viel Zeit am Computer. Abends bin ich nach dem Abendessen normalerweise mit Freunden online. Ich besuche Chatrooms und ich benutze MySpace. Ich lade Fotos hoch oder ich spiele mit Freunden online. Mein Handy ist auch wichtig. Ich surfe mit dem Handy im Internet oder ich teile Musik und Videos mit Freunden. Ich sehe auch fern, aber ich lade am PC Sendungen herunter oder ich sehe auf dem Handy fern. Ich höre gern Musik und ich gehe oft ins Konzert. **Christian**

Ich benutze den Computer zum Einkaufen und ich schreibe E-Mails bei der Arbeit. Mein Sohn hat für mich eine MySpace-Seite geschrieben, aber ich interessiere mich nicht dafür. Ich spiele aber gern Wii. Ich sehe oft fern, besonders Seifenopern und Quizsendungen. Ich mag Musik und ich höre oft CDs oder Musik auf meinem iPod. Ich lade ab und zu Musik herunter. Ich lese auch gern, besonders Krimis oder Zeitschriften über Autos! **Lotte (Christians Mutter)**

lesen **2**

Read the texts again and identify the person who …

1 uploads data onto a networking site.
2 downloads music.
3 reads magazines.
4 likes going to concerts.

5 has a MySpace page.
6 thinks that their mobile is important.
7 uploads photos.
8 enjoys soap operas.

schreiben **3**

Write a text about yourself similar to the ones above. Swap the text with a partner and then complete a Venn diagram for yourself and your partner as in exercise 1. Mention how often you do the following:

- Use MySpace or Bebo.
- Use your mobile.
- Watch TV.

- Play computer games.
- Listen to music.
- Visit chat rooms.

lesen **1**   Which notice (a–f) is aimed at the following people?

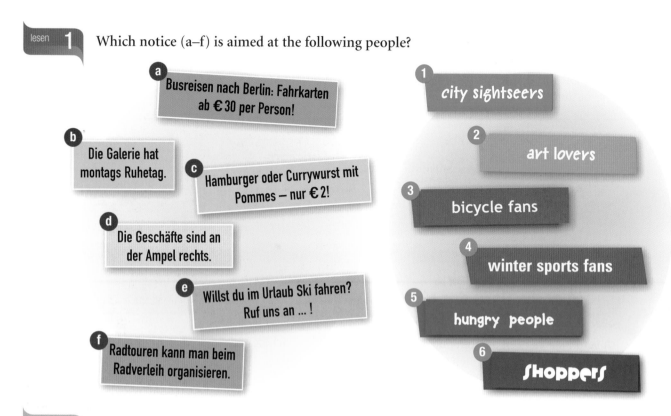

a Busreisen nach Berlin: Fahrkarten ab €30 per Person!

b Die Galerie hat montags Ruhetag.

c Hamburger oder Currywurst mit Pommes – nur €2!

d Die Geschäfte sind an der Ampel rechts.

e Willst du im Urlaub Ski fahren? Ruf uns an … !

f Radtouren kann man beim Radverleih organisieren.

1 city sightseers

2 art lovers

3 bicycle fans

4 winter sports fans

5 hungry people

6 shoppers

schreiben **2**   Write sentences to describe the pictures, using the boxes below.

Beispiel: a Ich habe ein T-Shirt gekauft.

Ich habe …	
im Restaurant	gekauft.
ein T-Shirt	gegessen.
Fußball	gemacht.
eine Radtour	besucht.
das Museum	gespielt.

Ich bin …	
ins Konzert	gegangen.
schwimmen	gefahren.
nach Österreich	gegangen.

1

Read Jan's blog about his holiday experience. Select the four topics which he mentions.

Letzte Woche bin ich nach Griechenland gefahren! Jetzt bin ich wieder zu Hause, aber leider ist mein Rucksack noch im Urlaub! Ja, man hat ihn am Flughafen verloren!

Aber der Urlaub war megaspitze! Ich habe eine Woche in einem Hotel auf Korfu übernachtet und ich bin jeden Tag schwimmen gegangen. Ich habe auch viel gechillt und ich habe mein Buch am Strand gelesen und Musik gehört. Am letzten Tag habe ich einen Stadtbummel in der Stadt Korfu gemacht. Das war sehr interessant und ich habe viele Geschenke gekauft – leider sind sie noch im Rucksack! Abends bin ich oft ins Lokal gegangen und habe gut gegessen und viel getanzt!

Nächstes Jahr fahre ich unbedingt wieder nach Korfu, weil der Urlaub so schön war.
Jan

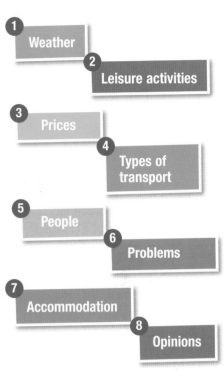

1 Weather
2 Leisure activities
3 Prices
4 Types of transport
5 People
6 Problems
7 Accommodation
8 Opinions

2

Read Jan's blog again and put the pictures in the order he mentions them. Write out the German word or phrase for each picture.

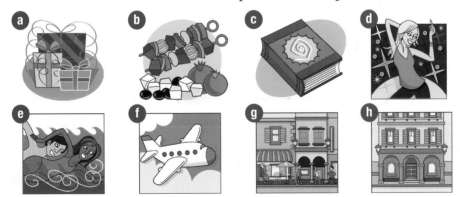

a **b** **c** **d**
e **f** **g** **h**

3

Use these notes to help you write a blog about your holiday experiences.

- Where did you go? When?
- Where did you stay?
- What did you do there?

- Was there a problem?

- How was the holiday?

Letztes Jahr, Im Juli bin ich nach Italien, Spanien gefahren.

Ich habe im Hotel, auf einem Campingplatz übernachtet.

Ich habe gechillt, das Museum besucht, Fotos gemacht.

Ich bin schwimmen, ins Konzert gegangen.

Das Hotel war kalt. Das Essen war schrecklich.
    Der Urlaub war zu kurz.

Der Urlaub war fantastisch, wunderbar, chaotisch.

lesen 1 In which direction would you go to get to the following places? (1–6)

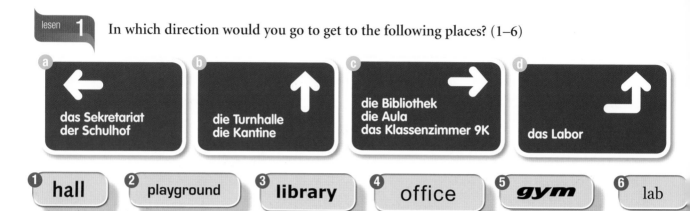

1 hall   2 playground   3 library   4 office   5 *gym*   6 lab

lesen 2 Match the pictures to the correct school rules.

1 Man darf nicht rauchen.

2 Man muss höflich und hilfsbereit sein.

3 Man muss eine Uniform tragen.

4 Man muss pünktlich zur Schule kommen.

5 Man darf niemanden mobben.

6 Man muss die Hausaufgaben machen.

7 Man darf im Klassenzimmer keinen Kaugummi kauen.

8 Man darf kein Fastfood essen.

schreiben 3 Unjumble and copy out these ideal school rules. Can you add some rules of your own?

Man muss
Man muss
Man muss
Man darf
Man darf

Cola
im Klassenzimmer
keine
um zehn Uhr
sportlich

chillen.
trinken.
sein.
Uniform tragen.
zur Schule kommen.

1 Read Kai's school report and find the German phrases for the expressions below.

Englisch [4]

Dieses Jahr fand Kai die Stunden sehr schwer. Er hat sich nicht sehr gut konzentriert und hat oft die Hausaufgaben nicht gemacht. Er ist auch viermal nicht zum Englischunterricht gekommen.

Deutsch [3]

Ein gutes Jahr für Kai! Deutsch ist sicher nicht sein Lieblingsfach, aber er hat die Hausaufgaben immer pünktlich gemacht und hat auch manchmal gute Noten bekommen. Kai ist ein freundliches und hilfsbereites Mitglied der Klasse.

Chemie [5]

Chemie findet Kai schwer und dieses Jahr hat er viele Probleme damit gehabt. Leider ist er auch oft zu spät ins Labor gekommen, weil er lieber auf dem Schulhof Fußball spielt. Wenn er bessere Noten bekommen will, muss er noch fleißiger arbeiten.

Sport [1]

Kai ist sportlich begabt. Es ist auch sehr positiv, dass er nach der Schule viele Sport-AGs macht. Wenn's so weiter geht, wird er in Zukunft vielleicht Sportler sein!

VOM DIREKTOR

Ein gemischtes Jahr für Kai. Er soll sich bitte merken, dass Fastfood an der Schule verboten ist! Man darf im Unterricht auch keinen Kaugummi kauen. Kai hat viele gute Kommentare und hoffentlich kann er nächstes Jahr bessere Noten bekommen.

1 He has not concentrated very well.

2 A good year for Kai!

3 He always did homework punctually.

4 He often came late to the lab.

5 He must work harder.

6 Kai is talented in sport.

7 A mixed year for Kai.

8 Kai has a lot of good comments.

 2 Answer the questions in English about Kai's report.

1 Which subject did Kai get the worst grade in?

2 How often did Kai miss English lessons?

3 What does Kai's German teacher think of him?

4 What does Kai often do after school?

5 What does Kai prefer doing rather than go to chemistry?

6 What does the headteacher hope will happen next year?

3 Write about three of your school subjects, using Kai's report and the sentences below to help you.

Ich finde	Deutsch, Mathe	sehr, ziemlich	interessant, einfach.
Die Lehrerin / Der Lehrer ist	sehr, manchmal, oft	nett, mies.	
Ich habe	selten, immer, oft	Probleme mit	Deutsch, Mathe.
Ich finde die Hausaufgaben	ab und zu, ziemlich	stressig, einfach, schwierig.	
Ich bekomme	immer, nie, oft	gute, schlechte	Noten.

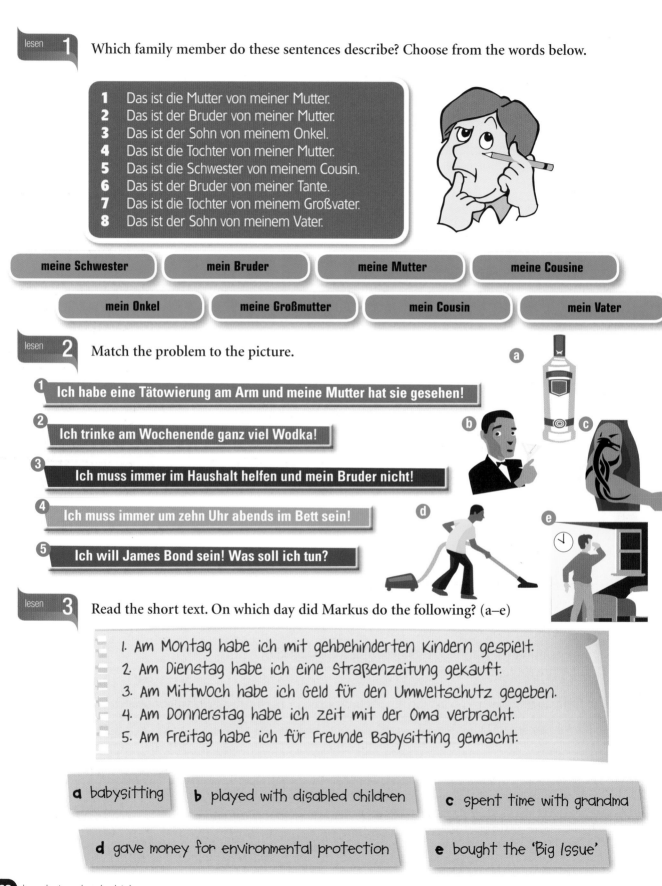

lesen 1 Which family member do these sentences describe? Choose from the words below.

1 Das ist die Mutter von meiner Mutter.
2 Das ist der Bruder von meiner Mutter.
3 Das ist der Sohn von meinem Onkel.
4 Das ist die Tochter von meiner Mutter.
5 Das ist die Schwester von meinem Cousin.
6 Das ist der Bruder von meiner Tante.
7 Das ist die Tochter von meinem Großvater.
8 Das ist der Sohn von meinem Vater.

meine Schwester   mein Bruder   meine Mutter   meine Cousine

mein Onkel   meine Großmutter   mein Cousin   mein Vater

lesen 2 Match the problem to the picture.

1 Ich habe eine Tätowierung am Arm und meine Mutter hat sie gesehen!

2 Ich trinke am Wochenende ganz viel Wodka!

3 Ich muss immer im Haushalt helfen und mein Bruder nicht!

4 Ich muss immer um zehn Uhr abends im Bett sein!

5 Ich will James Bond sein! Was soll ich tun?

lesen 3 Read the short text. On which day did Markus do the following? (a–e)

1. Am Montag habe ich mit gehbehinderten Kindern gespielt.
2. Am Dienstag habe ich eine Straßenzeitung gekauft.
3. Am Mittwoch habe ich Geld für den Umweltschutz gegeben.
4. Am Donnerstag habe ich Zeit mit der Oma verbracht.
5. Am Freitag habe ich für Freunde Babysitting gemacht.

a babysitting   b played with disabled children   c spent time with grandma

d gave money for environmental protection   e bought the 'Big Issue'

lesen **1** Read the texts and answer the questions.

Ich wohne mit meiner Mutter und meinem Bruder zusammen. Ich komme sehr gut mit meiner Mutter aus, weil sie freundlich ist. Sie ist oft gut gelaunt. Mein Bruder geht mir auf die Nerven. Er ist immer frech. Mein Bruder und ich streiten oft über die Hausarbeit. Ich helfe immer zu Hause und er macht nichts.

Suzanne

Zu Hause gibt es meinen Vater, meine Mutter und meinen Bruder. Ich komme gut mit meinem Bruder aus, aber meine Eltern sind streng und sie gehen mir immer auf die Nerven. Meine Mutter ist schlecht gelaunt und mein Vater ist egoistisch.

David

Ich wohne mit meiner Oma und meiner Schwester zusammen. Ich verstehe mich sehr gut mit meiner Oma, aber ich komme nicht gut mit meiner Schwester aus. Meine Schwester ist laut und unordentlich. Meine Oma ist super und nicht streng. Ich liebe meine Oma.

Lotte

Who ...

1 gets on well with their brother?
2 thinks their sister is loud and messy?
3 thinks their mother is friendly and good tempered?
4 lives with their grandmother?
5 thinks their brother is cheeky and lazy?
6 thinks their dad is selfish?
7 thinks their parents are strict?
8 thinks that home is not very strict?

schreiben **2** Write a short text for Stefan.

- Lives with brother, sister and mum.
- Gets on with brother. He is friendly.
- Doesn't get on with sister. She is loud and messy.
- Gets on with mum. She is strict but good tempered.

lesen **3** Read the three short texts. Do the speakers want to get married? Why (not)?

1 Ich will nicht heiraten. Meine Mutter und mein Vater haben sich vor einem Jahr getrennt. Ich will nicht heiraten, weil auf immer und ewig unrealistisch ist.

2 Ich will heiraten. Ich will heiraten, weil die Ehe gut für Kinder ist und weil eine Hochzeit so schön ist.

3 Aber ich will nicht heiraten, weil Liebe wichtiger als ein Blatt Papier ist. Ich bin auch immer noch sehr jung.

lesen **1**   Match the pictures a–h to the correct sentences.

1 Ich habe Bauchschmerzen.
2 Der Arm tut weh.
3 Ich fühle mich gestresst.
4 Das Bein ist verletzt.

5 Der linke Fuß ist geschwollen.
6 Ich bin total müde.
7 Ich habe Zahnschmerzen.
8 Ich gehe zum Arzt.

lesen **2**   Read the vox pops about teenagers' lifestyles and find the expressions below.

Wie gesund bist du?

a Ich gehe jeden Tag zur Sporthalle und trainiere dort eine halbe Stunde.

b Ich esse viel Obst und Gemüse. Wenn ich Hunger habe, esse ich einen Apfel oder eine Banane.

c Ich bin eine richtige Naschkatze, aber ich versuche, nur zweimal in der Woche Schokolade zu essen. Das ist gar nicht so einfach!

d In der Schule bin ich sehr gestresst, aber abends chille ich in meinem Zimmer und höre Musik.

e Letztes Jahr habe ich viel geraucht, aber jetzt rauche ich keine Zigaretten mehr. Ich finde das zu ungesund.

f Ich fahre immer mit dem Rad in die Schule. So bleibe ich fit!

g Im Sommer spiele ich jeden Tag Tennis und im Winter fahre ich Ski. Das ist megaspitze!

1 every day
2 I eat a lot of vegetables
3 twice a week
4 in the evenings

5 I smoked a lot last year
6 by bike
7 in the summer
8 healthy / unhealthy

lesen **3**   Which person …

1 finds music a good way of relaxing?
2 has a healthy way of travelling to school?
3 has recently given up an unhealthy habit?

4 chooses a healthy option when hungry?
5 has a sport for every season?
6 has an unhealthy eating habit?

1 Read the magazine article and match each extract to the correct topic 1–5 below.
List four German words and their meanings which gave you the clues.

Teenager sind in Gefahr

b Es passiert jede Samstagnacht in Berlin: 15-Jährige kommen alkoholisiert ins Krankenhaus und betrunkene 16-Jährige liegen auf der Straße. Jugendliche trinken immer mehr alkoholische Getränke, das macht man im Lokal, zu Hause oder im Park. Alkoholismus unter Jugendlichen ist ein großes Problem und man muss etwas dagegen tun.

a Viele Jugendliche sind gestresst. Man kommt nicht zur Schule, weil man Kopfschmerzen, Bauchschmerzen oder Rückenschmerzen hat. Das sind alles Stresssymptome. Es ist wichtig, dass Jugendliche einen gesunden Lebensstil haben und fit bleiben – das muss nicht langweilig sein, das kann Spaß machen!

c Seit zehn Jahren raucht Julia. Zurzeit arbeitet sie in einer Fabrik und die Raucherpausen mit den Kollegen machen ihr viel Spaß. „Die Arbeit ist stinklangweilig", meint sie, „und Rauchen finde ich toll und entspannend." Julia weiß, dass Zigaretten auch gefährlich, teuer und ungesund sind, aber das Rauchen kann sie nicht aufgeben.

1 smoking	**3** stress	**5** drugs
2 overweight	**4** alcohol	

 2 Read the extracts again and answer the questions in English on each one.

a
1 Name two symptoms of stress teenagers might show.
2 What does the writer say a healthy lifestyle doesn't have to be?

b
1 Where might teenagers end up in Berlin on a typical Saturday night? (2)
2 Name two places where teenagers might drink.

c
1 How long has Julia been smoking for?
2 Name two negative points Julia is aware of to do with cigarettes.

 3 Write a short magazine article about your own fictional experience of a teenage health issue.

What is the problem?	Ich trinke, rauche, esse zu viel.
How long have you had the problem?	Seit einem Jahr, drei Monaten, letzter Woche trinke ich viel Alkohol, esse ich ungesund, mache ich kein Aerobic.
Give some examples of the problem.	Am Wochenende habe ich eine Flasche Wodka getrunken, auf einer Party Cannabis geraucht, zu viel Schokolade und Kekse gegessen, Drogen genommen.
Say how you feel.	Jetzt habe ich Angst, fühle ich mich deprimiert, bin ich gestresst, bin ich süchtig.

1 Read the texts below. What is their job, what do they think of it and how much do they earn? Note the three relevant numbers for each person from the table.

Beispiel: Ich arbeite als Stadtführerin. Ich finde die Arbeit schwer. Ich verdiene zehn Euro pro Stunde = 5, 4, 2

1	2	3	4	5	6
1 well paid	**2** badly paid	**3** demanding	**4** difficult	**5** boring	**6** interesting
1 €8/hour	**2** €10/hour	**3** €12/hour	**4** €65/week	**5** €70/week	**6** €80/week

a Ich arbeite als Kellner. Ich finde die Arbeit gut bezahlt. Ich verdiene €80 pro Woche.

b Ich arbeite als Verkäuferin. Ich finde die Arbeit anstrengend. Ich verdiene €10 pro Stunde.

c Ich arbeite als Babysitter. Ich finde die Arbeit schlecht bezahlt. Ich verdiene €8 pro Stunde.

d Ich arbeite als Gärtner. Ich finde die Arbeit langweilig. Ich verdiene €65 pro Woche.

e Ich arbeite als Kassiererin. Ich finde die Arbeit interessant. Ich verdiene €70 pro Woche.

2 Write short texts for the following number combinations using the sentences in exercise 1.

1, 3, 6   **4, 5, 5**   **2, 2, 2**   **5, 1, 4**

3 Read the CV and answer the questions in English.

Peter Barron
Lebenslauf

Geburtsdatum:	23.01.1995.
Geburtsort:	Carlisle, England.
Schulabschlüsse:	GCSE Englisch, Mathe, Naturwissenschaften, Deutsch, Spanisch, Geschichte, Religion.
Berufserfahrung:	Zwei Jahre als Verkäufer. Ich habe mein Arbeitspraktikum in einer Schule in Carlisle gemacht.
Persönliche Charaktereigenschaften:	Gut gelaunt, fleißig und sehr freundlich.
Sonstiges:	Ich bin sehr sportlich. Ich spiele gern Rugby und Federball. Ich gehe auch sonntags in die Kirche.

1 Name five subjects that Peter has got a GCSE in.

2 Where has he worked? Where did he do his work experience?

3 What type of a person is Peter?

4 Name two activities he does in his free time.

1 Read the text. Which four statements are correct according to Marcel?

Ich arbeite als Arzt in einem Krankenhaus. Ich finde den Beruf gut, weil man Kontakt zu Menschen hat und anderen helfen kann. Ich arbeite gern mit Leuten. Der Job ist gut bezahlt, aber kann oft sehr stressvoll sein. Man muss auch oft spät abends arbeiten. Ein guter Arzt ist intelligent, aber auch freundlich. Gute Kommunikationsfähigkeiten sind sehr wichtig. Ich bin ziemlich intelligent und ich verbringe viel Zeit mit anderen. Ich liebe es, neue Leute kennenzulernen.

Marcel

1 Marcel likes having contact with other people.

2 He thinks that his job is sometimes boring.

3 The job is badly paid.

4 His job is often stressful.

5 You have to work late in the evening.

6 You have to work all night.

7 A good doctor acts as a role model.

8 Marcel spends a lot of time with other people.

 2 Logic puzzle. Read the clues. Who works where? How much do they earn? What do they think of the work? Copy and complete the grid.

Tankstelle	Supermarkt
Geschäft	Zeitungen
Babysitten	Restaurant

€7,50 €7 €6
€10 €6 €8

schwer gut bezahlt
interessant langweilig
schrecklich gut

	Where?	Earnings?	Opinion?
Katja			
Juan			
Bärbel			
Izzi			
Jonas			
Peter			

 Tipp

- If it is helpful, make a set of cards with the words from the clouds on.
- Read the clues and link the information together.
- Always have the shape of the table in mind – this will help you.

- Die Person, die an einer Tankstelle arbeitet, bekommt €8 pro Stunde.
- Juan arbeitet in einem Supermarkt.
- Peter macht kein Babysitting.
- Zeitungen austragen ist schrecklich.
- Izzi findet die Arbeit interessant.
- Die einzige Person, die mehr Geld als Bärbel verdient, ist Jonas.

- Jonas findet die Arbeit im Geschäft gut bezahlt.
- Peter verdient das gleiche Geld wie Katja.
- Die Person, die €7 pro Stunde verdient, findet die Arbeit schwer.
- Für €6 pro Stunde ist Babysitting langweilig.

lesen 1

Write sentences to describe what there is and is not in this town.

Es gibt	(k)einen	Park, Bahnhof, Markt.
	(k)eine	Bibliothek, Eishalle, Kirche, Fußgängerzone.
	(k)ein	Museum, Kino, Rathaus.

lesen 2

Read the fact file about Greifensee and choose the correct answers.

Greifensee

Lage:	etwa 10 km östlich von der Stadt Zürich in der Schweiz
Sehenswürdigkeiten:	das Schloss, der See, historische Gebäude im Stadtzentrum
Einkaufen:	Apotheke, Supermärkte, Friseur usw.
Verkehrsverbindungen:	jede Viertelstunde fährt ein Zug nach und von Zürich.
Sport:	man kann im Seebad schwimmen gehen und auch zum Sportzentrum gehen.
Aktivitäten und Clubs:	Tischtennis, Kochen, Basketball, Theater, Flöte …

1 Greifensee is in **Switzerland** / Germany / Austria.

2 Greifensee has a **museum** / castle / town hall.

3 There are **no** / some / new shops in the town.

4 There is a regular **bus** / train / taxi service to Zurich.

5 You can go **swimming** / fishing / windsurfing at the lake.

6 You can join the **cookery** / rowing / sailing club.

schreiben 3

Write a fact file about your town or area.

Stadt	???
Lage	Südostengland, Nordengland, Westschottland
Sehenswürdigkeiten	Es gibt einen Park, eine Kirche, ein Rathaus.
Einkaufen	Es gibt einen Markt, einen Flohmarkt, Geschäfte, ein Einkaufszentrum.
Sport	Man kann Tennis spielen, reiten gehen, windsurfen gehen.
Aktivitäten	Man kann das Rathaus besuchen, ins Restaurant gehen, einkaufen gehen.
Meinung	Die Stadt / Die Gegend ist lebendig, super, historisch, interessant.

1 Read the newspaper report. Find the words for the pictures (a–f) below.
Use the glossary to help you, if you like.

Auf Facebook zur Party eingeladen: 400 Jugendliche bringen Chaos in ein Einfamilienhaus

Megan wohnt mit ihrer Mutter in einem modernen, luxuriösen Zehn-Zimmer-Haus am Stadtrand (4,1 Millionen Euro wert). Hier sind die Nachbarn ziemlich alt und nicht sehr freundlich. Hier passiert nichts ...

Am Samstag hat Megan ihren 18. Geburtstag gefeiert. Sie hatte eine Hausparty, aber ein Freund hat alle seine Freunde auf Facebook zur Party eingeladen.

Am Ende der Party gab es Chaos:
* der Fernseher war im Schwimmbad,
* der Schrank war kaputt,
* das Sofa war im Garten,
* Bier- und Weinflaschen waren auf der Terrasse,
* der Computer war auf dem Balkon,
* Megans Geburtstagsgeschenke waren auf dem Tennisplatz.

Und was hat das alles gekostet? Mehrere Tausend Euro. Und wo war Megans Mutter? Sie war fürs Wochenende bei Freunden auf dem Land.

2 Read the article again and select the four correct sentences.

1 Megan was celebrating a special birthday.
2 Megan lives in a small modern house.
3 Lots of young people live near to Megan.
4 The sofa ended up outside.
5 Megan's birthday presents were safe in her bedroom.
6 At the end of the party there was an electric appliance in the pool.
7 There were no signs of alcohol having been drunk at the party.
8 Megan's mother was staying with friends for the weekend.

schreiben 3 Write a report about a party you went to / had which was a disaster.

In den Ferien, Letzten Samstag, Am Wochenende bin ich auf eine Party gegangen.
Das war für eine Hochzeit, einen Geburtstag, ein Jubiläum, eine Weihnachtsfeier.
Die Party hat um sieben Uhr, halb neun angefangen.
Um zehn Uhr, Mitternacht ist die Party zu Ende gegangen.
Es gab viele Freunde, Nachbarn, alte Leute, Verwandte auf der Party.
Wir haben Hamburger, Chips, Schokolade gegessen.
Wir haben Bier, Cola, Milch, Früchtetee getrunken.
Wir haben geplaudert, gechillt, getanzt, gelacht, Fußball gespielt.
Man hat [das Fenster] zerbrochen, geraucht, zu viel Wein getrunken, [den Fernseher] gestohlen.

lesen **1** Are these people environmentally friendly or not? Copy the table and write the names in the correct column.

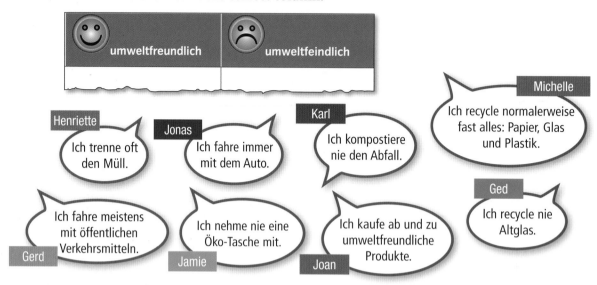

😊 umweltfreundlich	😞 umweltfeindlich

Henriette: Ich trenne oft den Müll.

Jonas: Ich fahre immer mit dem Auto.

Karl: Ich kompostiere nie den Abfall.

Michelle: Ich recycle normalerweise fast alles: Papier, Glas und Plastik.

Gerd: Ich fahre meistens mit öffentlichen Verkehrsmitteln.

Jamie: Ich nehme nie eine Öko-Tasche mit.

Joan: Ich kaufe ab und zu umweltfreundliche Produkte.

Ged: Ich recycle nie Altglas.

schreiben **2** Write a sentence for each of the images below and say how often you do them.

lesen **3** Read Karl's opinion of methods of transport and answer the questions in English.

Ich fahre mit dem Bus zur Schule. Busse sind schneller als zu Fuß zu gehen. Aber ich fahre lieber mit dem Auto. Autos sind schneller als Busse, aber Busse sind umweltfreundlicher als Autos! Wir fliegen normalerweise in den Urlaub. Aber Züge sind umweltfreundlicher als Flugzeuge. Züge sind auch bequemer, aber sie sind oft teurer als Flugzeuge! Ich liebe Straßenbahnen, aber es gibt keine in Southampton.

Karl

1 Why does Karl take the bus to school?
2 How would he prefer to travel? What are the pros and cons of this?
3 How does he usually go on holiday?
4 What does he think of going on holiday by train?
5 What does he say about trams?

lesen **1** Match the English and German newspaper headlines.

Klima-Chaos!

a In 80 years it will be four degrees hotter.

Im Winter wird es zwanzig Tage mehr geben, wo es regnet.

b Thunder and lightning will happen more often.

2 Frühling wird früher sein.

3 In achtzig Jahren wird es vier Grad wärmer sein.

c There will be more storms and floods.

4 Es wird mehr Stürme und Überschwemmungen geben.

d In the winter there will be 20 more days of rain.

e There will be more and more extreme weather events.

5 Es wird öfter donnern und blitzen.

f Spring will be earlier.

6 Es wird immer mehr Wetterextreme geben.

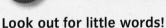
Tipp

Look out for little words!
When reading a text, some of the little words can unlock the meaning. For example, in exercise 1 the following words are important.
mehr (*more*), **früher** (*earlier*), **öfter** (*more often*), **immer** (*always*)

lesen **2** Read the statements below. What is the significance of the numbers in the cloud?

-58 / -89 / 57 / 251 / 300 / 100 / 1

- **Der kälteste Ort der Erde** ist die Antarktis. Im Jahresdurchschnitt ist es dort -58 Grad Celsius kalt. **Der Rekord** liegt bei -89 Grad Celsius im Jahr 1983 an der Station Wostok.

- **Die heißeste Temperatur** wurde mit 57 Grad Celsius im Jahr 1922 in Libyen dokumentiert.

- **Die meisten Gewitter** in einem Jahr gab es in Uganda. Hier blitzte und donnerte es für 251 Tage.

- Die höchste Zahl von **Nebeltagen** gab es 1958 mit 300 im Harz in Deutschland.

- **Der trockenste Ort** der Welt ist die Atacama-Wüste in Chile. In 100 Jahren gibt es nur ein paar kurze Schauer.

- Das schwerste **Hagelkorn** fiel 1986 in Bangladesch. Es wog 1 kg.

lesen 1 Look at the department store sign. On which floor can you buy these items a–h?

3. Stock: **Herrenabteilung**

Anzüge, Gürtel, Hemden,

Hausschuhe, Schlipse, Sonnenbrillen

2. Stock: **Damenabteilung**

Röcke, Trainingsanzüge,

Badeanzüge, Parfüm & Schmuck

Erdgeschoss: **Kinderabteilung**

Shorts, T-Shirts,

Strumpfhosen, Mützen, Schuhe

lesen 2 Copy and complete these sentences taken from teenagers' blogs.

1 **Letzten Samstag bin ich mit dem Rad in die Stadt ... .**

gefahren   gekauft   gegessen

2 Am Wochenende habe ich bis zwei Uhr in der Garage gearbeitet und dann habe ich einen Stadtbummel ... .

gehört   gechillt   gemacht

3 **Ich habe ein Geschenk für meinen Bruder gekauft. Am Montag hat er ... . Er wird siebzehn Jahre alt!**

Prüfungen   Geburtstag   Fasching

4 Am Samstagabend bin ich mit meinen Freunden ins Konzert ... . Das Konzert war geil und super laut!

gesehen   gegangen   besucht

5 **Am ... bin ich bis zehn Uhr im Bett geblieben und habe Musik gehört!**

Flughafen   Sonntag   Schule

6 Dieses Wochenende habe ich Toast mit Schinken ... und ich habe meine Hausaufgaben gemacht: Deutsch und Erdkunde.

getrunken   gegessen   ferngesehen

schreiben 3 Use the texts above to prepare your own blog account about last weekend.

Letztes Wochenende	habe ich	Fußball	gespielt.
Am Samstag		ein Geschenk	gekauft.
Am Samstagabend		Toast	gegessen.
Am Sonntag		Musik	gehört.
Letztes Wochenende			
Letzten Sonntag	bin ich	einkaufen	gegangen.
Letzte Woche		schwimmen	
		in die Stadt	gefahren.
Das war [sehr]	lustig, anstrengend, langweilig, toll, laut.		

lesen **1** Read the magazine extracts about leisure activities and find the expressions 1–8 in the text.

In meiner Freizeit …

… bin ich gern mit meinen Freundinnen zusammen. Wenn das Wetter schön ist, gehen wir schwimmen oder wir chillen im Park. Wenn das Wetter schlecht ist, fahren wir lieber mit dem Bus in die Stadt und bummeln im Einkaufszentrum. **Sophia**

… spiele ich gern Saxophon! Ich bin Mitglied von einer großen Jugendband. Wir haben zweimal in der Woche Probe. Nächsten Monat werden wir alle auf Tournee nach Italien fahren! Ich freue mich sehr darauf. **Inge**

… sitze ich oft vor dem Computer, weil ich sehr gern im Internet bin. Ich lade Musik herunter oder lese Webseiten. Ich chatte auch sehr gern mit Leuten in Chatrooms. **Bernhard**

… bin ich in der Sporthalle! Ich bin im Handballverein und die Mannschaft trainiert jeden Tag. Letztes Jahr bin ich mit der Mannschaft nach Belgien gefahren. Schade, dass wir nicht gewonnen haben, aber es hat jede Menge Spaß gemacht! **Oskar**

1 when the weather is bad

2 because I really like going on the internet

3 I'm a member of a youth band

4 the team train every day

5 we chill out in the park

6 I like chatting with people

7 I'm looking forward to it

8 it was a lot of fun

lesen **2** Read the extracts again and find the correct person.

Who …

1 is musical?

2 is sporty?

3 has ideas for whatever the weather?

4 didn't have any success abroad?

5 will soon travel abroad?

6 enjoys shopping?

schreiben **3** Write two or three extracts for you and your friends / family for the article about leisure activities. The sentences on page 192 will help you. You must mention the following tenses and clauses:

In meiner Freizeit	
Present tense	Ich gehe immer einkaufen. Ich mache gern Fotos. Ich spiele oft Handball. Ich chille sehr gern.
Perfect tense	Ich habe Musik gehört, Volleyball gespielt, Apfelstrudel gegessen. Ich bin ins Kino gegangen, schwimmen gegangen, in die Stadt gefahren.
Future tense	Ich werde Tennis spielen, nach Italien fahren, ins Konzert gehen.
weil clauses	weil ich sportlich, musikalisch bin. weil ich gern Tennis, Badminton spiele.
dass clauses	Ich denke, dass das geil, lustig ist.

Grammatik   *Contents*

The grammar section has each grammatical theme divided into three:

Bronze
Silver
Gold

Bronze is for the most important and often the easier aspects of German grammar, through silver, to gold which contains the more complex items.

Some ideas are easier than others to grasp. Categorising the grammar in this way allows you to begin with the easier ones and then move onto the harder ones. You can set yourself realistic targets when you can see the next steps you need to take. Check you understand the bronze sections before moving on.

There are exercises on each spread to practise the points being covered.

Bronze

The infinitive

When you look for a verb in a dictionary, you will find it in the infinitive form. Most infinitives end in **-en**:
wohnen (*to live*); **finden** (*to find*).

Personal pronouns

These are German personal pronouns in the nominative form.

ich	*I*
du	*you (familiar, singular)*
er	*he, it*
sie	*she, it*
es	*it*
man	*you (one)*
wir	*we*
ihr	*you (familiar, plural)*
Sie	*you (formal, polite)*
sie	*they*

Words for 'you'

In German there are three words for 'you': **du**, **ihr** and **Sie**.

- **du** is used when talking to someone you know well or someone younger than yourself. It is the word you use for friends and family.
- The pronoun **ihr** is the plural form of **du** and is used when talking to more than one friend or family member.
- **Sie** is the polite form and is used when talking to people older than you, e.g. a teacher or people you do not know. This can be one person or more than one person.

Present tense of regular verbs

You use the present tense to talk about things which you usually do or are doing at the moment. Regular verbs all follow the same pattern (here **spielen** *to play*).

ich	spiel<u>e</u>	*I play*
du	spiel<u>st</u>	*you play*
er	spiel<u>t</u>	*he plays*
sie	spiel<u>t</u>	*she plays*
wir	spiel<u>en</u>	*we play*
ihr	spiel<u>t</u>	*you play*
Sie	spiel<u>en</u>	*you play*
sie	spiel<u>en</u>	*they play*

Silver

The following irregular verbs are very important to know:

haben *to have*

ich habe	*I have*
du hast	*you have*
er hat	*he has*
sie hat	*she has*
wir haben	*we have*
ihr habt	*you have*
Sie haben	*you have*
sie haben	*they have*

sein *to be*

ich bin	*I am*
du bist	*you are*
er ist	*he is*
sie ist	*she is*
wir sind	*we are*
ihr seid	*you are*
Sie sind	*you are*
sie sind	*they are*

Separable verbs

These verbs work in the same way but have two parts: the main verb and a prefix. When they are used in a sentence, the prefix jumps to the end:

<u>auf</u>wachen *to wake up*

Ich <u>wache</u> um sieben Uhr <u>auf</u>.
I wake up at seven o'clock.

Gold

Irregular verbs

Some common verbs don't follow the regular pattern e.g. **essen** (*to eat*), **lesen** (*to read*), **fahren** (*to go / drive*) etc. These change the vowel in the **du**, **er** and **sie** forms, but follow the same pattern for endings. Look at the green column on pages 210 – 211 (verb tables).

lesen *to read*

ich	lese	wir	lesen
du	<u>liest</u>	ihr	lest
er	<u>liest</u>	Sie	lesen
sie	<u>liest</u>	sie	lesen

Bronze

Perfect tense

You use the perfect tense to talk about things which happened in the past:

Ich habe Fußball gespielt. *I played football.*

Person | Auxiliary verb | Any other information (AOI) | Past participle

Regular participles begin with **ge-** and end in **-t**.
Take the **-en** off the infinitive: spiel~~en~~
add **ge- + -t** to what is left:
ge + spiel + t → gespielt

spielen *to play*

ich	habe	gespielt
du	hast	gespielt
er	hat	gespielt
sie	hat	gespielt
wir	haben	gespielt
ihr	habt	gespielt
Sie	haben	gespielt
sie	haben	gespielt

Future tense

One way this can be formed is by using the present tense and a future marker e.g.

Morgen spiele ich Fußball.
Tomorrow I'm playing football.

Silver

Perfect tense

Irregular verbs

The past participles of some verbs do not follow the regular pattern:

essen: ich habe **gegessen** *I ate/I have eaten*
sehen: ich habe **gesehen** *I saw/I have seen*
trinken: ich habe **getrunken** *I drank/I have drunk*

Ich habe Cola getrunken.

Person | Auxiliary verb | Any other information (AOI) | Past participle

Look at the blue column on pages 210 – 211 (verb tables) for irregular past participles. Here are some examples that you will recognise.

gelesen	*read*
gesehen	*seen*
gesprochen	*spoken*
getrunken	*drunk*

Irregular past participles are common so check the list!

Future tense

Another way of forming the future tense is by using **werden** + an infinitive e.g.

Ich werde viel Sport treiben.
I will do lots of sport.

Morgen werde ich Fußball spielen.
Tomorrow I will play football.

werden (see page 204)

ich werde
du wirst
er / sie / es wird
wir werden
ihr werdet
Sie werden
sie werden

Perfect tense: verbs + sein

Some verbs form the perfect tense with **sein**. Most of them describe movement, e.g.

fahren	to go, travel
ich **bin** ...	gefahren
du **bist** ...	gefahren
er **ist** ...	gefahren
sie **ist** ...	gefahren
wir **sind** ...	gefahren
ihr **seid** ...	gefahren
Sie **sind** ...	gefahren
sie **sind** ...	gefahren

Ich bin nach Italien **gefahren**.

Person | Auxiliary verb | Any other information (AOI) | Past participle

Other common verbs which also take **sein** are:

kommen *to come*   ich bin gekommen
gehen *to go*   ich bin gegangen
schwimmen *to swim*   ich bin geschwommen

Look at the white column on pages 210–211 (verb tables). The verbs which take **sein** have a star next to them.

1 Present tense

Put the correct endings on the present tense regular verbs in the following sentences.

1 Wir geh ... ins Kino.

2 Ich spiel ... am Computer.

3 Er komm ... aus Spanien.

4 Sie *(pl)* hör ... gern Radio.

5 Trink ... du oft Kaffee?

6 Sie *(singular)* mach ... ihre Hausaufgaben.

7 Schwimm ... Sie gern, Herr Doktor?

8 Wir schreib ... E-Mails.

9 Johannes und Silke find ... Mathe einfach.

10 Paul kauf ... eine schwarze Hose.

3 Perfect tense

Complete these sentences with the correct past participle of the verb in brackets.

1 Ich habe ein Buch ... . (lesen)

2 Ich habe einen Pulli ... . (kaufen)

3 Ich bin in die Stadt ... . (gehen)

4 Ich bin nach Stuttgart ... . (fahren)

5 Ich habe Federball ... . (spielen)

2 Present tense irregular verbs

Use the irregular verb tables on pages 210–211 and complete the following sentences using the correct form of the verb in brackets.

1 Er ... nichts zum Frühstück. (essen)

2 Sie *(singular)* ... ihre Hausaufgaben machen. (müssen)

3 ... du abends fern? (sehen)

4 Er ... gern Horrorgeschichten. (lesen)

5 Sie *(singular)* ... lieber mit dem Bus. (fahren)

6 Wir ... unseren Freunden. (helfen)

7 Jochen ... seinen Freund im Park. (treffen)

8 Ich ... ein Bad statt zu duschen. (nehmen)

4 Perfect tense

Unscramble the following sentences and translate them into English.

1 in die Stadt bin gegangen ich

2 ist er gefahren nach Italien

3 nicht seine Hausaufgaben mein Bruder gemacht hat

4 mit der Lehrerin hat gesprochen sie

5 ich gespielt in einer Band habe

Grammatik   *Pesky little words!*

Bronze

Gender

Nouns in German have one of three genders: masculine (**der**), feminine (**die**) or neuter (**das**). These need to be learned.

masculine   **der** Hund   *the dog*
feminine   **die** Katze   *the cat*
neuter   **das** Kaninchen *the rabbit*

Patterns

The following patterns are useful. Notice which words (friends) follow which pattern! All of these forms are in the nominative (normal) case – the subject of the sentence.

1. Definite article pattern (the word for 'the')

	masc	fem	neut	plural
the	der	die	das	die

The endings for the following words are similar to the definite article: **dieser** (*this*), **welcher** (*which*).

	masc	fem	neut	plural
this / these	dieser	diese	dieses	diese
which	welcher	welche	welches	welche

2. Indefinite article pattern (the word for 'a')

	masc	fem	neut	plural
a	ein	eine	ein	die

Possessives

The endings for possessive adjectives follow the indefinite article pattern; these are very important words and need learning. The possessive adjectives are the words for *my, your, his, her*, etc.

mein/e   *my*
dein/e   *your (informal singular)*
sein/e   *his, its*
ihr/e   *her, its*
unser/e   *our*
euer/eure *your (informal, plural)*
Ihr/e   *your (formal singular or plural)*
ihr/e   *their*

	masc	fem	neut	plural
my	mein	meine	mein	meine
your	dein	deine	dein	deine

kein

The negative article **kein** (*not a / none*) also follows this pattern.

	masc	fem	neut	plural
not a / none	kein	keine	kein	keine

Silver

Noun plurals

There are eight ways of forming the plural in German and these need to be learned with the noun. They are usually found in brackets next to the noun in a dictionary.

-e	-n	-en	[none]
Filme	Sprachen	Sendungen	Monster
Umlaut	Umlaut and -e	Umlaut and -er	-s
Mütter	Würste	Häuser	Autos

Find one extra example of each plural either from exercise 1 or from the glossary.

seit (*since / for*)

seit (*for* or *since*) is used with the **present tense** in German to say how long something has been going on. It also triggers the dative case.

Ich lerne seit zwei Jahren Deutsch.
I have been learning German for two years.

Ich bin seit zehn Jahren Lehrer.
I have been a teacher for ten years.

The dative case

After certain prepositions the articles change. This is an automatic process and just needs to be followed. The prepositions below are always followed by the dative.

aus *(from)*   **nach** *(after)*
außer *(except)*   **seit** *(since)*
bei *(at the home of)*   **von** *(from)*
mit *(with)*   **zu** *(to)*

	nominative	dative
masculine	der	dem
feminine	die	der
neuter	das	dem
plural	die	den
masculine	ein	einem
feminine	eine	einer
neuter	ein	einem

die Schule → nach <u>der</u> Schule   *after school*
mein Bruder → mit <u>meinem</u> Bruder   *with my brother*

The accusative case

The following words trigger a different change in the articles and are always followed by the accusative.
durch *(through)*, **für** *(for)*, **gegen** *(against)*, **ohne** *(without)*, **um** *(around)*:

	nominative	accusative
masculine	der	**den**
feminine	die	die
neuter	das	das
plural	die	die
masculine	ein	**einen**
feminine	eine	eine
neuter	ein	ein

Notice that it is just the masculine articles which change.

der Wald → **ich laufe durch <u>den</u> Wald.**
I run through the wood.

The accusative case is always used after the common phrase **es gibt** *(there is / there are)*.
Es gibt einen Bahnhof.   *There is a train station.*

1 Possessive adjectives
Fill in the correct form of the possessive adjectives.

1 … Mutter ist 44 Jahre alt. (*my*) (f)

2 … T-Shirt ist schwarz. (*his*) (nt)

3 Wo ist … Katze? (*your*, informal singular) (f)

4 … Bruder ist heute nicht hier. (*our*) (m)

5 Ist das … neuer Freund? (*her*) (m)

6 … Vater heißt Marcello. (*their*) (m)

3 Accusative or dative?
Choose the correct form of the possessive adjective.
Remember that these follow the same pattern as the indefinite article 'a'.

1 Er wohnt bei **seine** / seiner Stiefmutter.

2 Sie sind alle da – außer **ihren** / ihrem Freund.

3 Sie spielen gegen **meine** / meiner Mutter.

4 Ich will kein Geld von **deinen** / deinem Bruder.

5 Kommst du ohne **deine** / deiner Frau?

6 Er ist der Neffe von **ihren** / ihrem Halbbruder.

2 Accusative or dative?
Choose the correct form of the definite article.

1 Ich laufe durch **den** / dem Wald.

2 Nach **das** / dem Abendessen sehe ich fern.

3 Er kommt aus **die** / der Schweiz.

4 Wir spielen gegen **die** / der beste Mannschaft.

5 Ich kaufe ein Geschenk für **den** / dem Lehrer.

6 Sie ist seit **das** / dem Wochenende hier.

Grammatik *Describing things*

Bronze

Adjectives

Adjectives give more information about the noun.
An adjective can appear in one of two different places:
- separated from the noun it describes:
  Die Computer ist neu. *(The computer is new.)*
- or with the noun it describes:
  Der neue Computer. *(The new computer.)*

When it is separated from the noun, as in the first example, no endings are added.

Can you remember what these useful adjectives mean?

nützlich	langweilig	teuer
wichtig	kurz	billig
toll	schwierig	

Adverbs

Adverbs give more information about the verb. Often ending in *-ly* in English, in German they are the same as the adjective.

Ich fahre schnell.	*I drive quickly.*
Ich fahre langsam.	*I drive slowly.*

gern, lieber and am liebsten

- To say that someone likes doing something, put **gern** after the verb:
  Ich esse gern Pommes. *I like eating chips.*
- To say that someone doesn't like something, use **nicht gern**:
  Ich trinke nicht gern Kaffee.
  I don't like drinking coffee.
- To say that someone prefers something, use **lieber**:
  Ich esse lieber Kuchen. *I prefer to eat cake.*
- To say what someone likes most of all, use **am liebsten**:
  Am liebsten esse ich Schokolade.
  Most of all, I like eating chocolate.

In questions, put **gern / lieber / am liebsten** after the pronoun:

Isst du gern Pizza?	*Do you like eating pizza?*
Was trinkst du lieber?	*What do you prefer to drink?*
Was isst du am liebsten?	*What do you like eating most of all?*

Silver

Comparing things

To make comparisons, add **-er** to the adjective:

interessant → **interessanter**
interesting   more interesting
einfach   → **einfacher**
easy   easier

Note the irregular form: gut → **besser**
good → better

Some adjectives of one syllable add an umlaut to their vowel:

alt	→ **älter**	*old*	→	*older*
groß	→ **größer**	*big*	→	*bigger*
kurz	→ **kürzer**	*short*	→	*shorter*
lang	→ **länger**	*long*	→	*longer*
jung	→ **jünger**	*young*	→	*younger*

Use **als** for comparing two things:
Deutsch ist interessanter **als** Englisch. =
German is more interesting than English.

Gold

Superlative forms

To say that something is the 'most …', add **st-** to the adjective (or **est-** if the adjective ends in a vowel or a **t**):

langweilig → langweilig**st-**   neu → neue**st-**
boring → most boring   *new → newest*

Note the irregular form: gut → **beste** (*good, the best*)

Der schnellste Wagen.	*The quickest car.*
Die beste Lehrerin.	*The best teacher.*

1 Adjectives

Look at the pictures. Read the sentences and categorise them: true (T), false (F) or unknown (U)?

1 Der Mann ist glücklich.

2 Das Pferd ist klein.

3 Der Hund ist dünn.

4 Die Frau ist Amerikanerin.

5 Die Schildkröte ist blau.

6 Das Kaninchen ist grün.

2 Adjectives

Look at the pictures and write short sentences describing the size and colour of the characters.

Example: Die Katze ist orange und sehr dick.

3 Gern, lieber, am liebsten

Use the following structures to write sentences about the topics in the boxes.

Example: Ich esse **gern** Pommes, aber ich esse **lieber** Kuchen. **Am liebsten** esse ich Schokolade – ich esse **nicht gern** Karotten!

> Ich sehe Filme.

> Ich trinke Milch.

> Ich höre Musik.

> Ich spiele Federball.

> Ich gehe in die Stadt.

4 Comparative adjectives

Fill in the correct form of the comparative adjective, then translate the sentences into English.

1 Deutsch ist ... als Mathe. (interessant)

2 Mein Bruder ist ... als ich. (alt)

3 Mein VW ist ... und ... als dein Auto! (schnell / teuer)

4 *Star Wars* ist ... als *Matrix*. (gut)

5 Mein T-Shirt ist ... als mein Pulli! (groß)

6 Herr Brand ist ... als Herr Lavery. (schick)

5 Comparisons

Use the adjective given to compare the two things mentioned according to your opinion.

Example: Englisch ist schwieriger als Deutsch.

Englisch / Deutsch / **schwierig**

Sport / Musik / **interessant**

Beethoven / Mika / **melodisch**

eine Pizza / ein Hamburger / **lecker**

ein Auto / ein Bus / **umweltfreundlich**

Cola / Orangensaft / **gesund**

eine Hose / ein T-Shirt / **teuer**

Facebook / MySpace / **gut**

Bronze

Verb second

In German, sentences are flexible. You can swap parts around:

1	2 (verb)	3
Ich	**höre**	oft Rapmusik.
Oft	**höre**	ich Rapmusik.

The important thing is, the verb must be the **second** 'idea' in the sentence.

Questions

When asking closed yes or no questions, the verb becomes the first idea in the sentence and the verb and the pronoun are swapped around.

Er hört oft Musik.	*He often listens to music.*
Hört er oft Musik?	*Does he often listen to music?*

When asking more open questions, question words are used at the beginning of the sentence.

Wann hörst du Musik?	*When do you listen to music?*
Wo hörst du Musik?	*Where do you listen to music?*

Here is a list of question words:

Wann?	*when?*	**Wer?**	*who?*
Wo?	*where?*	**Welcher?**	*which?*
Wie?	*how?*	**Was?**	*what?*
Warum?	*why?*	**Was für ...?**	*what kind of ...?*

Silver

Time, manner, place

If a sentence contains information about *when*, *how* and *where*, it goes in this order after the verb, even when only some of the elements are included:

Wir fahren um 7 Uhr   mit dem Zug   nach Hamburg.

      ↑   ↑   ↑

time (when?)   *manner (how?)*   *place (where?)*

	Second	Time	Manner	Place	Final
Wir	fahren	um 7 Uhr	mit dem Zug	nach Hamburg	

	Second	Time	Manner	Place	Final
Wir	werden	um 7 Uhr	mit dem Zug	nach Hamburg	fahren.

Expressions of time and frequency

- **Adverbs of frequency** are used to say how often you do something:

immer *(always)*	**oft** *(often)*
manchmal *(sometimes)*	**ab und zu** *(from time to time)*
selten *(rarely)*	**nie** *(never)*

Adverbs of frequency are usually placed just after the verb in German, e.g.

Ich gehe **selten** ins Kino.   *I rarely go to the cinema.*

- **Sequencers** say in what order something happens or happened:

zuerst *(firstly)*	**dann** *(then)*
danach *(after that)*	**zum Schluss** *(finally)*

Sequencers usually come at the start of the sentence; don't forget to put the verb second:

1	2 (verb)	3
Zum Schluss	**gehen**	**wir in die Stadt.**

Finally we go into town.

Time expressions show whether a sentence is about the past, present or future. They also often appear at the beginning of a sentence or clause.

Past	
letzte Woche	*last week*
gestern	*yesterday*
vorgestern	*the day before yesterday*
letztes Jahr	*last year*
Present	
im Moment	*at the moment*
jetzt	*now*
Future	
nächste Woche	*next week*
morgen	*tomorrow*
übermorgen	*the day after tomorrow*
nächstes Jahr	*next year*

Negatives

Nicht means *not.*

- It usually comes immediately after the verb when there is no object in the sentence:
  Ich gehe *nicht* **zum Fußballspiel.**
  I am not going to the football match.
- When there is an object it comes directly after it:
  Er mag Fußball *nicht.*   *He doesn't like football.*

- When a sentence has more than one verb, **nicht** is positioned before the verb to which it refers:
  Ich kann meine Jacke *nicht* **finden.**
  I cannot find my jacket.

See page 198 – pesky little words – for information on the negative article **kein / keine / kein.**

Gold

Commands

Telling someone what to do in the **Sie** form is very easy. Just use the **Sie** form of the verb and place it before the pronoun.

Sie fahren becomes **Fahren Sie!**   *Drive / Go!*
Sie gehen becomes **Gehen Sie!**   *Drive / Go!*

If you are giving advice to somebody you address as **du**, form the command by using the **du** part of the present

tense verb and taking off the **-st** ending. You can find examples of **du** commands throughout this book – **hör, schreib, mach …**
Du spielst Federball = Spiel Federball! *Play badminton!*
Du machst deine Hausaufgaben = Mach deine Hausaufgaben! *Do your homework!*

---

1 Complete the sentences with a question word. How many different words could make sense?

1 … trägst du morgen zur Schule?

2 … hat meine Tasche genommen?

3 … kostet das Fahrrad?

4 … siehst du so gut aus?

5 … fährst du nach Frankreich?

6 … Filme sieht er gern?

2 In the following sentences put the phrases in brackets straight after the verb, then say what they mean in English.

1 Ich spiele am Computer. (jeden Abend)

2 Sie geht in die Stadt. (jeden Tag)

3 Er spielt in seiner Band. (samstags)

4 Sie macht ihre Hausaufgaben. (am Sonntag)

5 Ich bin nach Kroatien gefahren. (letzten Sommer)

6 Meine Mutter hat einen Wohnwagen gekauft. (vor zwei Wochen)

3 Time, manner, place: Put the elements into the right order to make one sentence.

1 Wir gehen / ins Theater / zusammen / am Freitag

2 Er fährt / mit dem Zug / nach Italien / im Dezember

3 Wir gehen / zur Schule / zu Fuß / am Montag

4 Sie wohnen / seit einem Monat / in Köln / mit ihren Eltern

5 Sie spielt / mit den Hunden / im Park / am Wochenende

6 Ich bleibe / bis April / in Luzern / bei meinem Stiefbruder

Grammatik *Second – Final*

Many constructions in German have two verbs (or two parts of verbs) – one which is usually found as second idea, the other as final idea. Among these are the perfect tense (see page 196) and separable verbs (see page 195).

Bronze

Modal verbs

These useful verbs are all used with the infinitive of another verb. The infinitive goes at the end of the sentence.

können	müssen	wollen	dürfen	sollen	mögen
to be able to	*to have to*	*to want to*	*to be allowed to*	*should*	*to like to*
ich **kann**	ich **muss**	ich **will**	ich **darf**	ich **soll**	ich **mag**
du **kannst**	du **musst**	du **willst**	du **darfst**	du **sollst**	du **magst**
er / sie / es **kann**	er / sie / es **muss**	er / sie / es **will**	er / sie / es **darf**	er / sie / es **soll**	er / sie / es **mag**

	Second	Any other information		Final	
Man	muss	seine Hausaufgaben		machen.	*You must do your homework.*
Man	darf	kein	Bier	trinken.	*You are not allowed to drink beer.*
Ich	mag	ins Kino		gehen.	*I like to go to the cinema.*
Ich	will	Lehrer		werden.	*I want to be a teacher.*

Silver

werden – expressing the future

The following structures also follow the second – final pattern.

- You can use the verb **werden** with an infinitive to talk about the future when you are expressing a firm intention or considering decisions about the future.

future tense
ich werde
du wirst
er / sie / es / wird

	Second	Any other information	Final	
Ich	werde	in die Stadt	gehen.	*I will go into town.*
Sie	wird	Deutsch	studieren.	*She will study German.*

Gold

würden (*I would*)

The following structures also follow the second – final pattern.

- Use the verb **ich würde** to express what you 'would do' in German (the conditional).
- You will recognise **ich möchte**, (*I would like*), the special form of the verb **mögen**.

conditional	'would like to'
ich würde	ich möchte
du würdest	du möchtest
er / sie / es / würde	er / sie / es / möchte

	Second	Any other information		Final	
Ich	würde	zuerst	einen Brief	schreiben.	*I would write a letter first.*
Ich	möchte	morgen	ins Kino	gehen.	*I would like to go to the cinema tomorrow.*

1 Modal verbs: Change the following sentences from 'can' to 'want' and then to 'must'.

Example: Ich **will** heute Abend Musik hören.
Ich **muss** heute Abend Musik hören.

1 Ich **kann** heute Abend Musik hören.

2 Er **kann** in die Kneipe gehen.

3 Du **kannst** am Wochenende Rugby spielen.

4 **Kannst** du das Abendessen vorbereiten?

5 Ich **kann** zu Hause bleiben.

6 Sie **kann** ihre Hausaufgaben machen.

3 Change these sentences from the present tense to the future using *werden*.

1 Ich gehe jeden Tag ins Sportzentrum.

2 Sie arbeitet viel.

3 Sie fahren nach Deutschland.

4 Meine Eltern kaufen das Haus nicht.

5 Wir spielen am Campingplatz Karten.

6 Fährst du nach Hause?

7 Sie studieren nicht.

8 Die Kinder spielen Federball.

2 Modal verbs: unscramble the following sentences and then translate them into English.

1 Ich / gehen / muss / die / in / Stadt

2 darf / Pulli / ich / tragen / keinen / schwarzen

3 Hausaufgaben / muss / machen / seine / er

4 kann / gehen / ich / Konzert / ins / nicht

5 Bier / er / trinken / darf

6 nach / gehen / muss / sie / Hause / jetzt

4 Change the sentences in exercise 3 from the present tense to the conditional.

Grammatik *Joining up sentences*

Bronze

Joining words (conjugations)

Conjunctions are small words which join together two sentences or parts of sentences to form longer sentences. Here are four common ones in German:

aber	*but*
denn	*as/because*
oder	*or*
und	*and*

Ich finde Rap-Musik schrecklich, <u>aber</u> Trance ist ganz gut.
I find rap music awful but trance is quite good.

They do not affect the order of sentences and are very easy to use. Notice that you have to put a comma before **aber** but not before **und**.

Silver

Kicking words: *weil* and *dass* (1)

weil and **dass** change word order in German. If a sentence or a clause begins with **weil** or **dass** it 'kicks' the verb to the end of the clause.

Ich mag Deutsch.   Es ist interessant.

Ich mag Deutsch, weil **es interessant ist.**

I like German because it is interesting.

Ich denke.   Es ist schwierig.

Ich denke, dass **es schwierig ist.**

I think that it is difficult.

Gold

Kicking words: *weil* and *dass* (2)

In more complex sentences the word order rule remains the same. If there are two verbs (i.e. modals, perfect tense, future), the modal verb or part of **haben/sein/werden** comes at the very end.

Ich möchte nach Ungarn fahren.   Man kann da Tennis spielen.

Ich möchte nach Ungarn fahren, weil **man da Tennis spielen kann.**

I want to go to Hungary because you can play tennis there.

um ... zu

This phrase means *in order to*. In German we always need to use this construction even though we often leave it out in English. For example, we say "we will use new technologies to solve problems" when we mean "we will use new technologies *in order to* solve problems".

Ich trenne den Müll, *um* die Umwelt *zu* schützen.
I separate the rubbish, in order to *protect the environment.*

There is always a comma before **um**. The verb in the second half of the sentence is always in the infinitive and it always goes at the end of the sentence.

1 Joining words. Join up the following sentences with either *aber* or *und*.

1 Ich liebe Pizza. Ich mag auch Currywurst.

2 Seifenopern sind komisch. Komödien sind langweilig.

3 Ich finde Popmusik melodisch. Trance hat keinen guten Beat.

4 Ich finde John lustig. Ich mag seine neue Freundin.

5 Ich mag Englisch. Ich finde Mathe auch ziemlich gut.

6 Ich mag in einem Hotel bleiben. Ich bleibe lieber bei einer Familie.

3 Join up the following pairs of sentences using *weil*.

1 Ich gehe nicht ins Kino. Ich kann Filme nicht leiden.

2 Er kommt morgen nicht. Er will nicht nach Frankreich fahren.

3 Wir müssen jetzt zurückgehen. Lisa hat zu viel gegessen.

4 Ich kenne das Hotel nicht. Ich bin bei Katja geblieben.

5 Ich fahre nicht nach Köln. Ich werde den ganzen Tag hier verbringen.

6 Sie hat Jeans getragen. Sie wollte mit dem Hund spazieren gehen.

5 Unjumble the following sentences, then translate them into English.

1 es / schwierig / ganz / finde / ich / ist / Mathe / wichtig / aber / auch

2 es / gern / sehr / ist / ich / höre / rhythmisch / weil / Popmusik

3 liebe / Lehrer / ich / ich / sein / Kinder / will / weil

4 die / schützen / den / ich / Umwelt / zu / Abfall / um / kompostiere

5 bleiben / Gemüse / ich / gesund / viel / esse / und / zu / um / Obst

2 Kicking words: Join up the following pairs of sentences using *weil*.

1 Ich höre gern klassische Musik. Ich spiele Geige.

2 Ich mag den Lehrer. Er ist sehr freundlich.

3 Katja hat Kopfschmerzen. Sie hört laute Musik.

4 Er schreibt einen Brief. Der Computer ist kaputt.

4 Join up the following pairs of sentences using *um ... zu.*

Example: 1 Ich bleibe in der Schule, um mit dem Lehrer zu sprechen.

1 Ich bleibe in der Schule. Ich will mit dem Lehrer sprechen.

2 Wir fahren nach Freiburg. Wir wollen die Solarstadt besuchen.

3 Er trainiert jeden Tag. Er will stark und muskulös aussehen.

4 Du solltest viel Gemüse essen. Du willst gesund bleiben.

5 Ich werde den Müll jeden Tag trennen. Ich will die Umwelt schützen.

6 Er surft im Internet. Er will seine Hausaufgaben machen.

6 Break the code. What do the symbols stand for? Translate the sentences.

1 Ich tr=//= d=/ *üll, u* di= U*w=lt zu schütz=/.

2 Ich b=/utz= *yspac=, u* *it F<=u/de/ zu sp<=ch=/.

3 Ich will i/ =ur*pa a<b=it=/, w=il ich a/d=<= Kultu<=/ *ag.

4 *=i/= *utt=< ist f<=u/dlich u/d lock=< ab=< *=i/ Sti=fvate< ist lau/isch.

5 Ich hass= Spo<t, w=il ich u/g=su/d bi/.

      =

      /

      *

      <

Numbers

0	null	13	dreizehn	26	sechsundzwanzig
1	eins	14	vierzehn	27	siebenundzwanzig
2	zwei	15	fünfzehn	28	achtundzwanzig
3	drei	16	sechzehn	29	neunundzwanzig
4	vier	17	siebzehn	30	dreißig
5	fünf	18	achtzehn	40	vierzig
6	sechs	19	neunzehn	50	fünfzig
7	sieben	20	zwanzig	60	sechzig
8	acht	21	einundzwanzig	70	siebzig
9	neun	22	zweiundzwanzig	80	achtzig
10	zehn	23	dreiundzwanzig	90	neunzig
11	elf	24	vierundzwanzig	100	hundert
12	zwölf	25	fünfundzwanzig	200	zweihundert
				250	zweihundertfünfzig

Days

These are the days of the week in German:

Montag   Dienstag   Mittwoch   Donnerstag

Freitag   Samstag   Sonntag

To say *on* a day, use **am**:

Am Donnerstag …   *On Thursday…*

Dates

You say dates like this:

Mein Geburtstag ist <u>am zweiten</u> Januar.
My birthday is on the second of January.

The date is made by putting **am** before the number and -(s)ten on the end of it. A few dates (shown in bold) are irregular:

1st	am **ersten**	10th	am zehnten
2nd	am zweiten	11th	am elften
3rd	am **dritten**	12th	am zwölften
4th	am vierten	13th	am dreizehnten
5th	am fünften		**... etc.**
6th	am sechsten	19th	am neunzehnten
7th	am **siebten**	20th	am zwanzigsten
8th	am achten	21st	am einundzwanzig**sten**
9th	am neunten	30th	am dreißig**sten**

Months and years

Januar Februar März April Mai Juni

Juli August September Oktober November Dezember

| 1995 | *neunzehnhundertfünfundneunzig* |
| 2010 | *zweitausendundzehn* |

Don't put *in* before years — just say the year, or start with **im Jahr …**

Times

1.30 | *1.40* | *1.45* | *1.50*

Es ist halb zwei. | **Es ist zwanzig vor zwei.** | **Es ist Viertel vor zwei.** | **Es ist zehn vor zwei.**

2.00 | *2.10* | *2.15* | *2.20*

Es ist zwei Uhr. | **Es ist zehn nach zwei.** | **Es ist Viertel nach zwei.** | **Es ist zwanzig nach zwei.**

Notice that **halb zwei** is half-past one, *not* half-past two.
To say *at* a time, you use **um**:
Um zehn Uhr spiele ich Tennis.
At ten o'clock I am playing tennis.

Verb tables

infinitive	present tense		perfect tense	future
bleiben* *to stay*	ich bleibe du bleibst er / sie / es bleibt	wir bleiben ihr bleibt Sie / sie bleiben	ich bin ... geblieben	ich werde ... bleiben
bringen *to bring*	ich bringe du bringst er / sie / es bringt	wir bringen ihr bringt Sie / sie bringen	ich habe ... gebracht	ich werde ... bringen
dürfen *to be allowed to*	ich darf du darfst er / sie / es darf	wir dürfen ihr dürft Sie / sie dürfen	ich durfte △	ich werde ... dürfen
essen *to eat*	ich esse du isst er / sie / es isst	wir essen ihr esst Sie / sie essen	ich habe gegessen	ich werde ... essen
fahren* *to go / travel*	ich fahre du fährst er / sie / es fährt	wir fahren ihr fahrt Sie / sie fahren	ich bin ... gefahren	ich werde ... fahren
finden *to find*	ich finde du findest er / sie / es findet	wir finden ihr findet Sie / sie finden	ich habe ... gefunden	ich werde ... finden
geben *to give*	ich gebe du gibst er / sie / es gibt	wir geben ihr gebt Sie / sie geben	ich habe ... gegeben	ich werde ... geben
gehen* *to go*	ich gehe du gehst er / sie / es geht	wir gehen ihr geht Sie / sie gehen	ich bin ... gegangen	ich werde ... gehen
haben *to have*	ich habe du hast er / sie / es hat	wir haben ihr habt Sie / sie haben	ich hatte △	ich werde ... haben
helfen *to help*	ich helfe du hilfst er / sie / es hilft	wir helfen ihr helft Sie / sie helfen	ich habe ... geholfen	ich werde ... helfen
kommen* *to come*	ich komme du kommst er / sie / es kommt	wir kommen ihr kommt Sie / sie kommen	ich bin ... gekommen	ich werde ... kommen
können *to be able to / can*	ich kann du kannst er / sie / es kann	wir können ihr könnt Sie / sie können	ich konnte △	ich werde ... können
lesen *to read*	ich lese du liest er / sie / es liest	wir lesen ihr lest Sie / sie lesen	ich habe ... gelesen	ich werde ... lesen
müssen *must / to have to*	ich muss du musst er / sie / es muss	wir müssen ihr müsst Sie / sie müssen	ich musste △	ich werde ... müssen
nehmen *to take*	ich nehme du nimmst er / sie / es nimmt	wir nehmen ihr nehmt Sie / sie nehmen	Ich habe ... genommen	ich werde ... nehmen

infinitive	present tense		perfect tense	future
schreiben *to write*	ich schreibe du schreibst er / sie / es schreibt	wir schreiben ihr schreibt Sie / sie schreiben	ich habe … geschrieben	ich werde … schreiben
schwimmen* *to swim*	ich schwimme du schwimmst er / sie / es schwimmt	wir schwimmen ihr schwimmt Sie / sie schwimmen	ich bin … geschwommen	ich werde … schwimmen
sehen *to see*	ich sehe du siehst er / sie / es sieht	wir sehen ihr seht Sie / sie sehen	ich habe … gesehen	ich werde … sehen
sein* *to be*	ich bin du bist er / sie / es ist	wir sind ihr seid Sie / sie sind	ich war$^\Delta$	ich werde … sein
singen *to sing*	ich singe du singst er / sie / es singt	wir singen ihr singt Sie / sie singen	ich habe … gesungen	ich werde … singen
sollen *shall / should*	ich soll du sollst er / sie / es soll	wir sollen ihr sollt Sie / sie sollen	ich sollte$^\Delta$	ich werde … sollen
sprechen *to speak*	ich spreche du sprichst er / sie / es spricht	wir sprechen ihr sprecht Sie / sie sprechen	ich habe … gesprochen	ich werde … sprechen
tragen *to wear / carry*	ich trage du trägst er / sie / es trägt	wir tragen ihr tragt Sie / sie tragen	ich habe … getragen	ich werde … tragen
treffen *to meet*	ich treffe du triffst er / sie / es trifft	wir treffen ihr trefft Sie / sie treffen	ich habe … getroffen	ich werde … treffen
trinken *to drink*	ich trinke du trinkst er / sie / es trinkt	wir trinken ihr trinkt Sie / sie trinken	ich habe … getrunken	ich werde … trinken
werden* *to become*	ich werde du wirst er / sie / es wird	wir werden ihr werdet Sie / sie werden	ich bin … geworden	ich werde … werden

Some verbs form the perfect tense with *sein* (see page 197); these are marked with a *****.

Some common verbs have some irregular forms (see page 195); these are given in green.

When using some verbs to talk about the past, other forms (simple past) are more appropriate than the perfect tense; these are marked with a $^\Delta$.

Wortschatz Deutsch – English

A

ab und zu	now and again, from time to time
der Abend(e)	evening
das Abendessen(-)	dinner (evening meal)
aber	but
der Abfall(¨e)	rubbish
das Abitur	A level equivalent
abfahren	to turn; to leave
abhängig	dependent
der Absatz(¨e)	paragraph
die Abschiedsparty(s)	leaving party
abschreiben	to copy
abstellen	to park
die Abteilung(en)	department
abwechslungsreich	varied
abwesend	absent
Act(s) (m)	band, pop group, act
die Adoptivmutter(¨)	adoptive mother
die AG(s)	club (school)
aggressiv	aggressive
die Aktion(en)	action, campaign
aktiv	active
die Aktivität(en)	activity
der Alkohol	alcohol
der Alkoholiker(-)	alcoholic (male)
die Alkoholikerin(nen)	alcoholic (female)
alle	all
allein	alone
als	as, than
also	so, thus
alt	old
das Alter	age
das Altersheim(e)	old people's home
das Altglas	glass (waste)
altmodisch	old-fashioned
der Amerikaner(-)	American (male)
die Amerikanerin(nen)	American (female)
amerikanisch	American
die Ampel(n)	traffic light
an	at; on
an/bei etwas teilnehmen	to take part in sth.
andere/r	other
ändern	to change
anders	different
der Anfang(¨e)	beginning, start
anfangs	in the beginning
angeln	to fish
die Angst(¨e)	fear
Angst haben (vor)	to be afraid (of)
ankommen	to arrive
die Anlage(n)	attachment, enclosure (letter)
anmachen	to attract
anmelden	to register
anrufen	to call (phone)
der Anrufer(-)	caller
anschauen, ansehen	to look at
der Anschluss(¨e)	connection
anstrengend	tiring, demanding
die Antwort(en)	answer
die Anweisung(en)	instruction
die Anzeige(n)	advert
der Anzug(¨e)	suit
der Apfel(¨)	apple
der Apfelstrudel(-)	apple strudel
die Apotheke(n)	chemist's
der Apparat(e)	telephone
der April	April
die Arbeit(en)	work
arbeiten	to work
arbeitslos	unemployed
der Arbeitsplatz(¨e)	workplace
das (Arbeits)praktikum (-praktika)	work experience placement
die (Arbeits)stelle(n)	position (work)
der Arbeitstag(e)	work day
das Arbeitszimmer(-)	study
der Ärger	trouble, anger
ärgerlich	annoying
ärgern	to annoy
arm	poor
der Arm(e)	arm
die Art(en)	type, sort
der Artikel(-)	article
der Arzt(¨e)	doctor (male)
die Ärztin(nen)	doctor (female)
die Atmosphäre(n)	atmosphere
attraktiv	attractive
auch	also
auf	on
auf immer und ewig	for ever
der Aufenthalt(e)	stay
aufführen	to perform, put on, stage
die Aufgabe(n)	task
aufgeben	to give up
auflegen	to hang up (phone)
aufnehmen	to record
aufpassen	to be careful
aufräumen	to tidy up
der Aufsatz(¨e)	essay, composition
aufschreiben	to write down
aufstehen	to get up
aufwachen	to wake up
das Auge(n)	eye
der August	August
die Aula(s/Aulen)	school hall
das Au-pair-Mädchen(-)	female au pair
aus	from, out of
der Ausdruck(¨e)	expression
ausfüllen	to fill out
ausgeben	to spend
ausgehen	to go out
ausgezeichnet	excellent
ausreichend	adequate
ausschalten	to switch off
der Ausschnitt(e)	extract
aussehen	to appear, look
das Aussehen	appearance
außer	except
außerirdisch	extraterrestrial, alien
austauschen	to exchange
der Austauschpartner(-)	exchange partner (male)
die Austauschpartnerin (nen)	exchange partner (female)
auswählen	to choose
auszeichnen	to be awarded, be honoured
das Auto(s)	car

B

babysitten	to babysit
der Babysitter(-)	babysitter (male)
die Babysitterin(nen)	babysitter (female)
das Bad(¨er)	bath
der Badeanzug(¨e)	swimsuit
baden	to bathe
das Badezimmer(-)	bathroom
das Badminton	badminton
die Bahn(en)	railway
der Bahnhof(¨e)	station
bald	soon
das Balkendiagramm(e)	bar chart
der Balkon(s, e)	balcony
das Ballett(e)	ballet
die Banane(n)	banana
die Bank(¨e)	bench, seat
basteln	to make models
der Bau	building site
die Bauchschmerzen (pl)	stomach-ache
bauen	to build
das Bauernhaus(¨er)	farmhouse
der Beachvolleyballplatz(¨e)	beach volleyball pitch
der/die/eine/ein Beamte/r	official
beantworten	to answer
der Beat	beat
der Becher(-)	pot; beaker
bedeuten	to mean
der Befehl(e)	order
befriedigend	satisfactory
begabt	talented
begeistert	enthusiastic
beginnen	to begin
behindert	disabled
bei	at the home of
bei mir	where I live
beide/r	both
das Bein(e)	leg
das Beispiel(e)	example
der Beitrag(¨e)	contribution
bekannt	well known
bekommen	to get
beliebt	popular
benutzen	to use
bequem	comfortable
die Beratungsstelle(n)	advice centre
der Berg(e)	mountain
der Bericht(e)	report
berichten	to report, tell
der Beruf(e)	career, profession
berühmt	famous
beschreiben	to describe
die Beschreibung(en)	description
besonders	especially
besprechen	to discuss
besser	better
beste/r	best
bestehen	to pass (exam)
bestellen	to order
bestimmt	definite(ly)

der	Besuch(e)	visit
	besuchen	to visit; go to (school, etc.)
die	Betriebswirtschaft	business management
	betrunken	drunk
das	Bett(en)	bed
der	Beutel(-)	bag
	bewegen	to move
die	Bewerbung(en)	application
	bezahlen	to pay
die	Bibliothek(en)	library
das	Bier(e)	beer
	bieten	to offer
das	Bild(er)	picture
das	Billard(e, s)	billiards
	billig	cheap
der	Biomüll	organic waste
die	Birne(n)	pear
	bis	until
	bitte	please
	bitten um	to ask for, request
das	Blatt(ˉer)	sheet (paper)
	blau	blue
	bleiben	to stay
	blitzen	lightning (verb)
	blöd	stupid
die	Blume(n)	flower
das	Blut	blood
die	Bockwurst(ˉe)	sausage (German)
der	Boden()	floor (of room)
die	Bohne(n)	bean
das	Boxen	boxing
der	Brand(ˉe)	fire, blaze
die	Bratwurst(ˉe)	fried sausage
	brauchen	to need
	braun	brown
die	Braut(ˉe)	bride
der	Brief(e)	letter
der	Briefträger(-)	postman
die	Briefträgerin(nen)	postwoman
	bringen	to bring
das	Brot(e)	bread
der	Bruder(ˉ)	brother
das	Buch(ˉer)	book
der	Buchstabe(n)	letter
die	Burg(en)	castle
der	Bürger(-)	constituent
das	Büro(s)	office
die	Bushaltestelle(n)	bus stop

C

das	Café(s)	café
der	Campingplatz(ˉe)	campsite
	chaotisch	chaotic
der	Charakter(e)	character
die	Chemie	chemistry
	chillen	to chill (out)
die	Chips (pl)	crisps
der	Chor(ˉe)	choir
der	Computer(-)	computer
das	Computerspiel(e)	computer game
der	Cousin(s)	cousin (male)
die	Cousine(n)	cousin (female)
die	Currywurst(ˉe)	curry sausage

D

	da	there
	dabei	with it
	dagegen	against it
die	Dame(n)	lady
	danach	after that
die	Dance-Musik	dance music
	danke	thank you
	dann	then
	darüber	about it
	dass	that
das	Datum (Daten)	date
	dauern	to take, last
	davon	of it; from it
	dazu	on top (i.e. in addition); about it
das	Debüt(s)	debut
	dein/e	your
	denken	to think
	denn	as, because
	deprimierend	depressing
	deprimiert	depressed
die	Designerkleidung	designer clothes
	deutsch	German
(das)	Deutsch	German
der	Dezember(-)	December
die	Diät(en)	diet
	dick	fat
der	Dienstag(e)	Tuesday
	dienstags	on Tuesdays
	diese/r	this
der	Dipp(s)	dip
	direkt	direct(ly)
der	Direktor(-)	head teacher (male)
die	Direktorin(nen)	head teacher (female)
die	Disko(s)	disco
die	Diskussion(nen)	discussion
	diskutieren	to discuss
der	Dom(e)	cathedral
	donnern	to thunder
der	Donnerstag(e)	Thursday
	doof	stupid
das	Dorf(ˉer)	village
	dort	there
	dramatisch	dramatic
	draußen	outside
	dreckig	dirty
	dreimal in der Woche	three times a week
	drinnen	inside
	dritte/r	third
die	Droge(n)	drug
der	Drogenkonsum	drug-taking
der	Druck	print, pattern
	dunkel	dark
	dünn	thin
	durch	through
	dürfen	to be allowed
der	Durchschnitt	average
der	Durst	thirst
die	Dusche(n)	shower
	duschen	to shower
	dynamisch	dynamic

E

	echt, wirklich	really
	effektiv	effective
	egoistisch	selfish
die	Ehe(n)	marriage
das	Ei(er)	egg
die	Eierschale(n)	egg shell
	eigen	own
die	Eigenschaft(en)	quality
	eigentlich	actually
	einander	each other
die	Einbahnstraße(n)	one-way street
	ein bisschen	a bit
	einfach	easy
das	Einfamilienhaus(ˉer)	detached house
die	Einheit(en)	unit
	einkaufen	to shop
die	Einkaufsliste(n)	shopping list
das	Einkaufszentrum (-zentren)	shopping centre
	einladen	to invite
die	Einladung(en)	invitation
	einmal	once
	einmalig	unique
die	Einstellung(en)	attitude, view
der	Eintrag(ˉe)	entry
	eintragen	to enter
der	Einwohner(-)	inhabitant
das	Einzelkind(er)	only child
das	Eis	ice
die	Eishalle(n)	ice-rink
	Eislaufen gehen	to go ice-skating
	ekelhaft	disgusting
der	Elefant(en)	elephant
der	Elektriker(-)	electrician (male)
die	Elektrikerin(nen)	electrician (female)
die	Eltern (pl)	parents
die	E-Mail(s)	e-mail
der	Empfangs- mitarbeiter(-)	receptionist
	empfehlen	to recommend
das	Ende(n)	end
	enden	to finish
	endlich	finally
die	Energie(n)	energy
(das)	Englisch	English
der	Enkelsohn(ˉe)	grandson
die	Enkeltochter(ˉ)	granddaughter
	entdecken	to discover
	entfernt	distant
	entspannend	relaxing
	entspannt	relaxed
die	Erbse(n)	pea
die	Erdatmosphäre	Earth's atmosphere
die	Erdbeere(n)	strawberry
die	Erde	Earth
das	Erdgeschoss	ground floor
die	Erdkunde	geography
die	Erfahrung(en)	experience
der	Erfolg(e)	success
	erfolgreich	successful
	ergänzen	to complete
	erleben	to experience
das	Erlebnis(se)	experience
	ermüdend	tiring

Wortschatz Deutsch – English

	German	English
	erraten	to guess
	erschöpft	exhausted
	erstellen	to construct, draw up
	erstens	firstly
	erste/r	first
	erwachsen	grown up
	erwähnen	to mention
die	Erwärmung	warming
	erzählen	to tell
	es gibt …	there is/are …
die	Essecke(n)	eating corner
	essen	to eat
das	Essen(-)	food, meal
die	Essgewohnheit(en)	eating habit
	ethisch	ethical
	etwas	something
	experimentieren	to experiment

F

die	Fabrik(en)	factory
das	Fach(¨er)	subject
	fahren	to go; drive
das	(Fahr)rad(¨er)	bicycle, bike
	fallen	to fall
die	Fallstudie(n)	case study
	falsch	wrong, incorrect
die	Familie(n)	family
die	Fanta(s)	Fanta
	fantastisch	fantastic
die	Farbe(n)	colour
die	Faschingsfete(n)	Fasching (Carnival) party
	faul	lazy
	faulenzen	to laze around
(der)	Februar	February
der	Federball(¨e)	badminton
die	Feier(n)	celebration
	feiern	to celebrate
das	Feld(er)	field
die	Ferien (pl)	holidays
	fernsehen	to watch TV
der	Fernseher(-)	television
der	Fernsehraum(¨e)	TV room
der	Fernsehturm(¨e)	television tower
	fertig	finished
das	Fest(e)	party, festival
der	Feuerwehrmann (-leute)	fireman
das	Feuerwerk(e)	fireworks
das	Fieber	fever
der	Film(e)	film
das	Finale(-)	final
	finden	to find
die	Firma (Firmen)	firm
der	Fisch(e)	fish
der	Fitnessraum(¨e)	fitness suite
die	Flasche(n)	bottle
das	Fleisch	meat
	fleißig	hard-working
die	Fliege(n)	fly
	fliegen	to fly
der	Flohmarkt(¨e)	flea market
die	Flöte(n)	flute
der	Flughafen(¨)	airport
das	Flugzeug(e)	plane

	German	English
der	Flur(e)	hall
	flüstern	to whisper
	folgend	following
	Folgendes	the following
die	Form(en)	type, sort
der	Forscher(-)	researcher (male)
die	Forscherin(nen)	researcher (female)
das	Forum (Foren)	forum
das	Foto(s)	photo
der	Fotoapparat(e)	camera
	fotografieren	to photograph
die	Frage(n)	question
	Fragen stellen	to ask questions
	fragen	to ask
(das)	Französisch	French
die	Frau(en)	wife, woman
das	Fräulein	young lady
	frech	cheeky
	frei	free
das	Freibad(¨er)	open-air pool
die	Freiheit(en)	freedom
der	Freitag(e)	Friday
die	Freizeit(en)	leisure, free time
der	Freizeitpark(s)	leisure park
die	Fremdsprache(n)	foreign language
der	Freund(e)	friend (male)
die	Freundin(nen)	friend (female)
	freundlich	friendly
	frieren	to freeze
	frisch	fresh
der	Friseur(e)	hairdresser (male)
die	Friseurin(nen)	hairdresser (female)
der	Frost(¨e)	frost
	frostig	frosty
der	Früchtetee(s)	fruit tea
	früh	early
	früher	before, earlier
der	Frühling	spring
das	Frühstück(e)	breakfast
	fühlen	to feel
der	Funkrhythmus (rhythmen)	funky rhythm
	für	for
	furchtbar	dreadful
der	Fuß(¨e)	foot
der	Fußball(¨e)	football
die	Fußgängerzone(n)	pedestrian area

G

die	Gabel(n)	fork
	galaktisch	galactic
die	Galerie(n)	gallery
	ganz	quite; whole
	gar kein/e, gar nicht	not at all
der	Garten(¨)	garden
der	Gärtner(-)	gardener (male)
die	Gärtnerin(nen)	gardener (female)
der	Gast(¨e)	guest
das	Gasthaus(¨er)	guest house
die	Gaststätte(n)	restaurant
das	Gebäude(-)	building
	geben	to give
	geboren	born
	gebrochen	broken

	German	English
die	Geburt(en)	birth
der	Geburtstag(e)	birthday
die	Geburtstagsparty(s)	birthday party
das	Gedächtnis	memory
	geduldig	patient
die	Gefahr(en)	danger
	gefährlich	dangerous
	gegen	against; at about
die	Gegend(en)	area
	gegenüber	opposite
die	Gegenwart	present
	gehen	to go
die	Geige(n)	violin, fiddle
	geil	wicked, brilliant
	gelb	yellow
das	Geld(er)	money
	gemein	mean
die	Gemeinde(n)	community
	gemeinsam	together
das	gemischte Eis	mixed ice-cream
das	Gemüse(-)	vegetable
	gemütlich	cosy
die	Generation(en)	generation
	genießen	to enjoy
	geradeaus	straight on
	gern haben	to like
die	Gesamtschule(n)	comprehensive school
das	Geschäft(e)	shop
das	Geschenk(e)	present, gift
die	Geschichte(n)	history; story
	geschieden	divorced
	geschockt	shocked
die	Geschwister (pl)	siblings, brothers and sisters
	geschwollen	swollen
das	Gespräch(e)	conversation
	gestern	yesterday
	gestresst	stressed
	gesund	healthy
die	Gesundheit	health
das	Getränk(e)	drink
das	Gewicht(e)	weight
	gewinnen	to win
das	Gewitter(-)	storm
die	Gitarre(n)	guitar
	glatt	smooth
	gleich	same
das	Glück	luck, happiness
	glücklich	happy
der	Glückwunsch(¨e)	congratulation
der	Grad(e)	degree
die	Grafik(en)	diagram, illustration
	grau	grey
	grillen	to grill, barbecue
	groß	big, tall
die	Großeltern (pl)	grandparents
die	Großmutter(¨)	grandmother
der	Großvater(¨)	grandfather
	grün	green
der	Grund(¨e)	reason
die	Grundschule(n)	primary school
die	Gruppe(n)	group
	gucken	to look
	günstig	reasonable, cheap
die	Gurke(n)	cucumber

der	Gürtel(-)	belt
	gut	good
	Gut gegen Böse	good against evil
	gut gelaunt	good tempered
das	Gymnasium (Gymnasien)	grammar school

H

das	Haar(e)	hair
	haarig	hairy
	haben	to have
die	Haferflocken (pl)	porridge
das	Hagelkorn (-körner)	hailstone
das	Hähnchen(-)	chicken
der	Halbbruder(¨)	half-brother
die	Halbschwester(n)	half-sister
die	Hälfte(n)	half
das	Hallenbad(¨er)	indoor swimming pool
die	Halsschmerzen (pl)	sore throat
der	Hamburger(-)	hamburger
die	Hand(¨e)	hand
das/der	Handball(¨e)	handball
das	Handy(s)	mobile phone
	hart	hard
das	Haschisch	hashish
	hassen	to hate
	hässlich	horrible
das	Hauptgericht(e)	main course
die	Hauptsache(n)	main thing
die	Hauptschule(n)	academy, secondary school
die	Hauptstadt(¨e)	capital
das	Hauptthema (-themen)	main theme
das	Haus(¨er)	house
die	Hausarbeit(en)	housework
die	Hausaufgabe(n)	homework
die	Hausfrau(en)	housewife
der	Hausschuh(e)	slipper
das	Heft(e)	exercise book
	heiraten	to marry
	heiß	hot
die	heiße Schokolade(n)	hot chocolate
	heißen	to be called
	heizen	to heat
	helfen	to help
	hell	light, bright
das	Hemd(en)	shirt
	herausfinden	to find out
der	Herbst	autumn
der	Herr(en)	gentleman
	herunterladen	to download
das	Herz(en)	heart
	herzlich	warm
	heute	today
	heutzutage	nowadays, these days
	hier	here
die	Hilfe(n)	help
	hilfsbereit	helpful
	hinfahren	to go to (a place), travel to
	hinterlassen	to leave
der	Hinweis(e)	clue
	hinzufügen	to add
	historisch	historic

	hoch	high
das	Hochhaus(¨er)	high-rise block
	hochladen	to upload
die	Hochzeit(en)	wedding
	hoffentlich	hopeful(ly)
	höflich	polite
der	Honig	honey
	hören	to listen
die	Hose(n)	trousers
das	Hotel(s)	hotel
der	Humor	humour
	humorvoll	humorous
der	Hund(e)	dog

I

der	IC-Zug(¨e)	intercity train
die	Idee(n)	idea
	ignorieren	to ignore
	ihr/e	her; their
	Ihr/e	your
	illegal	illegal
	im Ausland	abroad
	im Freien	outdoors, in the open air
	im Großen und Ganzen	on the whole, by and large
	im Internet surfen	to surf the internet
	immer	always
die	Immobilien (pl)	property, real estate
das	Imperium (Imperien)	empire
	in	in, into
	in der Nähe	near
der	Individualist(en)	individualist
	industriell	industrial
das	Infoblatt(¨er)	information sheet
die	Informatik	ICT
die	Information(en)	information
	informieren	to inform
der	Ingenieur(e)	engineer (male)
die	Ingenieurin(nen)	engineer (female)
die	Initiative(n) (f)	initiative
	in Ordnung	OK
das	Instrument(e)	instrument
	interessant	interesting
das	Interesse(n)	interest
	interviewen	to interview
	irgendwo	somewhere
	irritiert	irritated
(das)	Italienisch	Italian

J

die	Jacke(n)	jacket
das	Jahr(e)	year
das	Jahrhundert(e)	century
der	Januar	January
der	Jeans-Minirock(¨e)	denim mini-skirt
	je mehr … desto	the more … the more
	jede/r	each, every
	jetzt	now
	joggen	to jog
der	Joghurt(s)	yoghurt
das	Jubiläum (Jubiläen)	anniversary
die	Jugend	youth
die	Jugendherberge(n)	youth hostel
der	Jugendklub(s)	youth club

der/die	Jugendliche(n)	young person, teenager
der	Juli	July
	jung	young
der	Junge(n)	boy
der	Juni	June

K

der	Kaffee(s)	coffee
	kalt	cold
	kämpfen	to fight
der	Kandidat(en)	candidate
das	Kaninchen(-)	rabbit
das	Kännchen(-)	pot
die	Kantine(n)	canteen
	kaputt	shattered, whacked
	kariert	checked
der	Karneval(e, s)	carnival
die	Karotte(n)	carrot
die	Karte(n)	card
der	Käse	cheese
die	Kasse(n)	checkout, till
der	Kassierer(-)	cashier (checkout) (male)
die	Kassiererin(nen)	cashier (checkout) (female)
das	Kästchen(-)	small box
der	Kasten(¨)	box
die	Katastrophe(n)	catastrophe
	katholisch	Catholic
die	Katze(n)	cat
	kauen	to chew
	kaufen	to buy
das	Kaufhaus(¨er)	department store
der	Kaugummi(s)	chewing gum
	kaum	hardly, scarcely
	kegeln	to go bowling
	kein/e	no, not a(ny)
der	Keks(e)	biscuit
der	Keller(-)	cellar
der	Kellner(-)	waiter (male)
die	Kellnerin(nen)	waiter (female)
	kennen	to know (person or thing)
	kennenlernen	to get to know
die	Kenntnisse (pl)	knowledge
	kichern	to giggle
der	Kilometer(-)	kilometre
das	Kind(er)	child
der	Kindergarten(¨)	nursery school
das	Kinderheim(e)	children's home
das	Kino(s)	cinema
die	Kirche(n)	church
die	Klamotten (pl)	clothes
	klar	clear
	klasse	great
die	Klasse(n)	class
die	Klassenfahrt(en)	school trip
das	Klassenzimmer(-)	classroom
	klassisch	classical
das	Klavier(e)	piano
die	Kleidung	clothes
	klein	small
	klettern	to climb
der	Klick(s)	click
	klingeln	to ring
der	Klingelton(¨e)	ring tone
der	Klub(s)	club
	klug	clever

Wortschatz Deutsch – English

die	Kneipe(n)	pub
das	Knie(-)	knee
	kochen	to cook
das	Koffein	caffeine
das	Kokain	cocaine
der	Kollege(n)	colleague (male)
die	Kollegin(nen)	colleague (female)
	komisch	funny
	kommen	to come
der	Kommentar(e)	comment
die	Kommode(n)	chest of drawers
die	Kommunikations-fähigkeit(en)	ability to communicate
die	Komödie(n)	comedy
das	Kompliment(e)	compliment
	kompliziert	complicated
der	Komponist(en)	composer
	kompostieren	to compost
der	Konditor(en)	pastry-cook (male)
die	Konditorin(nen)	pastry-cook (female)
der	König(e)	king
die	Königin(nen)	queen
	können	to be able, can
die	Konsole(n)	games console
der	Kontakt(e)	contact
sich	konzentrieren	to concentrate
das	Konzert(e)	concert
der	Kopfhörer(-)	headphones
die	Kopfschmerzen (pl)	headache
	kopieren	to copy
der	Körper(-)	body
	kosten	to cost
	köstlich	delicious
	kostümiert	dressed up, in costume
	kräftig	well built
	krank	ill
das	Krankenhaus(ˉer)	hospital
die	Krankheit(en)	illness
der	Krankenpfleger(-)	nurse (male)
die	Krankenschwester(n)	nurse (female)
	kreativ	creative
der	Kredit(e)	credit
die	Kreditkarte(n)	credit card
der	Kreisverkehr	roundabout
die	Kreuzung(en)	crossroads
das	Kricket	cricket
der	Krimi(s)	thriller
die	Kritik(en)	review
die	Küche(n)	kitchen
der	Kuchen(-)	cake
	kühlen	to cool
die	Kunst(ˉe)	art
der	Kurs(e)	course
	kurz	short
	küssen	to kiss
die	Küste(n)	coast

L

das	Labor(s)	laboratory
	lachen	to laugh
der	Laden(ˉ)	shop
die	Lage(n)	location, position
das	Land(ˉer)	country
die	Landkarte(n)	map

	lang	long
	langsam	slow
	langweilig	boring
der	Laptop(s)	laptop
der	Lärm	noise
	lässig	baggy
(das)	Latein	Latin
	laufen	to run; be on
	laut	noisy; according to
das	Leben(-)	life
	lebendig, lebhaft	lively
der	Lebenslauf(ˉe)	curriculum vitae, CV
die	Leber(n)	liver
	lecker	tasty
	legal	legal
die	Lehre(n)	apprenticeship
der	Lehrer(-)	teacher (male)
die	Lehrerin(nen)	teacher (female)
	leicht	light
	leiden	to bear, suffer
	leider	unfortunately
	leid tun	to be sorry for
	leisten	to afford
	lernen	to learn
	lesen	to read
der	Leser(-)	reader (male)
die	Leserin(nen)	reader (female)
	letzte/r	last
das	Lied(er)	song
die	Leute (pl)	people
	libanesisch	Lebanese
das	Licht(er)	light
die	Liebe	love
	lieben	to love
	lieber	preferably
der	Liebesfilm(e)	love film
das	Lieblingsfach(ˉer)	favourite subject
die	Lieblingssendung (en)	favourite programme
das	Lied(er)	song
	liegen	to lie; be located
die	Linie(n)	line
	linke/r	left
	links	to the left
	locker	relaxing
der	Löffel(-)	spoon
	logisch	logical
das	Lokal(e)	pub
	lokal	local
die	Lösung(en)	solution
der	Löwe(n)	lion
die	Lücke(n)	gap
der	Luftballon(s)	balloon
die	Luftverschmutzung	air pollution
der	Lungenkrebs	lung cancer
	lustig	funny
	luxuriös	luxurious

M

	machen	to make, do
das	Mädchen(-)	girl
das	Magazin(e)	magazine
der	Mai	May
das	Mal(e)	time, occasion

	malen	to paint
	man	one, you
	manchmal	sometimes
	mangelhaft	poor
der	Mann(ˉer)	husband, man
die	Mannschaft(en)	team
die	Markenkleidung(en)	designer clothes
der	Markt(ˉe)	market
der	März	March
die	Maschine(n)	machine
die	Mathe	maths
die	Mayonnaise(n)	mayonnaise
der	Mechaniker(-)	mechanic (male)
die	Mechanikerin(nen)	mechanic (female)
die	Medien (pl)	media
das	Meer(e)	sea
	mehr	more
das	Mehrfamilienhaus (ˉer)	block of flats
der	Mehrzweckraum(ˉe)	multi-purpose room
	mein/e	my
	meiner Meinung nach	in my opinion
die	Meinung(en)	opinion
	meistens	mostly
	melden	to put up one's hand
	melodisch	melodic
die	Menge(n)	amount
der	Mensch(en)	person
der	Metrolink(s)	metrolink
	mies	miserable, lousy
das	Mietauto(s)	hire car
die	Milch	milk
das	Mineralwasser(-)	mineral water
das	Minigolf	minigolf
	mit	with
	mit freundlichen Grüßen	yours faithfully
das	Mitglied(er)	member
	mithilfe	with the help of
	mit jemandem auskommen	to get on with s.o.
	mitmachen	to take part
der	Mitschüler(-)	classmate (male)
die	Mitschülerin(nen)	classmate (female)
der	Mittag(e)	midday
das	Mittagessen(-)	lunch
	mitteilen	to tell, inform
	mitten	in the middle
der	Mittwoch(e)	Wednesday
	mobben	to bully
das	Mobbing	bullying
die	Mode(n)	fashion
die	Moderatorin(nen)	female presenter
	modisch	fashionable
das	Mofa(s)	moped
	mögen	to like
	möglich	possible
die	Möglichkeit(en)	possibility
der	Moment(e)	moment
der	Monat(e)	month
das	Monster(-)	monster
der	Montag(e)	Monday
	montags	on Mondays

der	Morgen	morning
	morgen	tomorrow
	morgens/	in the morning/afternoon/
	nachmittags/	evening
	abends	
	müde	tired
der	Müll	rubbish
die	Mülltonne(n)	rubbish bin
	musikalisch	musical
der	Musiker(-)	musician
	muskulös	muscular
	müssen	to have to, must
die	Mütze(n)	hat

N

	nach Hause gehen/	to go home
	fahren	
	nach	after (time); to (place)
	nach vorne	forwards, to the front
der	Nachbar(n)	neighbour
die	Nachhilfe	extra tuition
der	Nachmittag(e)	afternoon
die	Nachrichten (pl)	news programme
die	Nachspeise(n)	dessert
	nächste/r	next
die	Nacht(˝e)	night
der	Nachteil(e)	disadvantage
	nachts	in the night
die	Naschkatze(n)	someone with a sweet tooth
	natürlich	naturally
die	Naturwissenschaft	sciences
	(en)	
der	Nebel(-)	fog
	neben	next to
	neblig	foggy
	negativ	negative
	nehmen	to take
	nein	no
die	Nerven (pl)	nerves
	nervös	nervous
	nett	nice
	neu	new
	nicht	not
	nichts	nothing
	nie	never
	niedrig	low
	niemand	no-one
das	Nilpferd(e)	hippopotamus
	noch	still
	noch (ein)mal	once again
	nominieren	to nominate
der	Norden	north
	normalerweise	normally
die	Note(n)	mark
	notieren	to note
die	Notizen (pl)	notes
die	Nudel(n)	pasta
die	Nummer(n)	number
	nur	only
	nützlich	useful

O

der/die	Obdachlose(n)	homeless person
	oben	above

	O.K.	OK
die	Oberstufe(n)	Sixth Form
das	Obst	fruit
	oder	or
die	öffentlichen	public transport
	Verkehrsmittel (pl)	
	oft	often
	ohne	without
die	Ohrenschmerzen (pl)	earache
der	Ohrring(e)	earring
der	Ökokrieger(-)	eco-warrior
die	Ökostadt(˝e)	eco-town
die	Öko-Tasche(n)	eco-friendly bag
der	Oktober	October
die	Olympischen Spiele (pl)	Olympic Games
die	Oma(s)	grandma
der	Onkel(-)	uncle
die	Oper(n)	opera
der	Orangensaft(˝e)	orange juice
der	Orden(-)	order
	ordentlich	tidy, in an orderly way
	ordnen	to put in order
	organisch	organic
	organisieren	to organise
der	Ort(e)	place
der	Osten	east
das	Ostern(-)	Easter
	östlich	to the east

P

das	Paar(e)	couple
die	Packung(en)	packet
das	Papier(e)	paper
die	Pappe(n)	cardboard
das	Parfüm(s)	perfume
der	Parkplatz(˝e)	car park
der	Partner(-)	partner (male)
die	Partnerin(nen)	partner (female)
die	Party(s)	party
	passen	to match
	passieren	to happen
die	Pause(n)	break
	per	by, via
	persönlich	personal
das	Pferd(e)	horse
	pflegen	to look after
der	Phönix(e)	phoenix
die	Physik	physics
der	Pickel(-)	spot
	picknicken	to picnic
der	Pilz(e)	mushroom
die	Piste(n)	ski slope, piste
der	Platz(˝e)	space, room; pitch
	plaudern	to chat
der	Politiker(-)	politician (male)
die	Politikerin(nen)	politician (female)
die	Pommes (frites) (pl)	chips
die	Post	post office
	praktisch	practical
die	Präsentation(en)	presentation
der	Präsident(en)	president
die	Praxis (Praxen)	surgery
der	Preis(e)	prize; price
	preiswert	good value

	prima	great
die	Probe(n)	rehearsal
	pro Stunde/Woche	per hour/week
das	Problem(e)	problem
das	Produkt(e)	product
der	Produzent(en)	producer
der	Profi(s)	pro(fessional)
das	Projekt(e)	project
der	Prospekt(e)	brochure, leaflet
das	Prozent(e)	per cent
die	Prüfung(en)	exam
der	Pullover(-), Pulli(s)	pullover
der	Punkt(e)	point
	pünktlich	punctual(ly)
	putzen	to clean

Q

die	Qualität(en)	quality
das	Quantum (Quanten)	quantum
der	Quatsch	rubbish
das	Quiz(-)	quiz

R

	Rad fahren	to cycle, ride (a bike)
die	Radtour(en)	bike ride
der	Rat	advice
	raten	to guess
der	Ratgeber(-)	counsellor, adviser
das	Rathaus(˝er)	town hall
	rauchen	to smoke
die	Realschule(n)	academy, secondary school
der	Rebell(en)	rebel
die	Rechnung(en)	bill
	rechte/r	right
	rechts	to the right
	recyceln	to recycle
	reden	to talk
	reduzieren	to reduce
die	Reduzierung(en)	reduction
die	Regel(n)	rule
der	Regen(-)	rain
	regnen	to rain
	reich	rich
	reichen	to be enough
der	Reichstag	parliament building
die	Reihe(n)	row
die	Reihenfolge(n)	order
das	Reihenhaus(˝er)	terraced house
die	Reise(n)	journey, trip
die	Reiselust	urge to travel, wanderlust
	reiten	to ride (a horse)
der	Rekord(e)	record
die	Reportage(n)	report
der	Rest(e)	remains, rest
der	Restmüll	non-recyclable waste
das	Resultat(e)	result
	retten	to save
die	Rezeptionistin(nen)	female receptionist
	rhythmisch	rhythmic
	richtig	right, correct
die	Richtung(en)	direction
	riesig	huge
das	Risiko(s, Risiken)	risk

die	Rolle(n)	role
der	Roman(e)	novel
	romantisch	romantic
der	Rückblick(e)	look back
der	Rücken(-)	back
die	Rückenschmerzen (pl)	backache
der	Rucksack(¨e)	rucksack
	ruhig	peaceful, quiet
	rumhängen	to hang out
	rund	around
S		
der	Saal (Säle)	hall, auditorium
die	Sache(n)	thing
	sagen	to say
die	Sahne	cream
die	Saison(s)	season
der	Salat(e)	salad
der	Salon(s)	salon
die	Samariter (pl)	Samaritans
	sammeln	to collect
der	Samstag(e)	Saturday
	samstags	on Saturdays
der	Sand	sand
der	Sänger(-)	singer (male)
der	Satz(¨e)	sentence
	sauber	clean
	sauer	annoyed
das	Sauerkraut	sauerkraut
die	Sauna(s)	sauna
der	Scanner(-)	scanner
	schade	a shame
der	Schalter(-)	counter
	scharf	spicy
das	Schaschlik	kebab
	schauen	to look
der	Schauer(-)	shower
	scheu	shy
	schick	trendy
	schicken	to send
das	Schiff(e)	ship
das	Schild(er)	sign
die	Schildkröte(n)	tortoise
der	Schinken(-)	ham
	schlafen	to sleep
die	Schlaflosigkeit	sleeplessness
der	Schlafsack(¨e)	sleeping bag
das	Schlafzimmer(-)	bedroom
die	Schlagzeile(n)	headline
	schlank	slim
	schlecht	bad
	schlecht gelaunt	bad tempered,
	schlimm	bad
der	Schlips(e)	tie
das	Schloss(¨er)	castle
	Schluss machen	to finish
der	Schlussverkauf(¨e)	sale
	schmecken	to taste
die	Schminke(n)	make-up
der	Schmuck	jewellery
	schneien	to snow
	schnell	fast, quick
das	Schnitzel(-)	schnitzel

die	Schokolade(n)	chocolate
	Schokoladen-torte(n) (f)	chocolate cake-
	schon	already
	schön	lovely, nice
der	Schrank(¨e)	wardrobe
	schrecklich	awful, dreadful
	schreiben	to write
der	Schreibtisch(e)	desk
	schreien	to shout
der	Schuh(e)	shoe
der	Schulabschluss(¨e)	school leaving qualification
die	Schule(n)	school
der	Schüler(-)	pupil (male)
die	Schülerin(nen)	pupil (female)
der	Schulhof(¨e)	playground
die	Schulmannschaft(en)	school team
die	Schulordnung(en)	school rules
die	Schulter(n)	shoulder
	schützen	to protect
	schwarz	black
	schwer	difficult; heavy
	schwierig	difficult
die	Schwester(n)	sister
	schwimmen	to swim
der	Science-Fiction-Film(e)	science fiction film
der	See(n)	lake
	segeln	to sail
	sehen	to see
die	Sehenswürdigkeit(en)	sight
	sehr	very
	sehr geehrte/r …	dear …
die	Seifenoper(n)	soap opera
	sein/e	his
	sein	to be
	seit	since, for
	seitdem	since then
die	Seite(n)	page
der	Sekretär(e)	secretary (male)
die	Sekretärin(nen)	secretary (female)
das	Sekretariat(e)	office
	selbst	self
	selten	rarely, seldom
die	Sendung(en)	programme (TV, radio)
der	Senf	mustard
die	Serie(n)	series
	servieren	to serve
der	Sessel(-)	armchair
	sich anziehen	to get dressed
	sich auf etwas freuen	to look forward to sth.
	sich bewerben	to apply
	sich entspannen	to relax
	sich handeln um etwas	to be about sth.
	sich sonnen	to sunbathe
	sich trennen	to split up
	sich über etwas Sorgen machen	to worry about sth.
	sich verändern	to change
	sich verlieben	to fall in love
	sich verstehen	to understand one another
	sich vorstellen	to introduce oneself

	sicher	certainly, definitely
das	Silvester(-)	New Year
	simsen	to text
	singen	to sing
die	Singlebörse(n)	singles market
	sitzen	to sit
	sitzenbleiben	to repeat a year
das	Sitzenbleiben	repeating a year
	skateboarden	to skateboard
der	Skater(-)	skater
	Ski fahren	to ski
der	Slip(s)	briefs
die	SMS(-)	text message
	snowboarden	to snowboard
	so	so; that is to say, therefore
das	Sofa(s)	sofa
der	Sohn(¨e)	son
	solar	solar
	sollen	ought to, should
der	Sommer(-)	summer
der	Song(s)	song
die	Sonne(n)	sun
die	Sonnenbrille(n)	sunglasses
	sonnig	sunny
der	Sonntag(e)	Sunday
	sonstig	other
die	Soße(n)	sauce
das	Souvenir(s)	souvenir
	sowie	as well as
(das)	Spanisch	Spanish
	spannend	exciting, tense
	sparen	to save
die	Sparkasse(n)	bank
	sparsam	sparing(ly)
der	Spaß(¨e)	fun
	Spaß machen	to be fun
	später	later (on)
	spätestens	at the latest
	spazieren	to walk
der	Spaziergang(¨e)	walk
die	Speisekarte(n)	menu
der	Spezialeffekt(e)	special effects
die	Spezialität(en)	speciality
das	Spiel(e)	game
	spielen	to play
	spitze	great
	Sport treiben	to do sport
die	Sportklinik(en)	sports clinic
der	Sportler(-)	sportsman, athlete
	sportlich	sporty
der	Sportplatz(¨e)	sports ground
die	Sportskanone(n)	sporting ace
das	Sportzentrum (-zentren)	sports centre
die	Sprache(n)	language
der	Sprachkurs(e)	language course
die	Sprechblase(n)	speech bubble
	sprechen	to speak
das	Stadion (Stadien)	stadium
die	Stadt(¨e)	town
der	Stadtbummel(-)	stroll around town
der	Stadtführer(-)	tour guide (male)
die	Stadtführerin(nen)	tour guide (female)
die	Stadtmitte, das	town centre

	Stadtzentrum (-zentren)	
der	Stadtrand(¨er)	edge of town
der	Stadtteil(e)	district, part of town
	stark	strong
der	Start(s)	start
	statt	instead of
	stattfinden	to take place
	stehen	to stand
	stehlen	to steal
die	Stiefmutter(¨)	stepmother
der	Stiefvater(¨)	stepfather
	stimmen	to be correct
	stinken	to stink
	stinklangweilig	dead boring
der	Stock (die Stockwerke)	floor (of building)
der	Stolz	pride
der	Strand(¨e)	beach
die	Straße(n)	street
die	Straßenbahn(en)	tram
die	Straßenzeitung(en)	street paper, e.g. 'Big Issue'
der	Streit(e)	argument
	streiten	to argue
	streng	strict
	stressig	stressful
	stricken	to knit
die	Strumpfhose(n)	tights
der	Stubenhocker(-)	couch potato
das	Stück(e)	piece, item
die	Studie(n)	study
	studieren	to study
der	Stuhl(¨e)	chair
die	Stunde(n)	hour
der	Stundenplan(¨e)	timetable
der	Sturm(¨e)	storm
	suchen	to look for
die	Sucht(¨e)	addiction
	süchtig	addicted
der	Süden	south
der	Supermarkt(¨e)	supermarket
die	Suppe(n)	soup
	surfen	to surf
die	Süßigkeit(en); süß	sweet
	sympathisch	likeable

T

die	Tabelle(n)	table, grid
der	Tag(e)	day
	täglich	daily
	talentiert	talented
die	Tankstelle(n)	service station
die	Tante(n)	aunt
	tanzen	to dance
die	Tasche(n)	bag
das	Taschengeld(er)	pocket money
die	Tasse(n)	cup
die	Tätowierung(en)	tattoo
	tatsächlich	actually
die	Taufe(n)	baptism
der	Tee(s)	tea
der/das	Teil(e)	part
	teilen	to share

der	Teilnehmer(-)	participant (male)
die	Teilnehmerin(nen)	participant (female)
der	Teilzeitjob(s)	part-time job
das	Telefon(e)	telephone
	telefonieren	to telephone
die	Telefonnachricht(en)	telephone message
der	Termin(e)	appointment, date
die	Terrasse(n)	terrace
	teuer	expensive
das	Theaterstück(e)	play
das	Thema (Themen)	theme, topic
das	Tier(e)	animal
der	Tierarzt(¨e)	vet (male)
	Tierärztin(nen)	vet (female)
der	Tipp(s)	tip
der	Tisch(e)	table
das	Tischtennis	table tennis
der	Titel(-)	title
die	Tochter(¨)	daughter
der	Tod(e)	death
	tödlich	deadly
die	Toilette(n)	toilet
	toll	great
die	Tomate(n)	tomato
die	Tonne(n)	bin
das	Tor(e)	goal
die	Torte(n)	gâteau
das	Tortendiagramm(e)	pie chart
die	Tournee(s/ Tourneen)	tour
	total	total(ly)
	tragen	to wear
	trainieren	to train
der	Trainingsanzug(¨e)	tracksuit
der	Traum(¨e)	dream
	treffen	to meet
der	Treibhauseffekt(e)	greenhouse effect
der	Trend(s)	trend
	trennen	to separate
	trinken	to drink
	trocken	dry
die	Trompete(n)	trumpet
der	Trost	comfort, solace
	tun	to do, make
die	Turnhalle(n)	gym
das	Turnier(e)	tournament
die	Tüte(n)	bag
der	Typ(en)	type
	typisch	typical

U

die	U-Bahn(en)	underground train
	üben	to practise
	über	about
	übermorgen	the day after tomorrow
	übernachten	to stay (overnight)
die	Übernachtung(en)	overnight stay
	überprüfen	to check
die	Überraschung(en)	surprise
die	Überraschungs-party(s)	surprise party
die	Überschwemmung (en)	flood
	übrig	left over
die	Uhr(en)	clock

	um	around
	um etwas gehen	to be about sth.
	um halb (sechs)	half past (five)
	um ... Uhr	at ... o'clock
	um ... zu	in order to
die	Umfrage(n)	survey
die	Umgebung	surroundings
	umgehen mit	to deal with
der	Umschlag(¨e)	envelope
die	Umwelt	environment
	umweltfreundlich	environmentally friendly
der	Umweltschutz	environmental protection
	unbedingt	definitely
	unbequem	uncomfortable
	und	and
	unfreundlich	unfriendly
	ungefähr	about, approximately
	ungenügend	inadequate
	ungesund	unhealthy
	unglücklich	unhappy
die	Universität(en)	university
	unordentlich	messy, untidy
	unpraktisch	impractical
	unrealistisch	unrealistic
	unser/e	our
	unten	below
	unter	under; among
der	Unterricht	lessons, classes
	unterwegs	on the way
	unvergesslich	unforgettable
der	Urlaub(e)	holiday
	usw. (und so weiter)	etc. (etcetera)

V

das	Vanilleeis	vanilla ice-cream
der	Vater(¨)	father
der	Vegetarier(-)	vegetarian (male)
die	Vegetarierin(nen)	vegetarian (female)
das	Venn-Diagramm(e)	Venn diagram
	verbinden	to join, connect
die	Verbindung(en)	connection
	verbringen	to spend (time)
	verdienen	to earn
die	Vergangenheit	past
	vergeben	to forgive
	vergessen	to forget
	vergleichen	to compare
	verheiratet	married
	verirren	to lose
	verkaufen	to sell
der	Verkäufer(-)	sales assistant (male)
die	Verkäuferin(nen)	sales assistant (female)
der	Verkehr	traffic
das	Verkehrsmittel(-)	form of transport
das	Verkehrssystem(e)	transport system
	verlassen	to leave
	verletzen	to injure
	verlieren	to lose
die	Verpackung(en)	packaging
	verpassen	to miss
die	Versammlung(en)	assembly
	verschieden	different
	verschmutzt	polluted
	verstecken	to hide

	verstehen	to understand
	versuchen	to try
der/die	Verwandte(n)	relation
die	Videothek(en)	video library
	viel	a lot (of)
	viel(e)	many
	viel los	a lot going on
	vielleicht	perhaps
das	Viertel(-)	quarter
die	Vollpension	full board
	von	from
	vor	before
	vorbereiten	to prepare
	vorbuchen	to book in advance
	vorgestern	the day before yesterday
	vorher	before, earlier, previously
der	Vormittag(e)	morning
der	Vorort(e)	suburb
die	Vorsicht	caution, attention
die	Vorspeise(n)	starter
der	Vorteil(e)	advantage
das	Vorurteil(e)	prejudice

W

der	Wagen(-)	car
	wählen	to choose
der	Wahnsinn	madness
	während	during
	wahrscheinlich	probably
das	Waisenhaus(¨er)	orphanage
	wandern	to hike, go walking
	wann?	when?
das	Warenhaus(¨er)	store
	warm	warm
	warten	to wait
	warum?	why?
das	Waschbecken(-)	basin
	waschen	to wash
das	Wasser	water
die	Wasser-verschmutzung	water pollution
die	Webseite(n)	web page
der	Weg(e)	path, way
	weg	away
	wegen	because of
	wegnehmen	to take away
	wegräumen	to tidy away
	weh tun	to hurt
die	Weihnachtsfeier(n)	Christmas party
	weil	because
der	Wein(e)	wine
	weit	far
	weiter	further
	welche/r?	which?
die	Welt(en)	world
	wenig	few
	wer?	who?
die	Werbung(en)	advertisement, advertising
	werden	to become, will
(das)	Werken	DT
	wert	worth
der	Westen	west
der	Wettbewerb(e)	competition

das	Wetter(-)	weather
die	Wettervorhersag (n)	weather forecast
	wichtig	important
	wie?	how?
	wie lange?	how long?
	wie viel/e?	how much/many?
	wieder	again
	wiegen	to weigh
das	Wildwasser	white water
der	Wind(e)	wind
	windig	windy
	windsurfen	to windsurf
der	Winter(-)	winter
	wirklich	really
die	Wirtschaft(en)	economy
	wissen	to know
der	Witz(e)	joke
	wo?	where?
	wo(hin)?	where (to)?
die	Woche(n)	week
das	Wochenende(n)	weekend
der	Wodka(s)	vodka
der	Wohnblock(¨e)	block of flats
	wohnen	to live
der	Wohnort(e)	place of residence
die	Wohnung(en)	flat
der	Wohnwagen(-)	caravan
das	Wohnzimmer(-)	sitting room
	wolkig	cloudy
	wollen	to want
das	Wort(¨er)	word
das	Wörterbuch(¨er)	dictionary
	wunderbar	wonderful
der	Würfel(-)	dice

Z

die	zahl(en)	number
	zahlen	to pay
	zahlreich	numerous
der	Zahnarzt(¨e)	dentist (male)
die	Zahnärztin(nen)	dentist (female)
die	Zahnschmerzen (pl)	toothache
der	Zauber(-)	magic
das	Zebra(s)	zebra
der	Zebrastreifen(-)	zebra crossing
der	Zeichentrickfilm(e)	cartoon
	zeichnen	to draw
die	Zeit(en)	time
die	Zeitschrift(en)	magazine
die	Zeitung(en)	newspaper
das	Zelt(e)	tent
	zerbrechen	to break, smash
das	Zeugnis(se)	(school) report
	ziemlich	quite, rather
die	Zigarette(n)	cigarette
das	Zimmer(-)	room
der	Zivildienst	community service
	zu	to; too
	zu Fuß	on foot
	zu Hause	at home
	zu Mittag/Abend essen	to eat lunch/supper
	zu viel	too much

	zuerst	first(ly)
der	Zug(¨e); trainieren	train, to train
das	Zuhause(-)	home
	zuhören	to listen
der	Zuhörer(-)	listener
die	Zukunft (Zukünfte)	future
	zurückgehen	to go back
	zurückkommen	to come back
	zurzeit	at the moment
	zusammen	together
	zweimal	twice
	zweitens	secondly
	zweite/r	second

Wortschatz English – Deutsch

A

about	über; ungefähr
abroad	im Ausland
addicted	süchtig
after (time)	nach
afternoon	der Nachmittag(e)
against	gegen
aggressive	aggressiv
alcohol	der Alkohol
alcoholic	der Alkoholiker(-)/die Alkoholikerin(nen)
a lot (of)	viel
a lot going on	viel los
always	immer
animal	das Tier(e)
to appear	aussehen
appearance	das Aussehen
apple	der Apfel(¨)
apprenticeship	die Lehre(n)
area	die Gegend(en)
to argue	streiten
around	rund
to arrive	ankommen
art	(die) Kunst(¨e)
as	als
at	an
at about	gegen
at home	zu Hause
at ... o'clock	um ... Uhr
atmosphere	die Atmosphäre
attractive	attraktiv
aunt	die Tante(n)
autumn	der Herbst
awful	schrecklich

B

babysitting	das Babysitten
backache	Rückenschmerzen (pl)
bad	schlecht
bad tempered	schlecht gelaunt
badminton	der Federball(¨e), das Badminton
baggy	lässig
banana	die Banane(n)
band	die Band(s)
bank	die Sparkasse(n)
bath	das Bad(¨er)
bathroom	das Badezimmer(-)
to be	sein
to be able	können
to be afraid (of)	Angst haben (vor)
to be allowed	dürfen)
to be called	heißen
to be fun	Spaß machen
beat	der Beat
because	weil
to become	werden
bed	das Bett(en)
bedroom	das Schlafzimmer(-)
beer	das Bier(e)
before	vor
to begin	beginnen
best	beste/r
better	besser

bicycle, bike	das (Fahr)rad(¨er)
big	groß
bike ride	die Radtour(en)
biology	(die) Biologie
birthday party	die Geburtstagsparty(s)
biscuit	der Keks(e)
black	schwarz
block of flats	das Mehrfamilienhaus(¨er), der Wohnblock(¨e)
blond	blond
blue	blau
Bluetooth	der/das Bluetooth
body	der Körper(-)
book	das Buch(¨er)
boring	langweilig
bottle	die Flasche(n)
boy	der Junge(n)
bread	das Brot(e)
break	die Pause(n)
breakfast	das Frühstück(e)
brilliant	geil
brother	der Bruder(¨)
brown	braun
to bully	mobben
bullying	das Mobbing
bus	der Bus(se)
to buy	kaufen

C

café	das Café(s)
cake	der Kuchen(-)
campsite	der Campingplatz(¨e)
can	können
car	das Auto(s)
cartoon	der Zeichentrickfilm(e)
cashier (checkout) (m/f)	der Kassierer(-)/die Kassiererin(nen)
CD	die CD(s)
chaotic	chaotisch
to chat	plaudern
chatroom	der Chatroom(s)
cheap	billig, günstig
checkout	die Kasse(n)
cheeky	frech
cheese	der Käse
chemistry	(die) Chemie
to chew	kauen
chewing gum	der Kaugummi(s)
chicken	das Hähnchen(-)
child	das Kind(er)
to chill (out)	chillen
chips	die Pommes (frites) (pl)
chocolate	die Schokolade(n)
chocolate cake	die Schokoladentorte(n)
Christmas party	die Weihnachtsfeier(n)
cigarette	die Zigarette(n)
cinema	das Kino(s)
class	die Klasse(n)
classroom	das Klassenzimmer(-)
clean, to clean	sauber; putzen
to climb	klettern
clothes	die Klamotten (pl), die Kleidung
cloudy	wolkig
club (school)	die AG(s)

coffee	der Kaffee(s)
cola	die Cola(s)
cold	kalt
to come	kommen
comedy	die Komödie(n)
comfortable	bequem
complicated	kompliziert
comprehensive school	die Gesamtschule(n)
computer	der Computer(-)
computer game	das Computerspiel(e)
concert	das Konzert(e)
contact	der Kontakt(e)
to cook	kochen
cool	cool
country	das Land(¨er)
cousin	der Cousin(s) /die Cousine(n)
cream	die Sahne
credit card	die Kreditkarte(n)
cup	die Tasse(n)
to cycle	Rad fahren

D

to dance	tanzen
dance music	die Dance-Musik
dangerous	gefährlich
daughter	die Tochter(¨)
delicious	köstlich
dentist	der Zahnarzt(¨e)/die Zahnärztin(nen)
depressed	deprimiert
depressing	deprimierend
dessert	die Nachspeise(n)
detached house	das Einfamilienhaus(¨er)
diet	die Diät(en)
difficult	schwer, schwierig
dinner (evening meal)	das Abendessen(-)
dirty	dreckig
disabled	behindert
discussion	die Diskussion(nen)
to do	machen, tun
to do sport	Sport treiben
doctor	der Arzt(¨e)/die Ärztin(nen)
to download	herunterladen
drama, theatre	(das) Theater(-); das Drama(s, Dramen)
dreadful	furchtbar, schrecklich
drink, to drink	das Getränk(e); trinken
drug	die Droge(n)
drug-taking	der Drogenkonsum
drunk	betrunken
DT	(das) Werken
during	während

E

each	jede/r
to earn	verdienen
earring	der Ohrring(e)
easy	einfach
to eat lunch/supper	zu Mittag/Abend essen
to eat	essen
edge of town	der Stadtrand(¨er)
electrician	der Elektriker(-)/die Elektrikerin(nen)
email	die E-Mail(s)

Wortschatz English – Deutsch

emo	der Emo(s)
engineer	der Ingenieur(e)/die Ingenieurin(nen)
English	(das) Englisch
environment	die Umwelt
environmental protection	der Umweltschutz
environmentally friendly	umweltfreundlich
especially	besonders
euro	der Euro(s)
evening	der Abend(e)
evening meal	das Abendessen(-)
every	jede/r
exam	die Prüfung(en)
excellent	ausgezeichnet
exciting	spannend
exhausted	erschöpft
expensive	teuer
eye	das Auge(n)

F

family	die Familie(n)
fantastic	fantastisch
fantasy film	der Fantasyfilm(e)
fashion	die Mode(n)
fast	schnell
fast food	das Fastfood
father	der Vater(`)
favourite programme	die Lieblingssendung(en)
favourite subject	das Lieblingsfach(`er)
to feel	fühlen
film	der Film(e)
to find	finden
to finish	enden, Schluss machen
fireman	der Feuerwehrmann(`er)
first	erste/r
to fish	angeln
fit	fit
flat	die Wohnung(en)
floor (of room)	der Boden(`)
flower	die Blume(n)
to fly	fliegen
food	das Essen(-)
foot	der Fuß(`e)
football	der Fußball(`e)
for	für
for ever	auf immer und ewig
foreign language	die Fremdsprache(n)
French	(das) Französisch
Friday	der Freitag(e)
friend	der Freund(e)/die Freundin(nen)
friendly	freundlich
from	von
fruit	das Obst
funny	lustig
future	die Zukunft (Zukünfte)

G

game	das Spiel(e)
games console	die Konsole(n)
garage	die Garage(n)
garden	der Garten(`)

geography	(die) Erdkunde
German	(das) Deutsch
to get	bekommen
to get on with s.o.	mit jemandem auskommen
to get up	aufstehen
girl	das Mädchen(-)
to give	geben
to go	gehen, fahren
to go home	nach Hause gehen/fahren
to go to (a place)	hinfahren
to go to (school, etc.)	besuchen
good	gut
good tempered	gut gelaunt
good value	preiswert
goth	der Goth(s)
grammar school	das Gymnasium (Gymnasien)
granddaughter	die Enkeltochter(`)
grandfather	der Großvater(`)
grandma	die Oma(s)
grandmother	die Großmutter(`)
grandson	der Enkelsohn(`e)
great	toll, prima, spitze
green	grün
ground floor	das Erdgeschoss
gym	die Turnhalle(n)

H

hair	das Haar(e)
hairdresser	der Friseur(e)
half	die Hälfte(n)
half past (five)	um halb (sechs)
half-sister	die Halbschwester(n)
hall	der Flur(e)
ham	der Schinken(-)
hamburger	der Hamburger(-)
hand	die Hand(`e)
happy	glücklich
hard	hart; schwer
hat	die Mütze(n)
to hate	hassen
to have	haben
to have to	müssen
headache	Kopfschmerzen (pl)
healthy	gesund
to heat	heizen
heavy-metal	die Heavymetal-Musik
to help	helfen
helpful	hilfsbereit
here	hier
to hike	wandern
historic	historisch
history	(die) Geschichte
holiday	der Urlaub(e), die Ferien (pl)
homework	die Hausaufgabe(n)
hopeful(ly)	hoffentlich
horror film	der Horrorfilm(e)
hot	heiß
hot chocolate	die heiße Schokolade(n)
hotel	das Hotel(s)
house	das Haus(`er)
how?	wie?
how long?	wie lange?
how much/many?	wie viel/e?
humour	der Humor

| husband | der Mann(`er) |

I

ice-rink	die Eishalle(n)
to ice-skate	Eislaufen gehen
ICT	(die) Informatik
ideal	ideal
ill	krank
important	wichtig
in, into	in
in my opinion	meiner Meinung nach
in the morning/ afternoon/ evening	morgens/nachmittags/ abends
individualist	der Individualist(en)
industrial	industriell
instrument	das Instrument(e)
interesting	interessant
internet	das Internet
to invite	einladen
Italian	(das) Italienisch

J

jewellery	der Schmuck
job	der Job(s)
to jog	joggen
journey	die Reise(n)

K

ketchup	der/das Ketchup
to kiss	küssen
kitchen	die Küche(n)

L

laboratory	das Labor(s)
last	letzte/r
to laze around	faulenzen
lazy	faul
to leave	abfahren; verlassen
left	links
leg	das Bein(e)
leisure park	der Freizeitpark(s)
letter	der Brief(e)
library	die Bibliothek(en)
to lie	liegen
to like	gern haben, mögen
to listen	hören
to live	wohnen
lively	lebendig
long	lang
to look	aussehen
love, to love	die Liebe; lieben
love film	der Liebesfilm(e)
lovely	schön
lunch	das Mittagessen(-)

M

magazine	die Zeitschrift(en)
main course	das Hauptgericht(e)
to make	machen
make-up	die Schminke(n)
many	viel(e)
mark	die Note(n)
market	der Markt(`e)

marriage	die Ehe(n)	open-air pool	das Freibad(ˈer)	to read	lesen
to marry	heiraten	opinion	die Meinung(en)	really	echt, wirklich
maths	(die) Mathe	to organise	organisieren	reasonable	günstig
meal	das Essen(-)	other	andere/r	to recycle	recyceln
mean	gemein	ought to	sollen	to relax	sich entspannen
mechanic	der Mechaniker(-)/die	outdoors	im Freien	relaxed, relaxing	entspannt, entspannend,
	Mechanikerin(nen)				locker
messy	unordentlich	**P**		restaurant	das Restaurant(s)
midday	der Mittag(e)	paper	das Papier(e)	rich	reich
milk	die Milch	park	der Park(s)	to ride (a bike)	Rad fahren
mineral water	das Mineralwasser(-)	partner	der Partner(-)/die	to ride (a horse)	reiten
miserable, awful	mies		Partnerin(nen)	right	rechts
mixed ice-cream	das gemischte Eis	part-time job	der Teilzeitjob(s)	ring tone	der Klingelton(ˈe)
mobile phone	das Handy(s)	party	die Party(s)	role	die Rolle(n)
modern	modern	to pass (exam)	bestehen	romantic	romantisch
Monday	der Montag(e)	pasta	die Nudel(n)	room	das Zimmer(-)
money	das Geld(er)	patient	geduldig	rubbish	der Müll, der Abfall(ˈe)
month	der Monat(e)	to pay	bezahlen	to run	laufen
more	mehr	peaceful	ruhig		
morning	der Morgen, der Vormittag(e)	people	die Leute (pl)	**S**	
museum	das Museum (Museen)	per hour/week	pro Stunde/Woche	to sail	segeln
music	die Musik	perfume	das Parfüm(s)	salad	der Salat(e)
must	müssen	person	der Mensch(en)	sales assistant	der Verkäufer(-)/die
my	mein/e	photo	das Foto(s)		Verkäuferin(nen)
		physics	(die) Physik	Saturday	der Samstag(e)
N		to picnic	picknicken	sausage (German)	die Bockwurst(ˈe)
near	in der Nähe	pizza	die Pizza (Pizzen)	school	die Schule(n)
nervous	nervös	pizzeria	die Pizzeria (Pizzerien)	school hall	die Aula(s, Aulen)
never	nie	plane	das Flugzeug(e)	school team	die Schulmannschaft(en)
New Year	das Silvester(-)	to play	spielen	school trip	die Klassenfahrt(en)
newspaper	die Zeitung(en)	pocket money	das Taschengeld(er)	science fiction film	der Science-Fiction-Film(e)
next	nächste/r	polite	höflich	secondary school	die Hauptschule(n), die
next to	neben	polluted	verschmutzt		Realschule(n)
nice	nett, schön	pop music	die Popmusik	secretary	der Sekretär(e)/die
no, not a(ny)	kein/e	popular	beliebt		Sekretärin(nen)
noise	der Lärm	porridge	die Haferflocken (pl)	to see	sehen
noisy	laut	postman/woman	der Briefträger(-)/die	selfish	egoistisch
no-one	niemand		Briefträgerin(nen)	September	der September
normal	normal	pot	das Kännchen(-)	sheet (paper)	das Blatt(ˈer)
not	nicht	practical	praktisch	shirt	das Hemd(en)
not at all	gar kein/e, gar nicht	to practise	üben	shoe	der Schuh(e)
nothing	nichts	preferably	lieber	shop, to shop	das Geschäft(e); einkaufen
now	jetzt	to prepare	vorbereiten	short	kurz
now and again	ab und zu	primary school	die Grundschule(n)	shorts	die Shorts (pl)
nurse	der Krankenpfleger(-)/die	problem	das Problem(e)	should	sollen
	Krankenschwester(n)	profession	der Beruf(e)	to shout	schreien
nursery school	der Kindergarten(ˈ)	programme (TV)	die Sendung(en)	to shower	duschen
		public transport	öffentliche Verkehrsmittel (pl)	since	seit
O		punctual(ly)	pünktlich	sister	die Schwester(n)
occupation	der Beruf(e)	punk	der Punk(s)	sitting room	das Wohnzimmer(-)
office	das Büro(s)	pupil	der Schüler(-)	Sixth Form	die Oberstufe(n)
often	oft			to ski	Ski fahren
OK	OK	**Q**		to sleep	schlafen
old	alt	quarter	das Viertel(-)	slim	schlank
old-fashioned	altmodisch	quick	schnell	slow	langsam
omelette	das Omelett(e, s)	quiet	ruhig	small	klein
on	auf, an	quite	ziemlich	to smoke	rauchen
on foot	zu Fuß	quiz	das Quiz(-)	to snow	schneien
on Mondays/Saturdays	montags/samstags			soap opera	die Seifenoper(n)
once	einmal	**R**		sometimes	manchmal
one	man	radio	das Radio(s)	son	der Sohn(ˈe)
online	online	rap	die Rap-Musik	song	das Lied(er)
online profile	das Online-Profil(e)	rarely	selten	sore throat	Halsschmerzen (pl)
only child	das Einzelkind(er)	RE	(die) Religion	soup	die Suppe(n)

Spanish	(das) Spanisch
to speak	sprechen
special effects	der Spezialeffekt(e)
to spend	ausgeben; verbringen
to split up	sich trennen
sport	der Sport
sports centre	das Sportzentrum (-zentren)
spot	der Pickel(-)
spring	der Frühling
stadium	das Stadion (Stadien)
starter	die Vorspeise(n)
station	der Bahnhof(¨e)
to stay	bleiben
to stay (overnight)	übernachten
to stink	stinken
stomach-ache	Bauchschmerzen (pl)
story	die Geschichte(n)
strawberry	die Erdbeere(n)
street	die Straße(n)
stressed	gestresst
stressful	anstrengend, stressig
study	das Arbeitszimmer(-)
stupid	blöd, doof
suit	der Anzug(¨e)
summer	der Sommer(-)
to sunbathe	sich sonnen
Sunday	der Sonntag(e)
sunglasses	die Sonnenbrille(n)
sunny	sonnig
super	super
to surf the internet	im Internet surfen
sweet	die Süßigkeit(en); süß
to swim	schwimmen
swimsuit	der Badeanzug(¨e)
to switch off	ausschalten

T

to take	nehmen
to take part in sth.	an/bei etwas teilnehmen
to talk	reden, sprechen
tall	groß
to taste	schmecken
tasty	lecker
tea	der Tee(s)
teacher	der Lehrer(-)/die Lehrerin(nen)
team	das Team(s)
telephone, to call	das Telefon(e); telefonieren
television	der Fernseher(-)
tennis	das Tennis
text message	die SMS(-)
to text	simsen, eine SMS senden
than	als
there is/are …	es gibt …
there	da
three times a week	dreimal in der Woche
thriller	der Krimi(s), der Thriller(s)
tidy	ordentlich
to tidy up	aufräumen
tie	der Schlips(e)
till	die Kasse(n)
time	die Zeit(en)
tired	müde
tiring	anstrengend, ermüdend
to (place)	nach, zu

today	heute
toilet	die Toilette(n)
tomato	die Tomate(n)
tomorrow	morgen
too	zu
too much	zu viel
total(ly)	total
tournament	das Turnier(e)
town	die Stadt(¨e)
town centre	die Stadtmitte, das Stadtzentrum(-zentren)
tracksuit	der Trainingsanzug(¨e)
train, to train	der Zug(¨e); trainieren
tram	die Straßenbahn(en)
transport system	das Verkehrssystem(e)
to travel to	hinfahren
trendy	schick
T-shirt	das T-Shirt(s)
to turn	abfahren
twice	zweimal

U

uncle	der Onkel(-)
under	unter
unfair	unfair
unfriendly	unfreundlich
unhealthy	ungesund
uniform	die Uniform(en)
university	die Universität(en)
unrealistic	unrealistisch
untidy	unordentlich
to upload	hochladen
to use	benutzen

V

vanilla ice-cream	das Vanilleeis
vegetable	das Gemüse(-)
very	sehr
vet	der Tierarzt(¨e)/die Tierärztin(nen)
village	das Dorf(¨er)
to visit	besuchen

W

waiter	der Kellner(-)/die Kellnerin(nen)
to want	wollen
warm	warm
to watch TV	fernsehen
water	das Wasser
to wear	tragen
weather	das Wetter(-)
wedding	die Hochzeit(en)
week	die Woche(n)
weekend	das Wochenende(n)
what (sort of …)?	was (für …)?
when?	wann?
where?	wo?
where I live	bei mir
where (to)?	wo(hin)?
who?	wer?
why?	warum?
wicked (brilliant)	geil
wife, woman	die Frau(en)
Wii	die Wii

will, to become	werden
to windsurf	windsurfen
windy	windig
wine	der Wein(e)
winter	der Winter(-)
with	mit
wonderful	wunderbar
work, to work	die Arbeit(en); arbeiten
work experience, placement	das (Arbeits)praktikum (-praktika)
world	die Welt(en)
to worry about sth.	sich über etwas Sorgen machen
to write	schreiben

Y

year	das Jahr(e)
yesterday	gestern
yoghurt	der Joghurt(s)
young person, teenager	der/die Jugendliche(n)
your	dein/e
youth hostel	die Jugendherberge(n)

Z

foundation AQA GCSE German

Helping every student get better grades

Harriette Lanzer
Michael Wardle

Echo GCSE German for AQA is a new Key Stage 4 course providing complete preparation for the new AQA GCSE German specification. Books at two differentiated levels provide material for Higher and Foundation candidates.

Echo GCSE German for AQA Foundation is written for students studying for the Foundation tier (Grades C to G).

- Full coverage of topics in the new AQA GCSE specification
- Sprachtest and Screibtest units at the end of each chapter provide complete controlled assessment support for speaking and writing with model texts, recordings, tasks and tips
- Grade Studio tips and advice show how students can perfect their language skills to achieve the best possible grades
- Hör- und Lesetest units teach reading and listening skills and use AQA style questions to prepare students for their exams
- Easy-to-use word lists help students with ongoing vocabulary learning and revision
- The ActiveTeach CD-Rom provides 'the book on screen' with zoom technology, audio files, extra interactive activities and Exam Café for revision and exam preparation.

Components

Student Book	978-0435-72034 6
Teacher's Guide & CD-Rom	978-0435-72038 4
Workbook (pack of 8)	978-0435-72036 0
Audio CD pack	978-0435-72040 7
Assessment pack	978-0435-72041 4
ActiveTeach CD-Rom	978-0435-72029 2

Active Teach

ActiveTeach provides the 'book on screen' plus a wealth of additional resources for focused whole-class teaching including:

- audio files
- video clips
- grade examples for writing assessments.

Plus ExamCafé – a student area for revision and exam preparation which includes:

- interactive grammar practice
- downloadable audio files for vocabulary learning
- invaluable tips and advice from examiners.

Heinemann is part of

PEARSON

T 0845 630 33 33
F 0845 630 77 77
myorders@pearson.com
www.heinemann.co.uk

ISBN 978-0-435720-34-6

9 780435 720346